今注本二十四史

三國志

晋 陳壽 撰　宋 裴松之 注
楊耀坤 揭克倫 校注

一一　吳書〔二〕

中國社會科學出版社

三國志 卷五二

吳書七

張顧諸葛步傳第七

張昭字子布，彭城人也。[1]少好學，善隸書，從白侯子安受《左氏春秋》，[2]博覽衆書，與琅邪趙昱、東海王朗俱發名友善。[3]弱冠察孝廉，[4]不就，與朗共論舊君諱事，州里才士陳琳等皆稱善之。〔一〕[5]刺史陶謙舉茂才，[6]不應，謙以爲輕己，遂見拘執。昱傾身營救，方以得免。漢末大亂，徐方士民多避難揚土，[7]昭皆南渡江。孫策創業，命昭爲長史、撫軍中郎將，[8]升堂拜母，[9]如比肩之舊，文武之事，一以委昭。〔二〕昭每得北方士大夫書疏[10]，專歸美於昭，昭欲嘿而不宣則懼有私，宣之則恐非宜，進退不安。策聞之，歡笑曰："昔管子相齊，[11]一則仲父，二則仲父，而桓公爲霸者宗。今子布賢，我能用之，其功名獨不在我乎！"

〔一〕時汝南主簿應劭議宜爲舊君諱，[12]論者皆互有異同，事在《風俗通》。[13]昭著論曰："客有見大國之議，士君子之論，云起元建武已來，[14]舊君名諱五十六人，[15]以爲後生不得協也。[16]取乎經論，譬諸行事，義高辭麗，甚可嘉美。愚意褊淺，竊有疑焉。蓋乾坤剖分，萬物定形，肇有父子君臣之經。故聖人順天之性，制禮尚敬，在三之義，[17]君實食之，在喪之哀，君親臨之，厚莫重焉，恩莫大焉，誠臣子所尊仰，萬夫所天恃，[18]焉得而同之哉？然親親有衰，[19]尊尊有殺，[20]故《禮》服上不盡高祖，[21]下不盡玄孫。又《傳》記四世而緦麻，[22]服之窮也；五世袒免，[23]降殺同姓也；六世而親屬竭矣。又《曲禮》有不逮事之義則不諱，[24]不諱者，蓋名之謂，屬絕之義，不拘於協，況乃古君五十六哉！邢子會盟，[25]季友來歸，[26]不稱其名，咸書字者，是時魯人嘉之也。何解臣子爲君父諱乎？周穆王諱滿，[27]至定王時有王孫滿者，[28]其爲大夫，是臣協君也。又厲王諱胡，[29]及莊王之子名胡，[30]其比衆多。夫類事建議，經有明據，傳有徵案，然後進攻退守，萬無奔北，[31]垂示百世，永無咎失。今應劭雖上尊舊君之名，而下無所斷齊，猶歸之疑云。《曲禮》之篇，疑事無質，[32]觀省上下，闕義自證，文辭可爲，倡而不法，將來何觀？言聲一放，猶拾瀋也，[33]過辭在前，悔其何追！"

〔二〕《吳書》曰：策得昭甚悅，謂曰："吾方有事四方，以士人賢者上，[34]吾於子不得輕矣。"乃上爲校尉，[35]待以師友之禮。

　　［1］彭城：王國名。治所彭城縣，在今江蘇徐州市。

　　［2］白侯子安：盧弼《集解》本作"自侯子安"，百衲本、殿本、校點本作"白侯子安"。今從百衲本等。

　　［3］琅邪：王國名。治所開陽縣，在今山東臨沂市北。　東海：郡名。治所郯縣，在今山東郯城縣北。　發名：周一良云："發名是少年（弱冠前後）得名之意。"（周一良《魏晉南北朝史論

集續編·魏晋南北朝詞語小記》,北京大學出版社 1991 年版,第 141 頁。)

　　[4] 孝廉:漢代選拔官吏的主要科目。孝指孝子,廉指廉潔之士。原本爲二科,後混同爲一科,也不再限於孝子和廉吏。東漢後期定制爲不滿四十歲者不得察舉;被舉者先詣公府課試,以觀其能。郡國每年要向中央推舉一至二人。

　　[5] 陳琳:字孔璋,廣陵人。見本書卷二一《王粲傳》。廣陵與彭城皆屬徐州,故爲州里。

　　[6] 刺史:指徐州刺史。治所原在郯縣,在今山東郯城縣,東漢末徙治下邳縣,在今江蘇睢寧縣西北。　茂才:即秀才,東漢人避光武帝劉秀諱改,爲漢代薦舉人材科目之一。東漢之制,州牧刺史歲舉一人。三國沿之,或稱秀才。

　　[7] 揚土:指揚州。東漢時刺史治所歷陽縣,在今安徽和縣;漢末移治壽春縣,在今安徽壽縣。

　　[8] 長史:官名。將軍府幕僚之長,總理幕府事。　撫軍中郎將:官名。東漢末孫策置。曹魏亦置。

　　[9] 升堂拜母:古代摯友相訪,行登堂拜母禮,結通家之好,以表交誼之篤厚。

　　[10] 北方:百衲本"北"字作"此",殿本、盧弼《集解》本、校點本作"北",郝經《續後漢書》亦作"北"。今從殿本等。

　　[11] 管子:百衲本、殿本作"管子",盧弼《集解》本、校點本作"管仲"。今從百衲本等。管子即管仲,春秋齊桓公任之爲相,齊國因而國富兵强,遂霸諸侯。後桓公尊稱他爲仲父。《韓非子·難二》:"齊桓公之時,晋客至,有司請禮,桓公曰'告仲父'者三,而優笑曰:'易哉,爲君!一曰仲父,二曰仲父。'"

　　[12] 汝南:郡名。治所平輿縣,在今河南平輿縣北。　主簿:官名。於郡府中典領文書,辦理事務。　應劭:主要事迹見本書卷二一《王粲傳》裴注引華嶠《漢書》及《續漢書》。

　　[13] 風俗通:《四庫全書總目提要》謂《隋書·經籍志》著

録《風俗通義》十一卷（録一卷），應劭撰；《新唐書・藝文志》著録爲三十卷；《崇文總目》等謂爲十卷，與今傳本同。可知遺佚不少，今傳本《風俗通》即無議舊君諱事。

［14］建武：東漢光武帝劉秀年號（25—56）。

［15］五十六人：東漢光武帝起至獻帝止，祇有十三帝，而下文又云"古君五十六"。則此"五十六人"，蓋指自古至漢末之國君。

［16］協：相同。

［17］在三之義：謂侍奉君、父、師之義。《國語・晋語一》："民生於三，事之如一。父生之，師教之，君食之。非父不生，非食不長，非教不知生之族也，故壹事之。"

［18］天恃：吴金華《校詁》云："'天恃'乃尊崇、依附之義。"

［19］衰（cuī）：趙幼文《校箋》謂《册府元龜》卷五七二引作"等"。按，宋本《册府元龜》亦作"衰"。衰，差也，遞減也。《淮南子・説林訓》："十頃之陂，可以灌四十頃，而一頃之陂，可以灌四頃，大小之衰然。"高誘注："衰，差也。"

［20］殺（shài）：等差。《禮記・文王世子》："其族食降一等，親親之殺也。"鄭玄注："殺，差也。"

［21］上不盡高祖：《禮記・喪服小記》："親親以三爲五，以五爲九，上殺、下殺、旁殺，而親畢矣。"鄭玄注："已上親父，下親子，三也。以父親祖，以子親孫，五也。以祖親高祖，以孫親玄孫，九也。殺謂親益疏者，服之則輕。"

［22］緦麻：喪服名。五服中之最輕者，孝服用細麻布製成，服期三月。爲本宗之高祖父母即服緦麻。《禮記・大傳》云："四世而緦，服之窮也。"陳澔《集説》："四世，高祖也。同高祖者服緦麻。服盡於此矣。故云服之窮也。"

［23］袒免（wèn）：袒衣免冠。古代喪禮，五服以外的遠親，無喪服之制，唯脱上衣，露左臂，脱冠扎髮，用一寸寬之布從頸下

前部交於額上,又從後繞於髻,以示哀思。《禮記·大傳》云:"五世袒免,殺同姓也;六世親屬竭矣。"陸德明《釋文》:"免,音問。"孔穎達疏:"五世袒免殺同姓也者,謂其承高祖之父者也。言服袒免而無正服,減殺同姓也。六世親屬絕矣者,謂其承高祖之祀者也,言不服袒免,同姓而已,故云親屬竭矣。"

[24] 不逮事之義:《禮記·曲禮上》:"禮不諱嫌名,二名不偏諱。逮事父母,則諱王父母;不逮事父母,則不諱王父母。"陳澔《集説》:"逮,及也。庶人父母早死,不聞父之諱其祖,故亦不諱其祖。有廟以事祖者則不然。"

[25] 邾子:邾,西周、春秋小國,曹姓。初都於今山東曲阜市東南,後移都今鄒城市東南。戰國時爲楚所滅。邾子,邾國之君,名克,字儀父。《左傳·隱公元年》:"三月,公及邾儀父盟于蔑。邾子克也。"杜預注經文云:"附庸之君,未王命,例稱名。自稱通於大國,繼好息民,故書字貴之。"

[26] 季友:春秋時魯桓公之幼子,後爲魯國執政十六年。友乃其名。《左傳》中又稱之爲成季、公子友、公子季友、季子、季友。《左傳·閔公元年》:"'季子來歸',嘉之也。"杜預注經文云:"季子,公子友之字。季子忠于社稷,爲國人所思,故賢而字之。"孔穎達疏則云:"季是友之字也,子者男子之美稱。"

[27] 周穆王:西周國君。《史記》卷四《周本紀》謂周昭王卒,"立昭王子滿,是爲穆王"。

[28] 王孫滿:《左傳·僖公三十三年》楊伯峻注引《通志·氏族略四》引《英賢傳》,謂"周共王生圉,圉曾孫滿"。王孫滿在周定王時爲大夫。《左傳·宣公三年》:"楚子伐陸渾之戎,遂至于雒,觀兵于周疆。定王使王孫滿勞楚子。"

[29] 厲王:西周國君。《史記·周本紀》:"夷王崩,子厲王胡立。"

[30] 莊王:東周國君。《史記·周本紀》:"桓王崩,子莊王佗立。"又云:"莊王崩,子釐王胡齊立。"在今本《史記》《左傳》

中還記有莊王嬖姬王姚生子頹,莊王子名胡者未見。

[31] 奔北:敗逃。

[32] 疑事無質:《禮記·曲禮上》:"疑事毋質,直而勿有。"陳澔《集説》:"朱子曰:兩句連説爲是。'疑事毋質',即《少儀》所謂'毋身質言語'也;'直而勿有',謂陳我所見,聽彼決擇,不可據而有之,專務强辯。不然,則是以身質言語矣。"又《少儀》"毋身質言語",陳澔《集説》云:"《曲禮》'疑事毋質'與此'質'字義同,謂言語之際,疑則闕之,不可自我質正,恐有失誤也。"

[33] 猶拾瀋也:《左傳·哀公三年》:"無備而官辦者,猶拾瀋也。"杜預注:"瀋,汁也。"楊伯峻注:"猶羹汁傾覆於地,無法撿拾。"

[34] 上:通"尚",貴重。《史記》卷一一二《主父偃列傳》:"上篤厚,下智巧。"司馬貞《索隱》:"上猶尚也,貴也。"

[35] 校尉:官名。漢代軍職之稱。東漢末位次於中郎將。魏、晉沿置,而名號繁多,品秩亦高低不等。

　　策臨亡,以弟權託昭,昭率羣僚立而輔之。〔一〕上表漢室,下移屬城,[1]中外將校,各令奉職。權悲感未視事,昭謂權曰:"夫爲人後者,貴能負荷先軌,克昌堂構,[2]以成勳業也。方今天下鼎沸,羣盜滿山,[3]孝廉何得寢伏哀戚,[4]肆匹夫之情哉?"乃身自扶權上馬,陳兵而出,然後衆心知有所歸。昭復爲權長史,授任如前。〔二〕後劉備表權行車騎將軍,[5]昭爲軍師。[6]權每田獵,常乘馬射虎,虎嘗突前攀持馬鞍。[7]昭變色而前曰:"將軍何有當爾?夫爲人君者,謂能駕御英雄,驅使羣賢,豈謂馳逐於原野,校勇於猛獸者乎?

如有一旦之患，奈天下笑何？"權謝昭曰："年少慮事不遠，以此慚君。"然猶不能已，乃作射虎車，爲方目，閒不置蓋，[8]一人爲御，自於中射之。時有逸羣之獸，輒復犯車，而權每手擊以爲樂。昭雖諫爭，常笑而不答。魏黃初二年，[9]遣使者邢貞拜權爲吳王。貞入門，不下車。昭謂貞曰："夫禮無不敬，故法無不行。而君敢自尊大，豈以江南寡弱，無方寸之刃故乎！"貞即遽下車。拜昭爲綏遠將軍，[10]封由拳侯。[三][11]權於武昌，[12]臨釣臺，[13]飲酒大（醉）〔歡〕。[14]權使人以水灑羣臣曰："今日酣飲，惟醉墮臺中，乃當止耳。"昭正色不言，出外車中坐。權遣人呼昭還，謂曰："爲共作樂耳，公何爲怒乎？"[15]昭對曰："昔紂爲糟丘酒池長夜之飲，[16]當時亦以爲樂，不以爲惡也。"權默然，有慚色，遂罷酒。初，權當置丞相，衆議歸昭。權曰："方今多事，職統者責重，非所以優之也。"後孫邵卒，百寮復舉昭，權曰："孤豈爲子布有愛乎？（領）〔顧〕丞相事煩，[17]而此公性剛，所言不從，怨咎將興，非所以益之也。"乃用顧雍。

〔一〕《吳歷》曰：策謂昭曰："若仲謀不任事者，君便自取之。正復不克捷，緩步西歸，亦無所慮。"

〔二〕《吳書》曰：是時天下分裂，擅命者衆。孫策蒞事日淺，恩澤未洽，一旦傾隕，士民狼狽，頗有同異。及昭輔權，綏撫百姓，諸侯賓旅寄寓之士，得用自安。權每出征，留昭鎮守，領幕府事。後黃巾賊起，昭討平之。權征合肥，[18]命昭別討匡琦，又督領諸將，攻破豫章賊率周鳳等於南城。[19]自此希復將帥，常在左右,爲謀謨臣。權以昭舊臣,待遇尤重。

〔三〕《吳録》曰:昭與孫紹、滕胤、鄭禮等,[20]採周、漢,[21]撰定朝儀。

[1] 移:古代官府文書之一種。多用於不相統屬的官屬之間。參劉勰《文心雕龍·檄移》。

[2] 堂構:《尚書·大誥》:"若考作室,既底法,厥子乃弗肯堂,矧肯構?"孔《傳》:"以作室喻治政也,父已致法,子乃不肯爲堂基,況肯構立屋乎?"後世因以"堂構"比喻繼承祖先之遺業。

[3] 滿山:趙幼文《校箋》云:"《文選集注》引《鈔》'山'字作'道'。"

[4] 孝廉:稱孫權。孫權曾被舉孝廉。

[5] 車騎將軍:官名。東漢時位比三公,常以貴戚充任。出掌征伐,入參朝政。漢靈帝時常作加官或贈官。三國沿置,位次驃騎將軍,在諸名號大將軍上。

[6] 軍師:官名。此爲車騎將軍府屬官,主管軍務。

[7] 嘗:殿本、盧弼《集解》本、校點本作"常",百衲本作"嘗"。按,二字古雖通用,今仍從百衲本。

[8] 間:《廣韻·襇韻》:"隔也。"

[9] 黄初:魏文帝曹丕年號(220—226)。

[10] 綏遠將軍:官名。建安中孫權置。

[11] 由拳:縣名。治所在今浙江嘉興市南。

[12] 武昌:縣名。孫權曾設都於此。治所在今湖北鄂州市。

[13] 釣臺:在今鄂州市西樊山之長江邊。

[14] 大歡:各本皆作"大醉"。趙幼文《校箋》謂《文選》謝玄暉《和伏武昌登孫權故城》李善注引《吳志》作"大歡",則唐人所見本作"大歡"。作"大醉"者或後人傳抄所誤。今從

趙説改。

　　[15] 公：錢大昭《辨疑》云："《江表傳》：初，權與屬多呼其字，唯呼張昭曰張公。"

　　[16] 紂爲糟丘酒池：《史記》卷三《殷本紀》謂帝紂"以酒爲池，縣肉爲林，使男女倮，相逐其間，爲長夜之飲"。又張守節《正義》云："《太公六韜》云，紂爲酒池，回船糟丘而牛飲者三千餘人爲輩。"

　　[17] 顧：各本作"領"。趙幼文《校箋》謂《太平御覽》卷二〇四引作"顧"，《建康實錄》作"但"。顧、但義同，當作"顧"爲得。今從趙説改。

　　[18] 合肥：縣名。治所在今安徽合肥市西。

　　[19] 豫章：郡名。治所南昌縣，在今江西南昌市。　南城：縣名。治所在今江西南城縣東南。

　　[20] 孫紹：趙一清《注補》云："孫紹即孫長緒，本作'劭'。"按本書卷四七《吳主傳》黃武四年作"孫邵"，裴注引《吳錄》亦同。又《建康實錄》卷二作"孫劭"。

　　[21] 採周漢：趙幼文《校箋》謂《建康實錄》"漢"下有"故事"二字，疑是。

　　權既稱尊號，昭以老病，上還官位及所統領。[一]更拜輔吳將軍，[1]班亞三司，[2]改封婁侯，[3]食邑萬戶。在里宅無事，乃著《春秋左氏傳解》及《論語注》。[4]權嘗問衛尉嚴畯：[5]"寧念小時所闇書不？"[6]畯因誦《孝經》"仲尼居"。[7]昭曰："嚴畯鄙生，臣請爲陛下誦之。"乃誦"君子之事上"，[8]咸以昭爲知所誦。

　　〔一〕《江表傳》曰：權既即尊位，請會百官，歸功周瑜。昭舉笏欲襃贊功德，[9]未及言，權曰："如張公之計，[10]今已乞食矣。"昭大慚，伏地流汗。昭忠謇亮直，有大臣節，權敬重之，然所以不相昭者，蓋以昔駁周瑜、魯肅等議爲非也。

　　臣松之以爲張昭勸迎曹公，所存豈不遠乎？夫其揚休正色，[11]委質孫氏，[12]誠以厄運初遘，塗炭方始，自策及權，才略足輔，是以盡誠匡弼，[13]以成其業，上藩漢室，下保民物；鼎峙之計，本非其志也。曹公仗順而起，功以義立，翼以清一諸華，拓平荆郢，[14]大定之機，在於此會。若使昭議獲從，則六合爲一，豈有兵連禍結，遂爲戰國之弊哉！雖無功於孫氏，有大當於天下矣。[15]昔竇融歸漢，[16]與國升降；張魯降魏，賞延于世。況權舉全吳，望風順服，寵靈之厚，[17]其可測量哉！然則昭爲人謀，豈不忠且正乎！

[1] 輔吳將軍：官名。孫吳置，位次三公。

[2] 三司：三公。

[3] 婁：縣名。治所在今江蘇昆山市東北。

[4] 論語：吳金華《校詁》謂《建康實錄》卷三（按，當作"二"）引此，"論語"下有"孝經"，當補。

[5] 衛尉：官名。東漢時秩中二千石，列卿之一，掌宮門及宮中警衛。三國沿置。

[6] 闇：通"諳"，熟悉。

[7] 孝經：自西漢初已被列爲儒家經典之一。據現代學者研究，大約成書於戰國後期，即公元前三世紀。《孝經》也有今文與古文兩種，《漢書·藝文志》班固自注說，《古文孝經》分二十二章。至唐初，唐人撰《隋書·經籍志》，謂《古文孝經》梁末已亡逸。而隋文帝開皇十四年（594）劉炫謂復得《古文孝經》，《隋書·經籍志》已"疑非古本"，可見爲僞託。今傳本《孝經》共十八章，一千七百九十九字。　仲尼居：乃《孝經》之《開宗明義章第一》之首句。潘眉《考證》云："《孝經正義》引古文《孝經》作'仲

尼居'無'間'字,與《説文》所引合。"

[8] 君子之事上：乃《孝經·事君章第十七》之首句。

[9] 笏：古代臣朝見君時所執之狹長板,亦稱手板,以玉、象牙、竹木製成,後世惟品官執之。《禮記·王藻》："凡有指畫於君前,用笏；造受命於君前,則書於笏。"

[10] 張公之計：指建安十三年（208）曹操帶兵下江南,張昭主張迎曹操,不抵抗。

[11] 揚休正色：謂正氣盛,神態嚴。《禮記·玉藻》："盛氣顛實揚休,玉色。"陳澔《集説》："言人當養氣,使充盛填實於内,故息之出也,若陽氣之煦物,其來無窮也。玉無變色,故以爲顏色無變動之喻。"

[12] 委質：臣服,歸附。

[13] 盡誠：校點本1982年7月第2版誤作"盡城"。

[14] 荆郢：即荆州。魏文帝黄初三年（222）以荆州江北諸郡爲郢州,不久即省,復爲荆州。

[15] 大當：完全適宜。《禮記·樂記》子夏對曰："夫古者,天地順而四時當,民有德而五穀昌,疾疢不作,而無妖祥,此之謂大當。"鄭玄注："當,謂樂不失其所。"孔穎達疏："當,謂不失其所,如上所謂是大得其所當也。"

[16] 竇融：東漢初扶風平陵（今陝西咸陽市西北）人。累世爲河西官吏。新莽末,爲波水將軍,繼降劉玄,爲張掖屬國都尉。劉玄敗後,融聯合酒泉、敦煌等五郡,割據河西,稱行河西五郡大將軍事。後歸漢光武帝劉秀,助滅隗囂,封爲安豐侯,爲大司空。（見《後漢書》卷二三《竇融傳》）

[17] 寵靈：恩寵光耀。

　　昭每朝見,辭氣壯厲,[1]義形於色,曾以直言逆旨,[2]中不進見。後蜀使來,稱蜀德美,而羣臣莫拒,權歎曰："使張公在坐，彼不折則廢，[3]安復自誇乎？"[4]明日，遣中使勞問，[5]因請見昭，昭避席謝，[6]權跪止之。[7]昭坐定，仰曰："昔太后、桓王不以老臣屬陛下，[8]而以陛下屬老臣，是以思盡臣節，以報厚恩，使泯没之後，有可稱述，而意慮淺短，違逆盛旨，[9]自分幽淪，[10]長棄溝壑，不圖復蒙引見，得奉帷幄。然臣愚心所以事國，[11]志在忠益，畢命而已。若乃變心易慮，以偷榮取容，此臣所不能也。"權辭謝焉。

權以公孫淵稱藩，遣張彌、許晏至遼東拜淵爲燕王，[12]昭諫曰："淵背魏懼討，遠來求援，非本志也。若淵改圖，欲自明於魏，兩使不反，不亦取笑於天下乎？"權與相反覆，昭意彌切。權不能堪，案刀而怒曰："吳國士人入宮則拜孤，出宮則拜君，孤之敬君，亦爲至矣，而數於衆中折孤，孤嘗恐失計。"[13]昭孰視權曰：[14]"臣雖知言不〔見〕用，[15]每竭愚忠者，[16]誠以太后臨崩，呼老臣於牀下，遺詔顧命之言故在耳。"[17]因涕泣橫流。權擲刀致地，與昭對泣。然卒遣彌、晏往。昭忿言之不用，稱疾不朝。權恨之，土塞其門，昭又於内以土封之。淵果殺彌、晏。權數慰謝昭，昭固不起，權因出過其門呼昭，昭辭疾篤。權燒其門，欲以恐之，[18]昭更閉户。權使人滅火，住門良久，[19]昭諸子共扶昭起，權載以還宮，深自克責。昭不得已，然後朝會。〔一〕

〔一〕習鑿齒曰：張昭於是乎不臣矣！夫臣人者，三諫不從則奉身而退，身苟不絶，何忿懟之有？且秦穆違諫，[20]卒霸西戎，晉文暫怒，[21]終成大業。遺誓以悔過見錄，[22]狐偃無怨絶之辭，君臣道泰，上下俱榮。今權悔往之非而求昭，後益迴慮降心，不遠而復，是其善也。昭爲人臣，不度權（得道）〔德〕，[23]匡其後失，夙夜匪懈，以延來譽，乃追忿不用，歸罪於君，閉户拒命，坐待焚滅，豈不悖哉！

[1] 辭氣：趙幼文《校箋》謂《文選集注》引《鈔》、《群書治要》卷二七、《太平御覽》卷四七二引"辭"上俱有"言論"二字。

[2] 曾：盧弼《集解》本作"會"，百衲本、殿本、校點本作"曾"。趙幼文《校箋》謂《群書治要》作"會"。按蕭常及郝經之《續後漢書》皆作"嘗"，與"曾"義同。今從百衲本等。

[3] 則：殿本、盧弼《集解》本作"自"，百衲本、校點本作"則"。趙幼文《校箋》謂《太平御覽》卷四二七引亦作"則"。今從百衲本等。　廢：沮喪，失望。

[4] 安復：趙幼文《校箋》謂《太平御覽》卷四二七引"安"下有"得"字。

[5] 中使：官名。孫吳置，以宦官充任，職如漢魏之小黃門，掌侍皇帝左右，受尚書事，皇帝在內宮，關通中外及中宮以下衆事。（本洪飴孫《三國職官表》）

[6] 避席：古人席地而坐，離席起立，以表敬意。

[7] 跪：古人席地而坐，坐姿爲兩膝着地，兩腳脚背朝下臀部落在踵上。如將臀部抬起，上身挺直，稱爲跪，或長跪，亦稱跽，是對別人尊敬的表示。

[8] 太后：孫權母吳氏。　桓王：孫策。孫權稱帝後，追諡孫策爲長沙桓王。

[9] 盛旨：盧弼《集解》本作"聖旨"，百衲本、殿本、校點本作"盛旨"。今從百衲本等。盛旨，猶盛意。如《孔叢子·抗志》："今重建公子之盛旨，則有失禮之僭焉。"

［10］幽淪：沉淪，陷没。

［11］愚心：趙幼文《趙箋》謂《群書治要》卷二七引無"心"字。

［12］遼東：郡名。治所襄平縣，在今遼寧遼陽市老城區。

［13］嘗：趙幼文《校箋》謂《文選集注》引《鈔》、《太平御覽》卷三四五引俱作"常"，是。按二字可通。如《史記》卷八六《刺客列傳》：吴公子光"故嘗陰養謀臣以求立"。　失計：胡三省云："失計，謂不能容昭而殺之也。"（《通鑑》卷七二魏明帝青龍元年注）

［14］孰：百衲本作"孰"，《通鑑》亦同，殿本、盧弼《集解》本、校點本作"熟"。胡三省云："古'孰''熟'字通。"（《通鑑》卷七二魏明帝青龍元年注）今從百衲本。

［15］不見用：各本無"見"字。趙幼文《校箋》謂《文選集注》引《鈔》、《太平御覽》卷三四五、《建康實録》引"不"下俱有"見"字。當據補。今從趙説補。

［16］每竭愚忠者：趙幼文《校箋》謂《文選集注》引《鈔》作"而欲竭愚忠者"，《北堂書鈔》卷一二三、《太平御覽》卷三四五引"每"字俱作"而"。當據《鈔》所引增删。按，《北堂書鈔》所引實作"每"，《太平御覽》引作"而每"。

［17］顧命：帝王臨終之遺命。此指太后遺命。　故在：趙幼文《校箋》謂《文選集注》引《鈔》、《群書治要》卷二七、《太平御覽》卷三四五引俱無"在"字。

［18］權燒其門，欲以恐之：趙幼文《校箋》謂《太平御覽》卷八六八引"權"下有"使"字，"欲"下無"以"字。按，《太平御覽》引實無"使"字，有"以"字。

［19］住門：趙幼文《校箋》謂《太平御覽》卷八六八引作"往問"。

［20］秦穆違諫：春秋時秦穆公欲襲鄭國，問於上大夫蹇叔，蹇叔以爲不可。穆公不聽，召孟明、西乞、白乙爲將，率軍出發。

蹇叔又哭送曰："孟子！吾見師之出而不見其入也！"秦穆公卻使人罵蹇叔老而不死，昏憒而不可用。結果秦軍果於殽山被晉軍襲擊大敗，孟明、西乞、白乙被俘。但孟明等得釋回國後，更加受秦穆公重用。後來穆公與孟明率軍伐晉，渡過黃河即焚舟，以示決勝之心，晉人終不敢出。穆公"遂自茅津濟，封殽尸而還。遂霸西戎，用孟明也"。（見《左傳》僖公三十二年、三十三年，文公元年、二年、三年）

[21] 晉文暫怒：春秋晉文公名重耳。其父晉獻公寵愛驪姬，驪姬設計迫殺太子申生，逼走重耳。重耳出走時，隨之者有重耳舅父狐偃咎犯及趙衰、賈佗、先軫、魏武子等數十人。重耳至齊國後，齊桓公待之甚厚，並將宗女嫁與他。齊桓公卒，齊孝公立，重耳貪戀安樂不願離齊。又過三年重耳仍無去意。趙衰、咎犯因謀離齊之方。齊女得知後，亦勸重耳速行，並與趙衰等謀，以酒醉重耳，載之以行。及車已行遠，重耳驚覺大怒，引戈欲殺咎犯。咎犯曰："殺臣成子，偃之願也。"重耳曰："事不成，我食舅氏肉。"咎犯曰："事不成，犯肉腥臊，何足食！"遂繼續前行。重耳在外流亡十九年，終於回國為君，是為晉文公。（見《史記》卷三九《晉世家》）

[22] 遺誓：指《尚書‧秦誓》。《秦誓》孔穎達疏："秦穆公使孟明視、西乞術、白乙丙三帥帥師伐鄭，未至鄭而還。晉襄公帥師敗之於殽山，囚其三帥。後晉舍三帥，得還歸於秦。秦穆公自悔己過，誓戒群臣。史錄其誓辭，作《秦誓》。"

[23] 德：各本作"得道"。趙幼文《校箋》云："郝書'得'字作'德'。郁松年曰：'道當作德，誤為得，後人又誤增道字。'郁說是。"按，此實見郝經《續後漢書》苟宗道注引。苟注引"得"字作"德"，無"道"字。今據苟注引改。

　　昭容貌矜嚴，有威風，權常曰："孤與張公言，不敢妄也。"舉邦憚之。年八十一，嘉禾五年卒。[1]遺令幅巾素棺，[2]斂以時服。權素服臨弔，諡曰文侯。[一]長子承已自封侯，少子休襲爵。

〔一〕《典略》曰：余襄聞劉荆州嘗自作書欲與孫伯符，[3]以示禰正平，[4]正平蚩之，言："如是爲欲使孫策帳下兒讀之邪，將使張子布見乎？"如正平言，以爲子布之才高乎？雖然，猶自蘊藉典雅，不可謂之無筆迹也。加聞吳中稱謂之仲父，如此，其人信一時之良幹，恨其不於嵩岳等資，[5]而乃播殖於會稽。

[1] 嘉禾：吳大帝孫權年號（232—238）。
[2] 幅巾：古代男子以一幅絹裹頭的頭巾。
[3] 劉荆州：指劉表。表時爲荆州牧。　孫伯符：孫策字伯符。
[4] 禰正平：禰衡字正平。主要事迹見本書卷一〇《荀彧傳》裴注引《平原禰衡傳》及張騭《文士傳》。
[5] 嵩岳：即中岳嵩山。在今河南登封縣北。此以嵩岳指中原，意謂張昭不在中原任職。

昭弟子奮年二十[1]，造作攻城大攻車，爲步騭所薦。昭不願曰："汝年尚少，何爲自委於軍旅乎？"奮對曰："昔童汪死難，[2]子奇治阿，[3]奮實不才耳，於年不爲少也。"遂領兵爲將軍，連有功效，至（平州）〔半州〕都督，[4]封樂鄉亭侯。[5]

承字仲嗣，少以才學知名，與諸葛瑾、步騭、嚴畯相友善。權爲驃騎將軍，[6]辟西曹掾，[7]出爲長沙西部都尉。[8]討平山寇，得精兵萬五千人。後爲濡須都督、奮威將軍,[9]封都鄉侯,[10]領部曲五千人。承爲人壯毅忠讜,[11]能甄識人物,拔彭城蔡款、南陽謝景於孤微童幼,[12]後並爲國士,款至衛尉,景豫章太守。[一]又諸葛恪年少時,衆人奇其英才,承言終敗諸葛氏者元遜也。[13]勤於長進,篤於物類,凡在庶幾之流,[14]無不造門。年六十七,赤烏七年卒,[15]諡曰定侯。子震嗣。初,承喪妻,昭欲爲索諸葛瑾女,承以相與有好,難之,權聞而勸焉,遂爲婚。[二][16]生女,權爲子和納之。權數令和脩敬於承,執子壻之禮。震諸葛恪誅時亦死。

〔一〕《吳錄》曰:款字文德,歷位內外,以清貞顯於當世。[17]後以衛尉領中書令,[18]封留侯。[19]二子,條、機。條孫晧時位至尚書令、太子少傅。[20]機爲臨川太守。[21]謝景事在《孫登傳》。

〔二〕臣松之案:承與諸葛瑾同以赤烏中卒,計承年小瑾四歲耳。

[1] 年二十:趙幼文《校箋》謂《白孔六帖》卷五四引"年"下有"未"字,"二"字作"三"。按,《白孔六帖》實亦作"二"。

[2] 童汪死難:魯哀公十一年(前484),齊國攻打魯國,戰於近郊。魯公叔禺人與其鄰童汪踦皆戰死。魯人欲以成人葬禮葬汪踦,不以殤對待,便去問孔子。孔子曰:"能執干戈以衛社稷,雖欲勿殤也,不亦可乎!"(見《禮記·檀弓下》《左傳·哀公十一年》)。

[3] 子奇治阿:《後漢書》卷六《順帝紀》:陽嘉元年十一月

辛卯，初令郡國舉孝廉，限年四十以上，"若顔淵、子奇，不拘年齒"。李賢注引《新序》曰："子奇年十八，齊君使之化阿。至阿，鑄其庫兵以爲耕器，出倉廩以賑貧窮，阿縣大化。"

[4] 半州：各本皆作"平州"。陳景雲《辨誤》云："吳無平州，當是'半州'之誤。吳主子建昌侯慮嘗鎮半州，又大將甘寧、潘璋也曾屯此，乃中流重地。"校點本即從《辨誤》說改爲半州。今從之。半州，地名。在今江西九江市西，吳曾於此築城。

[5] 樂鄉：地名。在今湖北松滋市東北長江南岸涴市。　亭侯：爵名。漢制列侯大者食縣邑，小者食鄉、亭。東漢後期遂以食鄉、亭者稱爲鄉侯、亭侯。

[6] 驃騎將軍：官名。東漢時位比三公，地位尊崇。

[7] 西曹掾：官名。此爲驃騎將軍府之屬吏，爲西曹長官。掌府吏署用等事。

[8] 長沙西部都尉：官名。魏晉時期，每郡置都尉一人，大郡或置二人，分爲東西部或南北部。領兵禁，備盜賊。此長沙西部都尉吳置，治所湘南縣，在今湖南湘潭縣南。

[9] 濡須：地名。在今安徽無爲縣東北古濡須水畔。　都督：官名。洪飴孫《三國職官表》云："吳於瀕江要地皆置都督，領兵屯守。其領營兵者亦稱督。"趙幼文《校箋》謂《文選》陸士衡《辨亡論》李善注引"督"上無"都"字。本書卷五四《魯肅傳》"濡須督張承"亦無"都"字。　奮威將軍：官名。漢爲雜號將軍。三國沿置。

[10] 都鄉侯：爵名。列侯食邑爲都鄉者，稱都鄉侯。位次於縣侯，高於鄉侯。

[11] 忠謹：趙幼文《校箋》謂《太平御覽》卷四四二引"謹"字作"謹"，《建康實錄》同。按，《太平御覽》所引實指張昭，《太平御覽》云："張昭字子布，爲人矜嚴忠謹。"

[12] 南陽：郡名。治所宛縣，在今河南南陽市。

[13] 元遜：諸葛恪字元遜。

[14] 庶幾：指賢才。錢大昕云："王弼以庶幾爲慕聖，何晏解《論語》亦云'庶幾聖道'。王充《論衡》云：'孔子之門講習五經，五經皆習，庶幾之才也。'"(《廿二史考異》卷一七)

　　[15] 赤烏：吳大帝孫權年號（238—251）。

　　[16] 婚：校點本作"婿"，百衲本、殿本、盧弼《集解》本皆作"婚"。今從百衲本等。

　　[17] 清貞：殿本"貞"字作"真"，百衲本、盧弼《集解》本、校點本作"貞"。今從百衲本等。

　　[18] 中書令：官名。孫吳仿西漢之制，置爲中書長官，主草擬詔令。

　　[19] 留：縣名。治所在今山東微山縣東南微山湖中。按此爲魏地，吳乃虛封。

　　[20] 尚書令：官名。孫吳時仍爲尚書臺長官。秩千石。掌奏、下尚書曹文書衆事，選用署置官吏；總典臺中綱紀法度，無所不統。　太子少傅：官名。與太子太傅並稱太子二傅。東漢時秩中二千石，掌輔導太子及東宮衆務。曹魏以二傅並攝東宮事務，與尚書東曹並掌太子、諸侯官屬之選舉。孫吳亦置。

　　[21] 臨川：郡名。治所臨汝縣，在今江西臨川市西。

　　休字叔嗣，弱冠與諸葛恪、顧譚等俱爲太子登僚友，以《漢書》授登。〔一〕從中庶子轉爲右弼都尉。[1]權常游獵，追暮乃歸，休上疏諫戒，權大善之，以示於昭。及登卒後，爲侍中，[2]拜羽林都督，[3]平三典軍事，[4]遷揚武將軍。[5]爲魯王霸友黨所譖，與顧譚、承俱以芍陂論功事，[6]休、承與典軍陳恂通情，詐增其伐，並徙交州。[7]中書令孫弘佞僞險詖，休素所忿，〔二〕弘因是譖訴，下詔書賜休死，時年四十一。

〔一〕《吳書》曰：休進授，指摘文義，分別事物，並有章條。每升堂宴飲，酒酣樂作，登輒降意與同歡樂。休爲人解達，登甚愛之，常在左右。

〔二〕《吳錄》云：弘，會稽人也。[8]

[1] 中庶子：官名。即太子中庶子。爲太子侍從，東漢時秩六百石，置五員，職如侍中，屬太子少傅。曹魏沿置。掌侍從、奏事、諫議等。蜀漢、孫吳亦置。　右弼都尉：官名。孫吳置。孫權黃龍元年（229）立孫登爲太子，置左輔、右弼、輔正、翼正都尉以輔佐之，稱爲四友。

[2] 侍中：官名。曹魏時爲門下侍中寺長官。職掌門下衆事，侍從左右，顧問應對，拾遺補闕，與散騎常侍、黃門侍郎等共平尚書奏事。孫吳亦置。

[3] 羽林都督：官名。孫吳置。本書卷五一《孫皎傳》又有羽林督，統羽林軍士，侍衛皇帝。未詳二職之關係。

[4] 典軍：官名。主營兵之官。孫吳置左、中、右典軍，稱三典軍，地位頗重。（本洪飴孫《三國職官表》）

[5] 揚武將軍：官名。東漢置，統兵出征。孫吳亦置。

[6] 芍陂：在今安徽壽縣南，因淝水經白芍亭東與附近諸水積而成湖，故名。今安豐塘即其遺址。

[7] 交州：刺史治所，漢末建安十五年（210）在番禺縣，在今廣東廣州市。吳景帝孫休永安七年（264）又徙治所於龍編縣，在今越南河內東天德江北岸。

[8] 會稽：郡名。治所山陰縣，在今浙江紹興市。

顧雍字元歎，吳郡吳人也。〔一〕[1]蔡伯喈從朔方還，[2]嘗避怨於吳，雍從學琴書。〔二〕州郡表薦，弱冠爲合肥長，後轉在婁、曲阿、上虞，[3]皆有治迹。孫權領會稽太守,不之郡,以雍爲丞,[4]行太守事,討除寇賊,郡界寧靜,吏民歸服。數年,入爲左司馬。[5]權爲吳王,累遷大理、奉常,[6]領尚書令,封陽遂鄉侯,[7]拜侯還(寺)〔第〕,[8]而家人不知,後聞乃驚。

〔一〕《吳錄》曰:雍曾祖父奉,字季鴻,潁川太守。[9]
〔二〕《江表傳》曰:雍從伯喈學,專一清静,敏而易教。伯喈貴異之,[10]謂曰:"卿必成致,[11]今以吾名與卿。"故雍與伯喈同名,由此也。[12]
《吳錄》曰:雍字元歎,言爲蔡雍之所歎,[13]因以爲字焉。[14]

[1] 吳郡:治所吳縣,在今江蘇蘇州市。
[2] 蔡伯喈:蔡邕字伯喈。事迹見本書卷六《董卓傳》、卷二一《王粲傳》等。《後漢書》卷六〇下有傳。　朔方:郡名。治所臨戎縣,在今内蒙古磴口縣北之黄河東岸。
[3] 曲阿:縣名。治所在今江蘇丹陽市。　上虞:縣名。治所在今浙江上虞市。
[4] 丞:官名。郡太守之副,佐掌衆事。
[5] 左司馬:官名。爲將軍府之幕僚,掌參贊軍務,管理府内武職,位次於長史。按,此時孫權當爲討虜將軍,則此爲討虜將軍府之左司馬。
[6] 大理:官名。吳國初建時置,主刑罰獄訟。　奉常:官名。吳國初建時置,主宗廟禮儀。後改稱太常。
[7] 鄉侯:爵名。漢制列侯大者食縣邑,小者食鄉、亭。東漢後期,遂以食鄉、亭者稱爲鄉侯、亭侯。
[8] 第:各本作"寺"。潘眉《考證》:"《一切經音義》引《三倉》曰:'寺,官寺也。'又漢九卿謂之九寺。時雍累遷大理、

奉常，職在九卿，故曰'還寺'。"趙幼文《校箋》謂《世說新語·雅量篇》注引作"第"。寺謂官府，第謂私宅。考下文"而家人不知"，則雍是還第，非還寺也。《建康實錄》"寺"字作"家"。按，《世說新語》劉孝標注引正是《吳志》，今據以改之。

[9] 潁川：郡名。治所陽翟縣，在今河南禹州市。

[10] 貴異：趙幼文《校箋》謂《世說新語·雅量篇》注引"貴"字作"賞"。

[11] 成致：成功。趙幼文《校箋》謂《册府元龜》卷八二四引"致"字作"器"。按，宋本《册府元龜》亦作"致"。

[12] 由此也：盧弼《集解》本無"由此"二字，百衲本、殿本、校點本有。今從百衲本等。

[13] 蔡雍：盧弼《集解》本作"伯喈"，百衲本、殿本、校點本作"蔡雍"。今從百衲本等。

[14] 因：盧弼《集解》本作"故"，百衲本、殿本、校點本作"因"。今從百衲本等。

　　黃武四年，[1]迎母於吳。既至，權臨賀之，親拜其母於庭，公卿大臣畢會，後太子又往慶焉。雍爲人不飲酒，寡言語，舉動時當。權嘗歎曰："顧君不言，言必有中。"至飲宴歡樂之際，左右恐有酒失而雍必見之，是以不敢肆情。權亦曰："顧公在坐，使人不樂。"其見憚如此。是歲，改爲太常，進封醴陵侯，[2]代孫邵爲丞相，平尚書事。[3]其所選用文武將吏各隨能所任，心無適莫。[4]時訪逮民閒，及政職所宜，輒密以聞。若見納用，則歸之於上，不用，終不宣泄。權以此重之。然於公朝有所陳及，辭色雖順而所執者正。權嘗咨問得失，張昭因陳聽采聞，頗以法令太稠，刑罰微重,宜有所蠲損。權默然,顧問雍曰:"君以爲何如?"雍對曰:"臣之所聞,亦如昭所陳。"於是權乃議獄輕刑。〔一〕久之,呂壹、秦博爲中書,[5]典校諸官府及州郡文書。[6]壹等因此漸作威福,遂造作權酷障管之利,[7]舉罪糾奸,纖介必聞,重以深案醜誣,毀短大臣,排陷無辜,雍等皆見舉白,用被譴讓。後壹姦罪發露,收繫廷尉。[8]雍往斷獄,壹以囚見,雍和顏色,問其辭狀,臨出,又謂壹曰:"君意得無欲有所道?"壹叩頭無言。時尚書郎懷敘面詈辱壹,[9]雍責敘曰:"官有正法,何至於此!"〔二〕

〔一〕《江表傳》曰:權常令中書郎詣雍,[10]有所咨訪。若合雍意,事可施行,〔雍〕即與相反覆,[11]究而論之,爲設酒食。如不合意,[12]雍即正色改容,默然不言,無所施設,即退告。[13]權曰:"顧公歡悅,是事合宜也;其不言者,是事未平也,[14]孤當重思之。"其見敬信如此。江邊諸將,各欲立功自效,多陳便宜,有所掩襲。權以訪雍,雍曰:"臣聞兵法戒於小利,此等所陳,欲邀功名而爲其身,非爲國也,陛下宜禁制。苟不足以曜威損敵,所不宜聽也。"權從之。軍國得失,行事可不,自非面見,口未嘗言之。

〔二〕《江表傳》曰:權嫁從女,女顧氏甥,故請雍父子及孫譚,[15]譚時爲選曹尚書,[16]見任貴重。是日,權極歡。[17]譚醉酒,三起舞,舞不知止。雍內怒之。明日,召譚,訶責之曰:"君王以含垢爲德,[18]臣下以恭謹爲節。昔蕭何、吳漢並有大功,[19]何每見高帝,似不能言;漢奉光武,亦信恪勤。汝之於國,寧有汗馬之勞,可書之事邪?但階門户之資,遂見寵任耳,何有舞不復知止?雖爲酒後,亦由恃恩忘敬,謙虛不足。損吾家者必爾也。"因背向壁臥,譚立過一時,乃見遣。

徐衆《評》曰:雍不以呂壹見毀之故,而和顏悦色,誠長者矣。然開引其意,問所欲道,此非也。壹姦險亂法,毀傷忠賢,吳國寒心,自太子登、陸遜已下,切諫不能得,是以潘濬欲因會手劍之,[20]以除國患,疾惡忠主,義形於色,而今乃發起令言。若壹稱枉邪,不申理,則非録獄本旨;若承辭而奏之,吳主儻以敬丞相所言,而復原宥,伯言、承明不當悲慨哉![21]懷敍本無私恨,無所爲嫌,故詈辱之,疾惡意耳,惡不仁者,其爲仁也。季武子死,[22]曾點倚其門而歌;子晳創發,[23]子產催令自裁。以此言之,雍不當責懷敍也。

[1] 黃武:吳大帝孫權年號(222—229)。

[2] 醴陵:縣名。治所在今湖南醴陵市。

[3] 平尚書事:職銜名義。加此銜者,得參與論決尚書政事。三國皆置,蜀漢位次於録尚書事,孫吳則無高下之分。

[4] 適(dí)莫:指對人的親疏厚薄。《論語・里仁》子曰:"君子之於天下也,無適也,無莫也。義之與比。"劉寶楠《正義》:"皇疏引范寧曰:'適莫,猶厚薄也。'"

[5] 中書:官名。吳"中書典校"之簡稱。掌察諸官府、州郡文書,摘微求瑕,權力頗重。

[6] 州郡:百衲本"郡"字作"部",殿本、盧弼《集解》本、校點本、蕭常《續後漢書》皆作"郡"。今從殿本等。

[7] 榷酤:政府對酒產銷之專斷。 障管:指政府壟斷鹽、鐵器、錢幣之製造以及專斷名山大澤之利。

[8] 廷尉:官名。東漢時爲列卿之一,秩中二千石,掌司法刑獄。三國沿置。

[9] 尚書郎:官名。東漢之制,取孝廉之有才能者入尚書臺,初入臺稱守尚書郎中,滿一年稱尚書郎,統稱尚書郎,秩四百石,

凡置三十六員，分隸六曹尚書分曹治事，主要掌文書起草。三國沿置，而分曹有異。

[10] 令：趙幼文《校箋》謂《文選集注》引《鈔》、《太平御覽》卷二〇四引作"遣"，是。　中書郎：官名。漢代置，屬中書令。孫吳沿置，仍隸中書令。負責草擬詔書，並常被派出執行重要使命。

[11] 即與：趙幼文《校箋》謂《文選集注》引《鈔》"即"上有"雍"字，是。按，《太平御覽》卷二〇四引亦有"雍"字。今據《御覽》補。

[12] 如不合意：趙幼文《校箋》謂《文選集注》引《鈔》、《太平御覽》卷二〇四引"如"下俱有"有"字，是。

[13] 即退告：趙幼文《校箋》謂《太平御覽》卷八四四引"即"字作"郎"，"郎"即上文所言中書郎也。作"郎"字是。趙氏又謂《文選集注》引《鈔》、《太平御覽》卷二〇四引"告"下有"權"字，是。

[14] 事未平：趙幼文《校箋》謂《文選集注》引《鈔》、《太平御覽》引"事"俱作"意"。

[15] 請：趙幼文《校箋》謂《册府元龜》卷八一六、《事類賦》卷一一引作"召"。

[16] 選曹尚書：官名。孫吳置，主銓選官吏，職掌與吏部尚書相類。

[17] 權極歡：趙幼文《校箋》謂《事類賦》卷一一引"權"下有"欣"字。

[18] 含垢爲德：《左傳·宣公十五年》："諺曰'高下在心，川澤納污，山藪藏疾，瑾瑜匿瑕，國君含垢，天之道也。'"楊伯峻注："《老子》云：'受國之垢，是謂社稷主。'意蓋謂國君宜以社稷之長遠利益爲重，不宜小不忍而危害社稷。"

[19] 蕭何：漢高祖劉邦之功臣。秦末佐劉邦起義。義軍入咸陽，蕭何收取秦之律令圖籍。楚漢戰爭中，薦韓信爲大將，以丞相

之職留守關中,爲前綫足食足兵。劉邦稱帝後,封賞功臣,以蕭何功最盛,先封爲酇侯。(見《漢書》卷三九《蕭何傳》) 吳漢:漢光武帝劉秀之功臣。新莽末年,劉秀起兵,吳漢投歸劉秀,爲偏將軍,徵發漁陽等郡騎兵,助劉秀滅王郎、鎮壓銅馬等軍皆有功,劉秀稱帝後,吳漢任大司馬,封廣平侯,又繼續轉戰各地,攻滅公孫述等。後在朝廷,卻"斤斤謹質,形於體貌"。(見《後漢書》卷一八《吳漢傳》)

[20] 欲因會手劍之:百衲本作"欲因會同手劍之"。殿本作"欲同手劍之",盧弼《集解》本、校點本作"欲因會手劍之"。盧弼並云:"按《潘濬傳》'濬乃大請百寮,欲因會手刃殺壹'。"今從《集解》本等。

[21] 伯言:陸遜字伯言。 承明:潘濬字承明。

[22] 季武子:春秋後期魯國執政,季文子之子,名宿。《禮記·檀弓下》謂武子死,"曾點倚其門而歌"。曾點,孔子弟子,曾參之父。

[23] 子皙:春秋時鄭國大夫公孫黑字子皙。公孫黑因與公孫楚爭奪徐無犯之妹,腳被公孫楚擊傷。次年公孫黑欲叛亂,以代替游氏之地位,因腳傷復發而未果。而駟氏及諸大夫皆欲誅殺公孫黑。執政子產在邊境得知,便急速趕回,並使官吏歷數公孫黑之罪狀,令其速死曰:"不速死,司寇將至。"公孫黑乃自縊而死。(見《左傳》昭公元年、二年)

雍爲相十九年,年七十六,赤烏六年卒。初疾微時,權令醫趙泉視之,拜其少子濟爲騎都尉。[1]雍聞,悲曰:"泉善別死生,吾必不起,故上欲及吾目見濟拜也。"[2]權素服臨弔,謚曰肅侯。長子邵早卒,次子裕有篤疾,[3]少子濟嗣,無後,絕。永安元年,[4]詔曰:"故丞相雍,至德忠賢,輔國以禮,而侯統廢絕,朕甚

愍之。其以雍次子裕襲爵爲醴陵侯，以明著舊勳。"〔一〕

〔一〕《吴録》曰：裕一名穆，終宜都太守。[5]裕子榮。

《晋書》曰：[6]榮字彦先，爲東南名士，仕吴爲黄門郎，[7]在晋歷顯位。元帝初鎮江東，[8]以榮爲軍司馬，[9]禮遇甚重。卒，表贈侍中、驃騎將軍、儀同三司。[10]榮兄子禺，字孟著，少有名望，爲散騎侍郎，[11]早卒。

《吴書》曰：雍母弟徽，字子欸，[12]少游學，有脣吻。[13]孫權統事，聞徽有才辯，召署主簿。[14]嘗近出行，見營軍將一男子至市行刑，問之何罪，云盗百錢，徽語使住。須臾，馳詣闕陳啓："方今畜養士衆以圖北虜，視此兵丁壯健兒，[15]且所盗少，愚乞哀原。"權許而嘉之。轉東曹掾。[16]或傳曹公欲東，權謂徽曰："卿孤腹心，今傳孟德懷異意，莫足使揣之，卿爲吾行。"拜輔義都尉，[17]到北與曹公相見。公具問境内消息，徽應對婉順，因説江東大豐，山藪宿惡，皆慕化爲善，義出作兵。公笑曰："孤與孫將軍一結婚姻，[18]共輔漢室，義如一家，君何爲道此？"徽曰："正以明公與主將義固磐石，休戚共之，必欲知江表消息，[19]是以及耳。"公厚待遣還。權問定云何，[20]徽曰："敵國隱情，卒難探察，然徽潛采聽，方與袁譚交争，[21]未有他意。"乃拜徽巴東太守，[22]欲大用之，會卒。子裕，字季則，少知名，位至鎮東將軍。[23]雍族人悌，字子通，以孝悌廉正聞於鄉黨。[24]年十五爲郡吏，除郎中，[25]稍遷偏將軍。[26]權末年，嫡庶不分，悌數與驃騎將軍朱據共陳禍福，言辭切直，朝廷憚之。待妻有禮，常夜入晨出，希見其面。嘗疾篤，妻出省之，悌命左右扶起，[27]冠幘加襲，起對，趣令妻還，其貞潔不瀆如此。[28]悌父向歷四縣令，年老致仕，悌每得父書，常灑掃，整衣服，更設几筵，[29]舒書其上，拜跪讀之，每句應諾，畢，復再拜。若父有疾耗之問至，[30]則臨書垂涕，聲語哽咽。父以壽終，悌飲漿不入口五日。[31]權爲作布衣一襲，皆摩絮著之，強令悌釋服。悌雖以公（議）〔義〕自割，[32]猶以不見父喪，常畫壁作棺柩象，設神座於下，每對之哭泣，服未闋而卒。悌四子：彥、禮、謙、祕。祕，晉交州刺史。祕子眾，尚書僕射。[33]

　　[1]騎都尉：官名。孫吳時統羽林兵，宿衛左右。

　　[2]目見：趙幼文《校箋》謂《太平御覽》卷四八八引"目"字作"自"。

　　[3]裕：潘眉《考證》云："雍次子名裕，母弟徽之子亦名裕，必有一誤。"周壽昌《注證遺》則云："裕一名穆，或因徽子名裕，裕遂改名穆，而史仍書其初名也。"

　　[4]永安：吳景帝孫休年號（258—264）。

　　[5]宜都：郡名。治所夷道縣，在今湖北枝城市。

　　[6]晉書：清代湯球《晉書》輯本暫定爲王隱《晉書》。今本《晉書》卷六八有《顧榮傳》。

　　[7]黃門郎：官名。即黃門侍郎。東漢時秩六百石。掌侍從左右，給事禁中，關通中外。初無員數，漢獻帝定爲六員，與侍中出入禁中，近侍帷幄，省尚書奏事。三國沿置，魏定爲五品。

　　[8]江東：地區名。長江自西向東流，流至今安徽境，則偏北斜流，至今江蘇省鎮江市又東流而下，古稱這段江路東岸之地爲江東（即今長江以南的蘇、浙、皖一帶），西岸之地爲江西（即今皖北和淮河下游一帶）。

　　[9]軍司馬：官名。漢代校尉所領營部，置以佐之。不置校尉之部，則爲長官，領軍征伐，秩比千石。魏、晉沿之。

　　[10]侍中：官名。曹魏時第三品。爲門下侍中寺長官。職掌門下眾事，侍從左右，顧問應對，拾遺補闕，與散騎常侍、黃門侍郎等共平尚書奏事。晉沿置，爲門下省長官。　驃騎將軍：官名。東漢時位比三公，地位尊崇。魏、晉沿置，居諸名號將軍之首，僅

作爲將軍名號，加授大臣、重要州郡長官，無具體職掌，二品。開府者位從公，一品。　儀同三司：謂官非三公，授予儀制同於三公的待遇。

［11］散騎侍郎：官名。曹魏置，第五品。與散騎常侍、侍中、黃門侍郎等侍從皇帝左右，顧問應對，諫諍拾遺，共平尚書奏事。西晉沿置。

［12］子歆：趙幼文《校箋》謂《册府元龜》卷七二六引"歆"字作"欽"。按，宋本《册府元龜》亦作"歆"。

［13］有脣吻：謂善於言辭論辯。

［14］主簿：官名。漢代中央及州郡官府均置主簿，以典領文書，辦理事務。

［15］壯健兒：趙幼文《校箋》謂《册府元龜》卷七一七引無"壯"字。按，宋本《册府元龜》有"壯"字。

［16］東曹掾：官名。東漢三公府及大將軍府均置有東曹掾，秩比四百石，主二千石長吏及軍吏遷除。

［17］輔義都尉：官名。漢獻帝建安中孫權置，顧徽以此職出使曹操。後於赤烏中又爲東宮官。

［18］結婚姻：曹操曾以弟女配孫策小弟孫匡，又爲其子曹彰娶孫賁女。（見本書卷四六《孫策傳》）

［19］江表：即江東。指長江以南地區。從中原看，其地在長江之外，故稱江表。

［20］定：究竟，到底。如《世說新語·言語》："鄧艾口吃，語稱'艾艾'。晉文王戲之曰：'卿云艾艾，定是幾艾？'"

［21］方與：趙幼文《校箋》謂郝經《續後漢書》"方"上有"曹公"二字。

［22］巴東：郡名。治所魚復縣，在今重慶市奉節縣東白帝城。按巴東郡當時爲益州牧劉璋轄地，顧徽爲太守乃遙領。

［23］鎮東將軍：官名。東漢末有鎮東、西、南、北將軍各一人，三國沿置，位次四征將軍，領兵如四征，多爲持節都督出鎮方

面。按，百衲本作"柬將軍"，無"鎮"字，殿本、盧弼《集解》本、校點本有"鎮"字，今從殿本等。又趙幼文《校箋》謂郝經《續後漢書》作"安東將軍"。

[24] 廉正：趙幼文《校箋》謂《太平御覽》卷四一二引"正"字作"直"。

[25] 郎中：官名。東漢時秩比三百石。分隸五官、左、右三署中郎將，名義上備宿衛，實爲後備官吏人才。

[26] 偏將軍：官名。雜號將軍中地位較低者。

[27] 左右扶起：盧弼《集解》云："《御覽》'右'下有'自'字。"趙幼文《校箋》謂此見《太平御覽》卷四三二，又見卷六八七。

[28] 瀆：輕慢。《左傳·昭公二十六年》："國有外援，不可瀆也。"杜預注："瀆，慢也。"趙幼文《校箋》謂《太平御覽》卷八六七引"瀆"字作"黷"。

[29] 几筵：趙幼文《校箋》謂《藝文類聚》卷二〇、《白孔六帖》卷二三（當作二五）引"筵"字俱作"案"。

[30] 疾耗：患病的惡音信。

[31] 飲漿：趙幼文《校箋》謂《藝文類聚》卷二〇、《太平御覽》卷四一二引"飲"字作"水"。

[32] 公義：各本皆作"公議"。趙幼文《校箋》謂《藝文類聚》、《太平御覽》、《册府元龜》卷七五一引"議"字俱作"義"。今據趙引改。

[33] 尚書僕射（yè）：官名。魏、晋時爲尚書省次官，秩六百石，第三品。或單置，或並置左、右。左、右並置時，左僕射居右僕射上。輔助尚書令執行政務，參議大政，諫諍得失，監察糾彈百官，可封還詔旨，常受命主管官吏選舉。

邵字孝則，博覽書傳，好樂人倫。[1]少與舅陸績齊名，而陸遜、張敦、卜靜等皆亞焉。[一]自州郡庶幾及四方人士，往來相見，或言議而去，或結厚而別，[2]風聲流聞，遠近稱之。權妻以策女，年二十七，[3]起家爲豫章太守。[4]下車祀先賢徐孺子之墓，[5]優待其後；禁其淫祀非禮之祭者。小吏資質佳者，輒令就學，[6]擇其先進，擢置右職，舉善以教，風化大行。初，錢唐丁諝出於役伍，[7]陽羨張秉生於庶民，[8]烏程吳粲、雲陽殷禮起乎微賤，[9]邵皆拔而友之，爲立聲譽。秉遭大喪，[10]親爲制服結絰。[11]邵當之豫章，發在近路，值秉疾病，時送者百數，邵辭賓客曰："張仲節有疾，苦不能來別，恨不見之，暫還與訣，諸君少時相待。"其留心下士，惟善所在，皆此類也。諝至典軍中郎，[12]秉雲陽太守，[13]禮零陵太守，[二][14]粲太子少傅。世以邵爲知人。在郡五年，卒官，子譚、承云。

〔一〕《吳錄》曰：敦字叔方，靜字玄風，並吳郡人。敦德量淵懿，清虛淡泊，又善文辭。孫權爲車騎將軍，辟西曹掾，轉主簿，出補海昏令，[15]甚有惠化，年三十二卒。卜靜終於剡令。[16]

〔二〕禮子基作《通語》曰：禮字德嗣，弱不好弄，潛識過人。少爲郡吏，年十九，守吳縣丞。[17]孫權爲王，召除郎中。後與張溫俱使蜀，諸葛亮甚稱歎之。稍遷至零陵太守，卒官。

《文士傳》曰：禮子基，無難督，[18]以才學知名，著《通語》數十篇。有三子。巨字元大，有才器，初爲吳偏將軍，統家部曲，城夏口，[19]吳平後，爲蒼梧太守。[20]少子祐，字慶元，吳郡太守。

[1] 人倫：謂品評人物。
[2] 或言議而去或結厚而別：盧弼《集解》謂此兩句《世說

新語・品藻篇》注引作"或諷議而去，或結友而別"。吳金華《〈三國志校詁〉及〈外編〉訂補》謂"結厚"是漢世以來常語，指結下深情厚誼。

［3］年二十七：趙幼文《校箋》謂《太平御覽》卷四七四引無"七"字。按，《太平御覽》卷二六一引又有"七"字。

［4］起家：謂首次出任官職。

［5］祀：趙幼文《校箋》謂《太平御覽》卷四七四引作"禮"。　徐孺子：徐稺字孺子，東漢豫章南昌人，漢桓帝時公府屢徵辟皆不至。郡太守陳蕃請為功曹，孺子謁而辭退。陳蕃在郡不接賓客，唯為孺子特設一榻，去則懸之。（見《後漢書》卷五三《徐稺傳》）

［6］輒令：盧弼《集解》云："《御覽》'令'字作'獎'。"趙幼文《校箋》云："《御覽》卷四四二引作'獎'，然卷二六一引仍作'令'，疑作'令'字是。"按，《太平御覽》卷四四二實作"令獎"。

［7］錢唐：縣名。東漢時又作"錢塘"。謝鍾英《補三國疆域志補注》謂錢唐西漢為縣，東漢省，蓋漢末靈帝時又復置。西漢時治所在今浙江杭州市西靈隱山下，東漢末復置後治所在今杭州市。

役伍：指服役人家。

［8］陽羨：縣名。治所在今江蘇宜興市南荊溪南岸。　生於庶民：殿本《考證》云："《太平御覽》作'生於民庶'。"趙幼文《校箋》謂此見《太平御覽》卷四四二。按，《太平御覽》"生於"實作"生乎"。

［9］烏程：縣名。治所在今浙江湖州市南菰城。　吳粲：殿本"吳"字作"吾"，百衲本、盧弼《集解》本、校點本作"吳"。今從百衲本等。盧弼《集解》引何焯曰，謂"吳粲"即"吾粲"，古書"吾丘壽王"多作"虞丘"，而"虞仲"亦作"吳仲"，則"吾""吳"通也。　雲陽：縣名。孫吳嘉禾三年（234）以曲阿縣改名，治所在今江蘇丹陽市。

［10］大喪：指父母之喪。

［11］絰（dié）：喪服所用的麻帶。扎在頭上的稱首絰，結在腰間的稱腰絰。

［12］典軍中郎：官名。孫吳置。屬典軍。吳典軍又分中、左、右，掌禁軍。

［13］雲陽：郡名。錢大昕云："雲陽縣即漢吳郡之曲阿，嘉禾三年更名，其置郡當在嘉禾以後也。《晋志》叙吳所置郡，不及雲陽，蓋不久即省矣。"（《廿二史考異》卷一七）

［14］零陵：郡名。治所泉陵縣，在今湖南永州市。

［15］海昏：縣名。治所在今江西永修縣西北艾城。

［16］剡：縣名。漢代治所在今浙江嵊縣西南曹娥江北岸，孫吳移治所於今嵊縣。

［17］丞：官名。縣丞爲縣令、長之副佐，職掌文書及倉、獄事。

［18］無難督：官名。孫吳置。統無難士，負責侍衛皇帝；亦外出征戰。又分置左、右部，稱無難左部督、無難右部督。地位頗重。

［19］夏口：地名。在今湖北武漢市原漢水入長江處。

［20］蒼梧：郡名。治所廣信縣，在今廣西梧州市。

譚字子默，弱冠與諸葛恪等爲太子四友，從中庶子轉輔正都尉。〔二〕赤烏中，代恪爲左節度。〔二〕[1]每省簿書，未嘗下籌，[2]徒屈指心計，盡發疑謬，下吏以此服之。加奉車都尉。[3]薛綜爲選曹尚書，固讓譚曰："譚心精體密，貫道達微，才照人物，德允衆望，[4]誠非愚臣所可越先。"後遂代綜。祖父雍卒數月，拜太常，代雍平尚書事。是時魯王霸有盛寵，與太子和齊衡，譚上疏曰："臣聞有國有家者，必明嫡庶之端，異尊卑之禮，使高下有差，階級踰邈，如此則骨肉之恩生，[5]覬覦之望絕。昔賈誼陳治安之計，[6]論諸侯之勢，以爲勢重，雖親必有逆節之累，勢輕，雖疏必有保全之祚。故淮南親弟，[7]不終饗國，失之於勢重也；吳芮疏臣，[8]傳祚長沙，得之於勢輕也。昔漢文帝使慎夫人與皇后同席，袁盎退夫人之座，[9]帝有怒色，及盎辨上下之儀，陳人彘之戒，帝既悅懌，夫人亦悟。今臣所陳，非有所偏，誠欲以安太子而便魯王也。"由是霸與譚有隙。時長公主壻衛將軍全琮子寄爲霸賓客，[10]寄素傾邪，譚所不納。先是，譚弟承與張休俱北征壽春，[11]全琮時爲大都督，[12]與魏將王淩戰於芍陂，軍不利，魏兵乘勝陷没五營將（秦兒）〔秦晃〕軍，[13]休、承奮擊之，遂駐魏師。時琮羣子緒、端亦並爲將，因敵既住，乃進擊之，淩軍用退。時論功行賞，以爲駐敵之功大，退敵之功小，休、承並爲雜號將軍，[14]緒、端偏裨而已。[15]寄父子益恨，共搆會譚。〔三〕[16]譚坐徙交州，幽而發憤，著《新言》二十篇。[17]其《知難篇》蓋以自悼傷也。見流二年，年四十二，卒於交阯。[18]

〔一〕陸機爲譚傳曰：[19]宣太子正位東宫，[20]天子方隆訓導之義，妙簡俊彦，講學左右。時四方之傑畢集，太傅諸葛恪以雄奇蓋衆，[21]而譚以清識絕倫，[22]獨見推重。自太尉范慎、謝景、羊（徽）〔衜〕之徒，[23]皆以秀稱，其名而悉在譚下。

〔二〕《吳書》曰：譚初踐官府，上疏陳事，權輒食稱善，以爲過於徐詳。[24]雅性高亮，不脩意氣，[25]或以此望之。[26]然權鑒其能，見待甚隆，數蒙賞賜，特見召請。

〔三〕《吳錄》曰：全琮父子屢言芍陂之役爲典軍陳恂詐增張休、顧承之功，而休、承與恂通情。休坐繫獄，權爲譚故，沉吟不決，欲令譚謝而釋之。及大會，以問譚，譚不謝，而曰："陛下，讒言其興乎！"

《江表傳》曰：有司奏譚誣罔大不敬，罪應大辟。[27]權以雍故，不致法，皆徙之。

[1] 左節度：官名。孫吳置，掌管軍需糧穀及文書賬簿。

[2] 籌：計數的用具。

[3] 奉車都尉：漢代秩比二千石，掌皇帝車輿，入侍左右，多由皇帝親信充任。三國沿置，地位漸低。

[4] 才照：趙幼文《校箋》謂《北堂書鈔》卷六〇、《太平御覽》卷四〇二（當作四二四）引"照"字作"昭"。按，《北堂書鈔》引實作"照"。　德允：趙幼文《校箋》謂《北堂書鈔》、《太平御覽》卷二一四及卷四二四引"允"字俱作"服"。

[5] 骨肉：百衲本"肉"字作"內"，殿本、盧弼《集解》本、校點本作"肉"。今從殿本等。

[6] 賈誼：西漢洛陽人。漢文帝時爲太中大夫，又爲長沙王太傅、梁王太傅。以政論著稱，曾多次上疏朝廷，議論政治之得失利弊，多被采納。（《漢書》卷四八《賈誼傳》）

[7] 淮南：淮南厲王劉長，漢高祖劉邦之少子，漢文帝之弟。漢高祖十一年（前196）立爲淮南王。漢文帝即位後，劉長自以爲最親，驕橫不奉法，文帝多寬容之。後又摹擬天子之制，上書不遜順，文帝曾深責之。劉長不滿，竟於漢文帝前元六年（前174）策劃謀反，事泄後，大臣力主處以刑，文帝又赦其死罪，流徙蜀郡嚴道（今四川滎經縣）。劉長於途中絕食而亡。（見《漢書》卷四四《淮南厲王傳》）

[8] 吳芮：秦時爲番陽縣（今江西鄱陽縣東北）令。秦末義軍起，吳芮率百越響應，又從入關。項羽封諸侯，立芮爲衡山王。漢高祖劉邦滅項羽後，徙封芮爲長沙王，並制詔御史："長沙王忠，其定著令。"吳芮徙封長沙僅一年而亡，而子孫世襲其爵。（《漢書》卷三四《吳芮傳》）

[9] 袁盎：西漢楚國人。漢文帝時爲中郎，直言敢諫。漢文帝曾與皇后、慎夫人至上林苑。因在宮中皇后與慎夫人常同席坐，當上林郎署長設席後，袁盎卻引慎夫人退後坐，慎夫人怒而不坐。漢文帝亦怒，不歡而回宮中。入宮後，袁盎進說曰："臣聞尊卑有序則上下和。今陛下既已立后，慎夫人乃爲妾，妾主豈可同坐哉！適所以失尊卑矣。且陛下幸之，即厚賜。陛下所以爲慎夫人，適所以禍之。陛下獨不見'人彘'乎？"漢文帝心悅，又召慎夫人解釋。慎夫人即賜袁盎金五十斤。（見《史記》卷一〇一《袁盎列傳》）人彘，指漢高祖之戚夫人。漢高祖寵愛戚夫人，戚夫人欲以其子如意代替太子，因大臣力爭及張良之策而未實現。及漢高祖死，惠帝即位，呂太后即因禁戚夫人，毒殺趙王如意，後又命人斬斷戚夫人手足，並挖其眼，聾其耳，啞其聲，使居廁中，稱之曰"人彘"。（見《史記》卷九《呂太后本紀》）

[10] 長公主：即孫權步夫人所生長女魯班，字大虎。衛將軍：官名。東漢時位次大將軍、驃騎將軍、車騎將軍，位亞三公，開府置官屬。曹魏沿置，位在諸名號將軍上。第二品。孫吳亦置。

[11] 壽春：縣名。治所在今安徽壽縣。

[12] 大都督：官名。最初，孫吳、曹魏於戰爭時臨時設置，作爲加官，爲統軍最高長官。後漸漸成爲常設官職，地位極高。

[13] 秦晃：各本皆作"秦兒"。錢大昕云："'兒'當作'晃'。見《吳主傳》。"（《廿二史考異》卷一七）潘眉《考證》亦云："'秦兒'當爲'秦晃'。見《吳主傳》赤烏四年。"校點本從錢說改"兒"爲"晃"。今從之。

[14] 雜號將軍：地位較低、置廢無常，無固定職掌的諸名號

將軍皆爲雜號將軍。

〔15〕偏裨：即偏將軍、裨將軍。裨將軍亦雜號將軍之低級者。

〔16〕搆會：進讒陷害。

〔17〕新言：《隋書·經籍志》子部儒家類著錄《顧子新語》十二卷，吳太常顧譚撰。《舊唐書·經籍志》則謂《顧子新語》五卷。《新唐書·藝文志》又作《顧子新論》五卷。姚振宗《三國藝文志》引馬國翰輯本序，謂《吳志》本傳云"新言"，隋、唐《志》作"新語""新論"，皆非原目。

〔18〕交阯：盧弼《集解》云："'阯'當作'州'。"按交阯郡與交州治所皆龍編縣。作"交阯"亦通。

〔19〕陸機爲譚傳：陸機《顧譚傳》，《隋書·經籍志》未著錄。

〔20〕宣太子：即孫登。孫登赤烏四年（241）死後，謚爲宣太子。

〔21〕太傅：官名。東漢時爲上公，如兼錄尚書事，則行使宰相職權。三國沿置，仍爲上公。按，當時諸葛恪未爲太傅，此按以後官名稱之。 以：百衲本作"以"，殿本、盧弼《集解》本、校點本作"等"。趙幼文《校箋》謂《册府元龜》卷七七六引作"以"。今從百衲本。

〔22〕清識：百衲本無"識"字，殿本、盧弼《集解》本、校點本有，《册府元龜》卷七七六引亦有。今從殿本等。

〔23〕太尉：官名。東漢時與司徒、司空並爲三公，共同行使宰相職能，位列三公之首，名位甚重。而孫吳之宰相乃丞相，則太尉、司徒、司空雖爲三公，實無具體職掌，僅名高位崇而已。又按，范慎爲太尉在孫晧建衡三年，此亦以後之官名稱之。 羊衜：百衲本、殿本、校點本作"羊徽"，盧弼《集解》本作"楊鑒"。盧弼《集解》云："《孫登傳》'謝景、范慎、刁玄、羊衜等皆爲賓客'，似作'羊衜爲是。'"按，"羊徽"在本書中僅此一見，是否有此人尚難確定；"楊鑒"則僅見於盧弼《集解》本一次，亦難確

定有無此人。盧氏之説有理有據，今從改。

　　[24] 徐詳：其事迹主要見本書卷六二《胡綜傳》。

　　[25] 意氣：情誼。如《文選》司馬遷《報任少卿書》"意氣勤勤懇懇"，劉良注："情切之辭。"

　　[26] 望：怨恨。梅膺祚《字彙·月部》："望，怨望，責望。"

　　[27] 大辟：死刑。

　　承字子直，嘉禾中與舅陸瑁俱以禮徵。權賜丞相雍書曰："貴孫子直，令問休休，[1]至與相見，過於所聞，爲君嘉之。"拜騎都尉，領羽林兵。後爲吳郡西部都尉，[2]與諸葛恪等共平山越，[3]別得精兵八千人，還屯軍章阮，[4]拜昭義中郎將，[5]入爲侍中。芍陂之役，拜奮威將軍，出領京下督。[6]數年，與兄譚、張休等俱徙交州，年三十七卒。

　　[1] 令問：令聞，美好的名聲。問，通"聞"。　休休：形容寬容，氣魄大。《尚書·秦誓》："其心休休焉。"孫星衍《尚書今古文疏證》引鄭康成曰："休休，寬容也。"

　　[2] 吳郡西部都尉：官名。其治所，趙一清《注補》云："吳郡西部都尉漢時未有，亦吳所置。沈約曰：吳時分吳郡無錫以西爲毗陵典農校尉。或先爲西部都尉，後乃更爲典農校尉耳。"毗陵縣治所在今江蘇常州市。

　　[3] 山越：漢末三國時期，居於南方山區的土著人民稱爲山越。因其在秦漢時稱越人，雖經三百餘年已與漢族相融合，但時人仍稱之爲越。（本唐長孺《孫吳建國及漢末江南的宗部與山越》）

　　[4] 章阮：地名。殿本、盧弼《集解》本作"章阮"，百衲本、校點本作"章阮"。今從百衲本等。盧弼《集解》謂章阮當在新都郡（治所在今浙江淳安縣西北）之北，丹陽郡（治所在今安

徽宣州市）之南。趙幼文《校箋》則謂錢儀吉曰："陸機《辨亡論》作'東坑'。"是。按，《辨亡論》所謂的東坑，乃陸抗屯兵之地。《辨亡論下》云："陸公以偏師三萬北據東坑。"李善注云："東坑在西陵步闡城東北，長十餘里；陸抗所築之城在東坑上而當闡城之北，其迹並存。"又按，步闡城所在之西陵，治所在今湖北宜昌市東南。而顧承與諸葛恪等共平山越後，得八千兵所屯之地，似不可能在西陵附近。

〔5〕昭義中郎將：官名。建安中孫權所置，領兵。吳沿之。

〔6〕京下督：官名。京口駐軍的長官。京口在今江蘇鎮江市。

諸葛瑾字子瑜，琅邪陽都人也。〔一〕[1]漢末避亂江東。值孫策卒，孫權姊婿曲阿弘咨見而異之，薦之於權，與魯肅等並見賓待，後爲權長史，轉中司馬。[2]建安二十年，[3]權遣瑾使蜀通好劉備，與其弟亮俱公會相見，[4]退無私面。

〔一〕《吳書》曰：其先葛氏，本琅邪諸縣人，[5]後徙陽都。陽都先有姓葛者，時人謂之諸葛，[6]因以爲氏。瑾少游京師，治《毛詩》《尚書》《左氏春秋》。遭母憂，居喪至孝，事繼母恭謹，甚得人子之道。

《風俗通》曰：葛嬰爲陳涉將軍，[7]有功而誅，孝文帝追錄，[8]封其孫諸縣侯，因并氏焉。此與《吳書》所說不同。

〔1〕陽都：縣名。治所在今山東臨沂市南。

〔2〕中司馬：官名。此爲孫權車騎將軍府之中司馬。孫權車騎將軍府置左、中、右司馬皆參贊軍務。（本洪飴孫《三國職官表》）

〔3〕建安：漢獻帝劉協年號（196—220）。

〔4〕俱：趙幼文《校箋》謂《北堂書鈔》卷三七、《文選》袁彥

伯《三國名臣贊》李善注、《太平御覽》卷五一五引皆作"但",是。

［5］諸縣:治所在今山東諸城市西南。

［6］諸葛:殿本《考證》云:"《廣韻注》作'時人謂徙居者爲諸葛'。"

［7］葛嬰:《史記》卷四八《陳涉世家》謂陳涉起義後,"自立爲將軍,吳廣爲都尉。攻大澤鄉,收而攻蘄。蘄下,乃令符離人葛嬰將兵徇蘄以東"。陳涉至陳縣自立爲王。而"葛嬰至東城,立襄彊爲楚王。嬰後聞陳王已立,因殺襄彊,還報。至陳,陳王誅殺葛嬰"。

［8］孝文帝追録:何焯云:"孝文時,侯者十人,無姓葛者。高祖封樂毅後於一鄉,嬰何功德,而其孫乃食一縣?此《風俗通》傳聞之謬也。"(《義門讀書記》卷二八《三國志·吳志》)周壽昌《注證遺》亦云:"葛嬰爲陳涉將有功,漢無與也,況亦被誅乎!孝文録封,必不寬濫至此。考《功臣表》内無之,應氏之言,恐未足信也。"

　　與權談説諫喻,未嘗切愕,[1]微見風彩,粗陳指歸,如有未合,則捨而及他,徐復託事造端,以物類相求,於是權意往往而釋。吳郡太守朱治,權舉將也,[2]權曾有以望之,而素加敬,難自詰讓,忿忿不解。瑾揣知其故,而不敢顯陳,乃乞以意私自問,[3]遂於權前爲書,泛論物理,因以己心遙往忖度之。畢,以呈權,權喜,笑曰:"孤意解矣。顏氏之德,[4]使人加親,豈謂此邪?"權又怪校尉殷模,[5]罪至不測。羣下多爲之言,權怒益甚,與相反覆,惟瑾默然,權曰:"子瑜何獨不言?"瑾避席曰:"瑾與殷模等遭本州傾覆,[6]生類殄盡。棄墳墓,攜老弱,披草萊,[7]歸聖化，在流隸之中，蒙生成之福，不能躬相督厲，[8]陳答萬一，至令模孤負恩惠，[9]自陷罪戾。臣謝過不暇，誠不敢有言。"權聞之愴然，乃曰："特爲君赦之。"

後從討關羽，封宣城侯，[10]以綏南將軍代呂蒙領南郡太守，[11]住公安。[12]劉備東伐吳，吳王求和，瑾與備牋曰："奄聞旗鼓來至白帝，[13]或恐議臣以吳王侵取此州，危害關羽，怨深禍大，不宜答和，此用心於小，未留意於大者也。試爲陛下論其輕重，及其大小。陛下若抑威損忿，蹔省瑾言者，計可立決，不復咨之於羣后也。[14]陛下以關羽之親何如先帝？[15]荊州大小孰與海內？俱應仇疾，誰當先後？若審此數，易於反掌。"〔一〕時或言瑾別遣親人與備相聞，權曰："孤與子瑜有死生不易之誓，子瑜之不負孤，猶孤之不負子瑜也。"〔二〕黃武元年，遷左將軍，[16]督公安，假節，[17]封宛陵侯。〔三〕[18]

〔一〕臣松之云：以爲劉后以庸蜀爲關河，[19]荊楚爲維翰，[20]關羽揚兵沔漢，[21]志陵上國，[22]雖匡主定霸，功未可必，要爲威聲遠震，有其經略。孫權潛包禍心，助魏除害，是爲翦宗子勤王之師，紓曹公移都之計，[23]拯漢之規，於茲而止。義旗所指，宜其在孫氏矣。瑾以大義責備，答之何患無辭；且備、羽相與，有若四體，股肱橫虧，憤痛已深，豈此奢闊之書所能迴駐哉？載之於篇，實爲辭章之費。

〔二〕《江表傳》曰：瑾之在南郡，人有密讒瑾者。此語頗流聞於外，陸遜表保明瑾無此，宜以散其意。[24]權報曰："子瑜與孤從事積年，恩如骨肉，深相明究，其爲人非道不行，非義不言。

玄德昔遣孔明至吳，孤嘗語子瑜曰：'卿與孔明同產，且弟隨兄，於義爲順，何以不留孔明？孔明若留從卿者，孤當以書解玄德，意自隨人耳。'[25]子瑜答孤言：'弟亮以失身於人，[26]委質定分，義無二心。弟之不留，猶瑾之不往也。'其言足貫神明。[27]今豈當有此乎？孤前得妄語文疏，即封示子瑜，并手筆與子瑜，即得其報，論天下君臣大節一定之分。孤與子瑜，可謂神交，非外言所間也。[28]知卿意至，輒封來表，以示子瑜，使知卿意。"

〔三〕《吳錄》曰：曹真、夏侯尚等圍朱然於江陵，[29]又分據中州，[30]瑾以大兵爲之救援。瑾性弘緩，推道理，任計畫，無應卒倚伏之術，兵久不解，權以此望之。及春水生，潘璋等作水城於上流，瑾進攻浮橋，真等退走。雖無大勳，亦以全師保境爲功。

[1] 愕：直言。《文選》卷四七袁彥伯《三國名臣贊序》："神情所涉，豈徒謇愕而已哉！"李善注："字書曰：愕，直言也。"

[2] 舉將：舉孝廉之郡太守。漢代以降，因郡太守兼領武事，故亦稱郡將。太守又有舉薦孝廉之職責，故可稱之爲舉將。

[3] 意私：趙幼文《校箋》謂蕭常《續後漢書》作"私意"。

[4] 顏氏：指顏回。孔子弟子，字子淵。梁章鉅《旁證》云："《史記・仲尼弟子列傳》孔子曰：'自吾有回，門人益親。'"

[5] 又怪：趙幼文《校箋》謂蕭常《續後漢書》"怪"字作"憤"。

[6] 本州：指徐州。琅邪郡屬徐州。

[7] 草萊：草莽，雜生的草，喻草野、民間。《漢書》卷六六《蔡義傳》載其疏曰："臣山東草萊之人。"

[8] 督厲：趙幼文《校箋》云："《文選集注》引《鈔》'厲'字作'屬'。"

[9] 至令模孤負恩惠：趙幼文《校箋》云："《文選集注》引《鈔》'至'下無'令'字，'恩惠'作'恩遇'，疑是。"

［10］宣城：縣名。治所在今安徽南陵縣東青弋鎮。

［11］綏南將軍：官名。建安末孫權所置。諸葛瑾爲之，領南郡太守。

［12］公安：縣名。治所在今湖北公安縣西。

［13］白帝：城名。在今重慶市奉節縣東白帝山上。

［14］羣后：群臣。

［15］先帝：指漢獻帝。魏文帝曹丕代漢後，蜀中傳言漢獻帝已死。

［16］左將軍：官名。東漢時位如上卿，與前、後、右將軍掌京師兵衛和邊防屯警。魏、晉亦置，第三品。權位漸低，略高於一般雜號將軍，不典禁兵，不與朝政，僅領兵征戰。孫吳亦置。

［17］假節：漢末三國時期，皇帝賜予臣下的一種權力。至晉代，此種權力明確爲因軍事可殺犯軍令者。

［18］宛陵：縣名。治所在今安徽宣州市。

［19］劉后：劉君。指劉備。 庸蜀：指益州。益州及其附近，古爲庸、蜀二國。 關河：盧弼《集解》引何焯曰："關河，謂關中、河內也。"即謂國家之腹心基地。

［20］荆楚：指荆州。荆州古爲楚國之地。 維翰：《詩·大雅·板》："大邦維屏，大宗維翰。"鄭箋："爲藩屏垣幹。"

［21］沔漢：即漢水。漢水古又稱沔水。

［22］上國：指魏國。

［23］紓：百衲本、盧弼《集解》本、校點本1959年12月第1版作"行"，殿本、校點本1982年7月第2版作"紓"。殿本《考證》李龍官曰："按當作'紓'，當日雲長威震華夏，孟德恐懼，欲遷都以避之。今荆州爲權所破，羽死而操安，遷都之計可以緩也。"今從殿本等。

［24］表保明瑾無此：趙幼文《校箋》云："《通鑑》'無'上有'必'字，是。"按，《通鑑》此句卻無"保"字。 宜以：趙幼文《校箋》云："《通鑑》'宜'下有'有'字，是。"

［25］意：意料，猜測。

[26] 失身：百衲本作"生身"，殿本、盧弼《集解》本、校點本作"失身"。今從殿本等。

　　[27] 其言：盧弼《集解》本作"此言"，百衲本、殿本、校點本作"其言"。今從百衲本等。

　　[28] 所閒：趙幼文《校箋》謂蕭常《續後漢書》"所"下有"能"字。

　　[29] 江陵：縣名。治所在今湖北荆州市江陵區。

　　[30] 中州：又稱百里洲，在今湖北枝江市南長江中。

　　虞翻以狂直流徙，惟瑾屢爲之説。翻與所親書曰："諸葛敦仁，則天活物，比蒙清論，有以保分。[1]惡積罪深，見忌殷重，雖有祁老之救，[2]德無羊舌，[3]解釋難冀也。"

　　瑾爲人有容貌思度，于時服其弘雅，權亦重之，[4]大事咨訪。又別咨瑾曰："近得伯言表，[5]以爲曹丕已死，毒亂之民，當望旌瓦解，而更靜然。聞皆選用忠良，寬刑罰，布恩惠，薄賦省役，以悦民心，其患更深於操時。孤以爲不然。操之所行，其惟殺伐小爲過差，及離閒人骨肉，以爲酷耳。至於御將，[6]自古少有。丕之於操，[7]萬不及也。今叡之不如丕，猶丕不如操也。其所以務崇小惠，必以其父新死，自度衰微，恐困苦之民一朝崩沮，故彊屈曲以求民心，欲以自安住耳，寧是興隆之漸邪！聞任陳長文、曹子丹輩，[8]或文人諸生，或宗室戚臣，寧能御雄才虎將以制天下乎？夫威柄不專，則其事乖錯，如昔張耳、陳餘，[9]非不敦睦，至於秉勢，自還相賊，乃事理使然也。又長文之徒,昔所以能守善者,以操笞其頭,[10]畏操威嚴,故竭心盡意,不敢爲非耳。逮丕繼業,年已長大,承操之後,以恩情加之,用能感義。今叡幼弱,隨人東西,此曹等輩,必當因此弄巧行態,[11]阿黨比周,各助所附。如此之日,姦讒並起,更相陷懟,轉成嫌貳。自爾已往,[12]羣下争利,主幼不御,其爲敗也焉得久乎?所以知其然者,自古至今,安有四五人把持刑柄,而不離刺轉相蹄齧者也!彊當陵弱,弱當求援,此亂亡之道也。子瑜,卿但側耳聽之,伯言常長於計校,恐此一事小短也。"〔一〕

〔一〕臣松之以爲魏明帝而時明主,[13]政自己出,孫權此論,竟爲無徵,而史載之者,將以主幼國疑,威柄不一,亂亡之形,有如權言,宜其存錄以爲鑒戒。或當以雖失之於明帝,而事著於齊王,齊王之世,可不謂驗乎!不敢顯斥,抑足表之微辭。

[1] 清論:趙幼文《校箋》謂《册府元龜》卷八七〇引"論"字作"諭"。 保分:殿本《考證》云:"《册府》作'保全'。"趙幼文《校箋》謂此見《册府元龜》卷八七〇引。

[2] 祁老:指春秋晉國大夫祁奚。虞翻以之比諸葛瑾。《左傳·襄公二十一年》謂晉國執政范宣子聽信樂祁之言,殺了欒盈之黨與箕遺、黃淵、羊舌虎等十人,並囚禁了伯華、籍偃及羊舌虎之兄羊舌肸(即叔向)。此時晉大夫祁奚已告老在家,得知此事後,即乘車往見范宣子,言叔向是國家之柱石,即使十代子孫有錯也應赦免,怎能因羊舌虎而殺叔向?范宣子即與祁奚往見晉平公,赦免了叔向。

[3] 羊舌:指羊舌肸。虞翻以之自比。

［4］弘雅：趙幼文《校箋》謂《世説新語·品藻篇》注引"雅"字作"量"。按，《建康實錄》、蕭常及郝經之《續後漢書》皆作"弘雅"。 權亦：趙幼文《校箋》云："《文選集注》引《鈔》'亦'字作'甚'。"

［5］伯言：陸遜字伯言。

［6］御將：百衲本作"將御"，殿本、盧弼《集解》本、校點本作"御將"。郝經《續後漢書》亦作"御將"。今從殿本等。

［7］丕之於操：百衲本、殿本、盧弼《集解》本作"比之於操"。殿本《考證》云："'比'疑作'丕'。"盧弼《集解》又云："何焯校改'比'作'丕'。"校點本正作"丕"，今從之。

［8］陳長文：陳群字長文。 曹子丹：曹真字子丹。

［9］張耳陳餘：二人皆戰國末大梁（今河南開封市西北）人。張耳年長，陳餘年少，故陳餘以父輩之禮對待張耳，而相與爲刎頸之交。秦滅魏後，聞二人爲魏之名士，懸賞緝拿二人。二人變易姓名逃至陳縣爲里監門。及陳涉起兵至陳縣，二人即投陳涉。陳涉以武臣爲將軍，張耳、陳餘爲左右校尉，使北定趙地。趙地平定後，武臣自立爲趙王，陳餘爲大將軍，張耳爲右丞相。武臣被殺後，張耳、陳餘又立趙歇爲趙王。後秦將章邯引兵攻趙，張耳、趙王歇撤入鉅鹿城；陳餘北收常山兵，駐鉅鹿之北。章邯軍急攻鉅鹿，張耳召陳餘出兵解危，陳餘以不敵秦軍不願出兵，二人自此產生矛盾。項羽解鉅鹿之圍後，張耳收陳餘兵，陳餘與部下數百人外出。後張耳隨項羽入關，被立爲常山王。陳餘僅得南皮等三縣爲侯，大怒，乃以三縣兵襲擊常山王張耳。張耳敗走，投歸漢王劉邦。陳餘復收趙地，迎回趙歇爲趙王。漢使人告趙東向擊楚，陳餘曰："漢殺張耳乃從。"漢僞斬張耳，陳餘遣兵助漢，後發覺張耳仍在，又背叛漢。次年漢遣張耳與韓信擊破趙，斬陳餘。（見《史記》卷九八《張耳陳餘列傳》）

［10］笮：梁章鉅《旁證》引沈欽韓曰："《一切經音義》：笮，猶壓也。"

［11］行態：猶作態。故意做出某種姿態或表情。

［12］自：百衲本、盧弼《集解》本、校點本作"一"，殿本作"自"。郝經《續後漢書》亦作"自"。今從殿本。

［13］而時：殿本、盧弼《集解》本、校點本作"一時"，百衲本作"而時"，郝經《續後漢書》苟宗道注引作"當時"。按，"而時"與"當時"義同。吳昌瑩《經詞衍釋》卷七："而，猶其也。"今從百衲本。

權稱尊號，拜大將軍、左都護，[1]領豫州牧。[2]及呂壹誅，權又有詔切磋瑾等，語在《權傳》。瑾輒因事以答，辭順理正。瑾子恪，名盛當世，權深器異之；然瑾常嫌之，謂非保家之（子）〔主〕，[3]每以憂戚。〔一〕赤烏四年，年六十八卒，遺命令素棺斂以時服，[4]事從省約。恪已自封侯，故弟融襲爵，攝兵業駐公安，〔二〕部曲吏士親附之。疆外無事，[5]秋冬則射獵講武，春夏則延賓高會，休吏假卒，或不遠千里而造焉。每會輒歷問賓客，各言其能，乃合榻促席，量敵選對，或有博弈，[6]或有摴蒱，[7]投壺弓彈，[8]部別類分，於是甘果繼進，[9]清酒徐行，融周流觀覽，終日不倦。融父兄質素，[10]雖在軍旅，身無采飾；而融錦罽文繡，[11]獨爲奢綺。孫權薨，徙奮威將軍。後恪征淮南，[12]假融節，令引軍入沔，以擊西兵。恪既誅，遣無難督施寬就將軍施績、孫壹、全熙等取融。融卒聞兵士至，惶懼猶豫，不能決計，兵到圍城，飲藥而死，三子皆伏誅。〔三〕

〔一〕《吴書》曰：初，瑾爲大將軍，而弟亮爲蜀丞相，二子恪、融皆典戎馬，督領將帥，族弟誕又顯名於魏，一門三方爲冠蓋，[13]天下榮之。瑾才略雖不及弟，而德行尤純。妻死不改娶，有所愛妾，生子不舉，其篤慎皆如此。

〔二〕《吴書》曰：融字叔長，生於寵貴，少而驕樂，學爲章句，博而不精，性寬容，多技藝，數以巾褐奉朝請，[14]後拜騎都尉。赤烏中，諸郡出部伍，新都都尉陳表、吴郡都尉顧承各率所領人會佃毗陵，[15]男女各數萬口。表病死，權以融代表，後代父瑾領攝。

〔三〕《江表傳》曰：先是，公安有靈鼉鳴，[16]童謠曰："白鼉鳴，龜背平，南郡城中可長生，[17]守死不去義無成。"及恪被誅，融果刮金印龜，服之而死。

[1] 大將軍：官名。東漢時常兼錄尚書事，與太傅、太尉等共同主持政務。漢末位在三公上。三國時權任稍減。吴又別置上大將軍居其上。　左都護：官名。孫吴置，諸葛瑾以大將軍兼任，權任極重。

[2] 豫州：東漢末刺史治所譙縣，在今安徽亳州市。魏明帝時刺史移治所於項縣，在今河南沈丘縣。洪飴孫《三國職官表》謂孫權黃龍元年（229），"與蜀約，參分天下，以豫、青、徐、幽屬吴，故四州亦置州牧遥領之"。

[3] 保家之主：各本"主"字皆作"子"，郝經《續後漢書》亦作"子"。吴金華《〈三國志〉斠議》謂《通鑑》卷七六引作"主"，並引《左傳·襄公二十七年》、班彪《王命論》、本書卷一〇《荀彧傳》注引《三輔決錄注》、本書卷一九《陳思王植傳》等爲例證，謂當從《通鑑》改。是北宋司馬光所見者爲"主"字。今從吴説改。

[4] 遺命令：趙幼文《校箋》謂《太平御覽》卷五五〇引無

"命"字,《建康實錄》同。按,郝經《續後漢書》有"命"字,無"令"字。

[5] 疆外無事:此句與上句"部曲吏士親附之"共十一字,百衲本、殿本、盧弼《集解》本皆作爲裴注引《吳書》之文,且"部曲"前有"融"字,共爲十二字。何焯云:"此十二字疑當屬下'秋冬',乃陳氏正文也。"(《義門讀書記》卷二八《三國志·吳志》)盧弼《集解》又云:"此十二字作正文或作注文當衍'融'字。"趙幼文《校箋》謂《册府元龜》卷四三六引此十一字接"駐公安"句下,無"融"字,是今本誤混入注也,當據以訂正。按,校點本正以此十一字作正文,且無"融"字。今從校點本。

[6] 博弈:六博與圍棋。六博,《文選》曹丕《與朝歌令吳質書》李善注引《藝經》曰:"棋正彈法,二人對局,白黑棋各六枚,先列棋相當,更先控三彈,不得,各去控一棋,先補角。"

[7] 摴(chū)蒲(pú):又作"樗蒱""樗蒲"。古代的博戲。

[8] 投壺:古人宴會時的遊戲。設特製之壺,賓主依次投矢其中,中多者爲勝,負者飲酒。 弓彈(tán):以彈弓發射彈丸的遊戲。

[9] 繼進:盧弼《集解》本作"經進",百衲本、殿本、校點本作"繼進"。今從百衲本等。

[10] 質素:樸實雅素。

[11] 錦罽(jì):絲織品與毛織品。

[12] 淮南:郡名。治所壽春縣,在今安徽壽縣。

[13] 冠蓋:指貴官。

[14] 巾褐:頭巾與褐衣。普通人之裝束。

[15] 新都:郡名。治所始新縣,在今浙江淳安縣西北。

[16] 靈鼉(tuó):即鼉龍。爬行動物,鱷魚之一種。趙幼文《校箋》謂《太平御覽》卷九三二、《册府元龜》卷八九四引"靈"字作"白"。《晉書·五行志》同。按,《太平御覽》引題曰《吳

志》。

[17] 南郡：孫吳之南郡治所即公安縣。

步騭字子山，臨淮淮陰人也。〔一〕[1]世亂，避難江東，單身窮困，與廣陵衛旌同年相善，[2]俱以種瓜自給，晝勤四體，夜誦經傳。〔二〕

〔一〕《吳書》曰：晉有大夫揚食采於步，[3]後有步叔，[4]與七十子師事仲尼。秦漢之際有爲將軍者，以功封淮陰侯，[5]騭其後也。

〔二〕《吳書》曰：騭博研道藝，靡不貫覽，性寬雅沈深，能降志辱身。

[1] 臨淮：西漢郡名。治所徐縣，在今江蘇泗洪縣南大徐臺子。東漢明帝永平十五年（72）改爲下邳國，治所下邳縣，在今江蘇睢寧縣西北。此稱臨淮，係用舊名。　淮陰：縣名。治所在今江蘇淮陰市西南甘羅城。

[2] 廣陵：郡名。治所廣陵縣，在今江蘇揚州市西北蜀岡上。　相善：趙幼文《校箋》謂《事類賦》卷二七引"善"字作"友"。按，《太平御覽》卷八四七引又作"善"。

[3] 晉：指周朝時之晉國。　揚：殿本、盧弼《集解》本、校點本作"楊"，百衲本作"揚"，《左傳·僖公十五年》亦作"揚"。今從百衲本。《通志·氏族略三》云："步氏，姬姓，晉公族郤氏之後步揚，食采於步，遂以爲氏。"

[4] 步叔：《史記》卷六七《仲尼弟子列傳》："步叔乘字子車。"裴駰《集解》："鄭玄曰齊人。"

[5] 封淮陰侯：沈家本《瑣言》云："《漢功臣表》無姓步者。"

會稽焦征羌,[1]郡之豪族,〔一〕人客放縱。騭與旌求食其地,懼爲所侵,乃共脩刺奉瓜,[2]以獻征羌。征羌方在內臥,駐之移時,旌欲委去,騭止之曰:"本所以來,畏其彊也;而今舍去,欲以爲高,祇結怨耳。"[3]良久,征羌開牖見之,身隱几坐帳中,[4]設席致地,坐騭、旌於牖外,旌愈恥之,[5]騭辭色自若。[6]征羌作食,身享大案,[7]殽膳重沓,[8]以小盤飯與騭、旌,惟菜茹而已。旌不能食,騭極飯致飽乃辭出。旌怒騭曰:"何能忍此?"[9]騭曰:"吾等貧賤,是以主人以貧賤遇之,固其宜也,當何所恥?"〔二〕

〔一〕《吳錄》曰:征羌名矯,嘗爲征羌令。[10]
〔二〕《吳錄》曰:衛旌字子旗,官至尚書。[11]

[1]焦征羌:錢大昭《辨疑》謂史家敘事,例得稱名,"此又稱其官,更非史例"。

[2]刺:名帖。相當於今之名片。《文心雕龍·書記》云:"刺者,達也。《詩》人諷刺,《周禮》'三刺',敘事相達,若針之通結矣。"所謂敘事相達,主要敘述自己的姓名爵里,故又稱爵里刺。《釋名·釋書契》云:"又曰爵里刺,書其官爵及郡縣鄉里也。"1984年6月安徽馬鞍山市郊發掘的孫吳朱然墓中有14枚刺,其書寫內容即如此。(見《文物》1986年第3期所載發掘簡報)

[3]祇:校點本作"衹",百衲本、殿本、盧弼《集解》本作"祇"。今從百衲本等。

[4]隱(yìn)几:靠着几案。几案,古人坐時之憑依或放置物件的小桌,故又稱憑几。一般憑几爲長方形,四脚,類似今日之茶几。而1984年安徽馬鞍山市郊發掘的孫吳朱然墓中的憑几,卻

是扁平圓弧形几面，下有三個蹄形足，弦長69.5厘米，寬12.9厘米，高26厘米。（見《文物》1986年第3期所載發掘簡報）據此形制看，更便於憑靠。

〔5〕旌愈恥之：趙幼文《校箋》謂《太平御覽》卷三九三引作"旌忿恥"，下無"之"字。按，《太平御覽》卷八四七引又作"旌愈恥之"。

〔6〕辭色：趙幼文《校箋》謂《太平御覽》卷三九三引"辭"字作"神"。按，《太平御覽》卷八四七引又作"辭"。

〔7〕身享大案：趙幼文《校箋》謂《太平御覽》卷八四七引作"身自享大案"。《册府元龜》卷九〇〇引無"大"字，亦有"自"字。

〔8〕重沓：豐盛重叠。

〔9〕何能忍此：趙幼文《校箋》謂《太平御覽》卷八四七引作"寧能忍此乎"。按，《太平御覽》實無"寧"字。

〔10〕征羌：縣名。治所在今河南郾城縣東南。

〔11〕尚書：官名。東漢有六曹尚書，即三公曹、民曹、客曹、二千石曹、吏曹、中都官曹等。秩皆六百石，皆稱尚書，不加曹號。（本《晋書·職官志》）三國沿置，員數不等。

孫權爲討虜將軍，[1]召騭爲主記，〔一〕[2]除海鹽長，[3]還辟車騎將軍東曹掾。〔二〕建安十五年，出領鄱陽太守。[4]歲中，徙交州刺史、立武中郎將，[5]領武射吏千人，便道南行。明年，追拜使持節、征南中郎將。[6]劉表所置蒼梧太守吳巨陰懷異心，外附內違。騭降意懷誘，請與相見，因斬徇之，[7]威聲大震。士燮兄弟，相率供命，南土之賓，自此始也。益州大姓雍闓等殺蜀所署太守正昂，[8]與燮相聞，求欲內附。騭因承制遣使宣恩撫納，由是加拜平戎將軍，[9]封廣信侯。[10]

〔一〕《吳書》曰：歲餘，騭以疾免，與琅邪諸葛瑾、彭城嚴畯俱游吳中，並著聲名，爲當時英俊。

〔二〕《吳書》曰：權爲徐州牧，以騭爲治中從事，[11]舉茂才。

[1] 討虜將軍：官名。漢獻帝建安初置，爲雜號將軍。
[2] 主記：官名。此爲討虜將軍府之主記，爲長官親近之吏，掌記錄、文書。
[3] 海鹽：縣名。治所在今浙江平湖市東南乍浦鎮。
[4] 鄱陽：郡名。孫權分豫章郡置，治所鄱陽縣，在今江西鄱陽縣東北。
[5] 立武中郎將：官名。建安中孫權置，爲統兵武職。
[6] 使持節：漢末、三國皇帝授予出征或出鎮之軍事長官的一種權力。至晉代，此種權力明確爲可誅殺二千石以下官員。若皇帝派遣大臣出巡或參加祭吊等事務時，加使持節，則表示權力和尊崇。　征南中郎將：建安中孫權置，領兵。
[7] 因斬徇之：步騭斬吳巨事，趙一清《注補》引《水經·浪水注》引王氏《交廣春秋》有較詳之記載。
[8] 益州：郡名。治所滇池縣，在今雲南晉寧縣東北晉城鎮。
[9] 平戎將軍：官名。孫吳置。
[10] 廣信：縣名。治所在今廣西梧州市。
[11] 治中從事：官名。州牧刺史的主要屬吏，居中治事，主衆曹文書。

延康元年，[1]權遣呂岱代騭，騭將交州義士萬人出長沙。[2]會劉備東下，武陵蠻夷蠢動，[3]權逆命騭上益陽。[4]備既敗績,而零、桂諸郡猶相驚擾,[5]處處阻兵,騭周旋征討,皆平之。黃武二年,遷右將軍、左護軍,[6]改封臨湘侯。五年,假節,徙屯漚口。[7]

權稱尊號,拜驃騎將軍,領冀州牧。[8]是歲,都督西陵,[9]代陸遜撫二境,頃以冀州在蜀分,解牧職。時權太子登駐武昌,愛人好善,與騭書曰:"夫賢人君子,所以興隆大化,佐理時務者也。受性闇蔽,不達道數,雖實區區欲盡心於明德,[10]歸分於君子,至於遠近士人,先後之宜,猶或緬焉,[11]未之能詳。《傳》曰:'愛之能勿勞乎?忠焉能勿誨乎?'[12]斯其義也,豈非所望於君子哉!"騭於是條于時事業在荊州界者,[13]諸葛瑾、陸遜、朱然、(程普)〔程秉〕、潘濬、裴玄、夏侯承、衛旌、李肅、〔一〕周條、石幹十一人,[14]甄別行狀,[15]因上疏獎勸曰:"臣聞人君不親小事,百官有司各任其職。故舜命九賢,[16]則無所用心,彈五弦之琴,[17]詠南風之詩,不下堂廟而天下治也。齊桓用管仲,被髮載車,[18]齊國既治,又致匡合。近漢高祖擎三傑以興帝業,[19]西楚失雄俊以喪成功。[20]汲黯在朝,[21]淮南寢謀;郅都守邊,[22]匈奴竄迹。故賢人所在,折衝萬里,信國家之利器,崇替之所由也。方今王化未被於漢北,[23]河、洛之濱尚有僭逆之醜,[24]誠摯英雄拔俊任賢之時也。[25]願明太子重以經意,則天下幸甚。"

〔一〕《吳書》曰:肅字偉恭,南陽人。少以才聞,善論議,臧否得中,[26]甄奇錄異,薦述後進,題目品藻,[27]曲有條貫,[28]

衆人以此服之。權擢以爲〔選曹尚書〕，[29]選舉號爲得才。求出補吏，爲桂陽太守，吏民悦服。徵爲卿。會卒，知與不知，並痛惜焉。

[1] 延康：漢獻帝劉協年號（220）。

[2] 長沙：郡名。治所臨湘縣，在今湖南長沙市。

[3] 武陵：郡名。治所臨沅縣，在今湖南常德市。

[4] 逆：殿本、校點本作"遂"，百衲本、盧弼《集解》本作"逆"。殿本《考證》云："遂，監本訛作'逆'，今改正。"盧弼《集解》引沈家本曰："上文云駡將交州義士萬人出長沙，是駡猶在道也，權遣使逆而命之，則作'逆'自通，不必改字。"今從百衲本等。　益陽：縣名。治所在今湖南益陽市東。

[5] 零：指零陵郡。　桂：指桂陽郡。治所郴縣，在今湖南郴州市。

[6] 右將軍：官名。東漢時位如上卿，與前、後、左將軍掌京師兵衛和邊防屯警。魏晉亦置，第三品。權位漸低，略高於一般雜號將軍，不典禁兵，不與朝政，僅領兵征戰。孫吳亦置。　左護軍：官名。建安中曹操置護軍，後改稱中護軍。掌禁兵，主武官選舉。孫權則置中、左、右護軍各一人。（本洪飴孫《三國職官表》）

[7] 漚口：地名。在今湖南茶陵縣東南。

[8] 冀州：魏冀州刺史治所信都縣，在今河北冀縣。按，冀州爲魏地，此乃空名遥領。

[9] 西陵：縣名。治所在今湖北宜昌市東南。

[10] 區區：百衲本作"驅驅"，殿本、盧弼《集解》本、校點本作"區區"。今從殿本等。按，盧弼《集解》云："宋本'區區'作'驅驅'誤。"其實"區區"正通"驅驅"，乃奔走盡力之意。如《漢書》卷五二《贊》曰："凶德參會，待時而發，藉福區區其間，惡能救斯敗哉！"

［11］緬：錢大昭《辨疑》云："'緬'猶'泯'也。言泯泯焉未之能詳審。"泯泯，衆多貌。

［12］忠焉能勿誨乎：此句與上句乃《論語・憲問》孔子之語。

［13］事業：殿本、盧弼《集解》本無"業"字，百衲本、校點本有。今從百衲本等。事業，謂功業，功績。趙幼文《校箋》則謂《建康實録》作"驚於是條於時建業人物在荆州界者"，疑"事業"當作"建業"，且奪"人物"二字，致語意不明。按，此見《建康實録》卷二赤烏十一年，其字句實作"具條答於時建業人物在荆州界者"。

［14］程秉：各本皆作"程普"。陳景雲《辨誤》云："驚所條上諸臣，皆當時有聲績於荆州者，程普之卒，在吳主稱尊號前，不應亦列其中，恐傳録誤也。"趙幼文謂《建康實録》卷二作"程秉"，據本書卷五三《程秉傳》，"秉時爲太子太傅，與登居武昌，則'普'字當'秉'字之訛，唐時尚未誤也"。（趙幼文《三國志集解辨證》）今從陳、趙説，據《建康實録》改"普"爲"秉"。

［15］行狀：對被推薦人道德才能的綜述。

［16］舜命九賢：《史記》卷一《五帝本紀》謂舜命禹爲司空，契爲司徒，后稷爲農官，皋陶作士，垂爲共工，益爲朕虞，朱虎、熊羆爲佐（爲益之佐），夔爲典樂。

［17］五弦之琴：《禮記・樂記》云："昔者舜作五弦之琴，以歌南風。"孔穎達疏："南風，詩名，是孝子之詩。南風長養萬物，而孝子歌之，言己得父母生長，如萬物得南風生也。舜有孝行，故以此五弦之琴，歌南風之詩而教天下之孝也。此詩今無。"

［18］被髮載車：《韓非子・外儲説右下》蘇代曰："昔桓公之霸也，内事屬鮑叔，外事屬（管）仲。桓公被髮而御婦人，日遊於市。"又曰："昔者齊桓公愛管仲，置以爲仲父，内事理焉，外事斷焉，舉國而歸之，故一匡天下，九合諸侯。"

［19］三傑：錢大昭《辨疑》云："漢三傑之稱始此，謂蕭何、

韓信、張良也。"

　　[20] 西楚：指項羽。項羽滅秦後，大封諸王，自立爲西楚霸王。　雄俊：指范增。項羽起兵後，部屬之雄俊者已失去韓信、張良等；而稱西楚霸王後，唯一之大謀士范增，又在楚漢滎陽之戰中因項羽之懷疑而離去。（見《史記》卷七《項羽本紀》）

　　[21] 汲黯：漢武帝時曾爲主爵都尉，在朝中直言敢諫。漢武帝曾說："古有社稷之臣，至如汲黯，近之矣。"淮南王安欲謀反，而憚懼汲黯曰："黯好直諫，守節死義，難惑以非。"（見《史記》卷一二〇《汲黯列傳》）

　　[22] 郅都：漢景帝時曾爲濟南太守，打擊不法豪强，郡中大治。又爲中尉，執法不避貴戚，列侯宗室皆忌之。後又爲雁門太守，郡近匈奴，"匈奴素聞郅都節，居邊，爲引兵去，竟郅都死不近雁門"。（見《史記》卷一二二《酷吏列傳》）

　　[23] 漢北：地區名。指漢水以北地區。

　　[24] 河洛：指黃河與洛水。

　　[25] 擎英雄：趙幼文《校箋》謂《建康實錄》無"雄"字。

　　[26] 臧否：褒貶品評人物。

　　[27] 題目品藻：品評人物之簡要評語。

　　[28] 曲：全面。《荀子·非相》："曲得所謂焉，然而不折傷。"梁啓雄釋："荀卿書，'曲'字多有周遍之義。"

　　[29] 選曹尚書：各本皆無此四字。盧弼《集解》云："何焯曰：'以爲'下《御覽》有'選曹尚書'四字。"校點本即從何焯說增此四字。今從之。

　　後中書呂壹典校文書，[1]多所糾舉，騭上疏曰："伏聞諸典校摘抉細微，吹毛求瑕，重案深誣，輒欲陷人以成威福；[2]無罪無辜，橫受大刑，是以使民踢天蹐地，[3]誰不戰慄？昔之獄官，惟賢是任，故皋陶作士，吕侯赎刑，[4]张、于廷尉，[5]民无冤枉，休泰之祚，实由此兴。今之小臣，动与古异，狱以贿成，轻忽人命，归咎于上，为国速怨。夫一人吁嗟，王道为虧，甚可仇疾。明德慎罚，[6]哲人惟刑，[7]书传所美。自今蔽狱，都下则宜谘顾雍，武昌则陆逊、潘濬，平心专意，务在得情，骜党神明，受罪何恨？"又曰："天子父天母地，故宫室百官，动法列宿。[8]若施政令，钦顺时节，官得其人，则阴阳和平，七曜循度。[9]至于今日，官寮多阙，虽有大臣，复不信任，如此天地焉得无变？故频年枯旱，亢阳之应也。[10]又嘉禾六年五月十四日，赤乌二年正月一日及二十七日，地皆震动。地阴类，臣之象，阴气盛故动，臣下专政之（故）〔应〕也。[11]夫天地见异，所以警悟人主，可不深思其意哉！"又曰："丞相顾雍、上大将军陆逊、太常潘濬，[12]忧深责重，志在竭诚，夙夜兢兢，寝食不宁，念欲安国利民，建久长之计，可谓心膂股肱，社稷之臣矣。宜各委任，不使他官监其所司，责其成效，课其负殿。[13]此三臣者，思虑不到则已，岂敢专擅威福欺负所天乎？"[14]又曰："县赏以显善，设刑以威奸，任贤而使能，审明于法术，则何功而不成，何事而不办，何听而不闻，何视而不觏哉？若今郡守百里，[15]皆各得其人，共相经纬，如是，庶政岂不康哉！窃闻诸县并有备吏，[16]吏多民烦，俗以之弊。但小人因缘衔命，不务奉公而作威福，无益视听，更为民害，愚以为可一切罢省。"权亦觉悟，遂诛吕壹。骘前后荐达屈滞，救解患难，书

數十上。權雖不能悉納,[17]然時采其言,多蒙濟賴。[一]

〔一〕《吳錄》云:騭表言曰:"北降人王潛等說,北相部伍,[18]圖以東向,多作布囊,欲以盛沙塞江,以大向荊州。[19]夫備不豫設,難以應卒,宜為之防。"權曰:"此曹衰弱,何能有圖?必不敢來。若不如孤言,當以牛千頭,為君作主人。"[20]後(有)〔見〕呂(範)〔岱〕、諸葛恪為說騭所言,[21]云:"每讀步騭表,輒失笑。[22]此江與開闢俱生,[23]寧有可以沙囊塞理也!"[24]

[1]中書:官名。孫權黃武中置,屬中書省,由中書郎充任,故稱中書典校、典校郎,負責審理諸官府及州郡文書,並監察群臣過失,後還發展至控制大臣案件的刑訊及處理。

[2]輒:百衲本、殿本、盧弼《集解》本作"趨"。盧氏又謂錢儀吉從《宋書·五行志》校作"輒"。校點本正作"輒"。今從之。

[3]使民:趙幼文《校箋》謂《群書治要》卷二七引"使"字作"吏"。 跼(jú)天蹐(jí)地:《詩·小雅·正月》:"謂天蓋高,不敢不局(跼)。謂地蓋厚,不敢不蹐。"後世因以"跼天蹐地"形容惶恐不安。

[4]呂侯:一作甫侯。周穆王時為司寇。穆王采其建議,制定刑律,布告四方。《尚書·呂刑序》:"呂命,穆王訓夏贖刑,作《呂刑》。"孔傳:"呂侯以穆王命作書,訓暢夏禹贖刑之法,更從輕以布告天下。"

[5]張:指張釋之。漢文帝時曾為廷尉(掌司法刑獄),以執法公允著稱。(見《漢書》卷五〇《張釋之傳》) 于:指于定國。漢宣帝時曾為廷尉,亦以執法公允稱譽當時。朝廷稱之曰:"張釋之為廷尉,天下無冤民;于定國為廷尉,民自以不冤。"(見《漢

書》卷七一《于定國傳》）

［6］明德慎罰：努力於德政、德教而慎用刑罰。《尚書·康誥》："惟乃丕顯考文王，克明德慎罰。"又《尚書·多方》："以至于帝乙，罔不明德慎罰。"

［7］哲人惟刑：《尚書·吕刑》："哲人惟刑，無疆之辭。"蔡沈《集傳》："明哲之人，用刑而有無窮之譽。"

［8］列宿：衆星宿。特指二十八宿。古代星象家將星宿比擬宫室百官，故又稱之爲天官。《史記·天官書》司馬貞《索隱》云："天文有五官。官者，星官也。星座有尊卑，若人之官曹列位，故曰天官。"

［9］七曜：指日、月及金、木、水、火、土五星。

［10］亢陽：盛極之陽氣。亦以形容人君驕横寡恩。

［11］專政之應：各本"應"字作"故"。吴金華《〈三國志〉斠議》謂《宋書·五行志》《晋書·五行志》"故"字皆作"應"。今據兩《五行志》改。

［12］上大將軍：官名。孫吴置，與大將軍並置，位皆在三公上。而上大將軍又在大將軍上。　太常：官名。東漢時仍爲列卿之首，秩中二千石。掌禮儀祭祀，選試博士等。三國沿置。

［13］成效：趙幼文《校箋》謂《册府元龜》卷五三七引"成"字作"功"。　負殿：謂考課居後。

［14］天：指君主。

［15］百里：指縣令、長。

［16］備吏：梁章鉅《旁證》引沈欽韓曰："此所謂散吏也。"散吏，指官府中無具體職掌的閑散吏員。

［17］悉納：百衲本無"悉"字，殿本、盧弼《集解》本、校點本皆有。蕭常《續後漢書》"悉"字作"盡"。今從殿本等。

［18］北相：百衲本"北"字作"此"，殿本、盧弼《集解》本、校點本作"北"。今從殿本等。趙幼文《校箋》則謂《藝文類聚》卷八引無"北"字。按，《藝文類聚》實有"北"字，全句作

"北多作布囊";又上句"北降人",《藝文類聚》作"此降人"。

　　[19] 荆州:吴荆州刺史治所樂鄉縣,在今湖北鍾祥市西北。

　　[20] 作主人:謂作爲東道主設宴請客。

　　[21] 見:各本皆作"有"。殿本《考證》云:"'有'疑作'與'。"盧弼《集解》又謂何焯校本改作"向"。趙幼文《校箋》謂《太平御覽》卷六〇、卷七〇四引"有"字作"見"。按文義,作"與"、作"向"、作"見"皆可通,作"有"不通。而趙所引兩卷《太平御覽》皆《吴録》之文,故據以改之。　呂岱:各本皆作"呂範"。趙幼文《校箋》謂《藝文類聚》卷八、《初學記》卷六、《太平御覽》卷六〇引俱作"呂岱",是。按,本書卷五六《呂範傳》,呂範卒於黃武七年(228),裴注引《吴録》所載步騭表,雖未明確時間,而裴氏將《吴録》注於赤烏二年(239)之後,蓋步騭之表言當在此後,則呂範已早亡,故是後孫權所與言者,決非呂範。今從趙説改"範"爲"岱"。

　　[22] 輒失笑:趙幼文《校箋》謂《藝文類聚》卷八、《太平御覽》卷七〇四引"輒"下有"獨"字。

　　[23] 與開闢俱生:趙幼文《校箋》謂《藝文類聚》卷八、《初學記》卷八、《太平御覽》卷六〇引"與"字俱作"自","俱生"皆作"以來"。按,《太平御覽》卷七〇四引此句仍作"與開闢俱生"。

　　[24] 寧有:趙幼文《校箋》謂《藝文類聚》卷八、《太平御覽》卷六〇引俱無"有"字。按,《太平御覽》卷七〇四引有"有"字。　塞理:殿本"理"字作"埋",百衲本、盧弼《集解》本、校點本作"理"。今從百衲本等。

　　赤烏九年,代陸遜爲丞相,猶誨育門生,手不釋書,被服居處有如儒生。然門内妻妾服飾奢綺,頗以此見譏。在西陵二十年,鄰敵敬其威信。性寬弘得衆,喜怒不形於聲色，而外內肅然。

十（一）年卒，[1]子協嗣，統騭所領，加撫軍將軍。[2]協卒，子璣嗣侯。協弟闡，繼業爲西陵督，加昭武將軍，[3]封西亭侯。鳳皇元年，[4]召爲繞帳督。[5]闡累世在西陵，卒被徵命，自以失職，又懼有讒禍，於是據城降晉。[6]遣璣（與）弟璿詣洛陽爲任，[7]晉以闡爲都督西陵諸軍事、衛將軍，儀同三司，[8]加侍中，假節領交州牧，封宜都公；[9]璣監江陵諸軍事、左將軍，加散騎常侍，[10]領廬陵太守，[11]改封江陵侯；璿給事中、宣威將軍，[12]封都鄉侯。命車騎將軍羊祜、荊州刺史楊肇往赴救闡。[13]孫晧使陸抗西行，祜等遁退。抗陷城，〔禽〕斬闡等，[14]步氏泯滅，惟璿紹祀。

潁川周昭著書稱步騭及嚴畯等曰："古今賢士大夫所以失名喪身傾家害國者，其由非一也，然要其大歸，總其常患，四者而已。急論議一也，爭名勢二也，重朋黨三也，務欲速四也。急論議則傷人，爭名勢則敗友，重朋黨則蔽主，務欲速則失德，此四者不除，未有能全也。[15]當世君子能不然者，亦比有之，豈獨古人乎！然論其絕異，未若顧豫章、諸葛使君、步丞相、嚴衛尉、張奮威之爲美也。[16]《論語》言'夫子恂恂然善誘人'，[17]又曰'成人之美，不成人之惡'，[18]豫章有之矣。'望之儼然，即之也溫，聽其言也厲'，[19]使君體之矣。'恭而安，威而不猛'，[20]丞相履之矣。學不求祿，心無苟得，衛尉、奮威蹈之矣。此五君者，雖德實有差，輕重不同，至於趨舍大檢，[21]不犯四者，俱一揆也。昔丁諝出於孤家,[22]吾粲由於牧豎,豫章揚其善,[23]以並陸、全之列,[24]是以人無幽滯而風俗厚焉。使君、丞相、衛尉三君,昔以布衣俱相友善,諸論者因各敍其優劣。[25]初,先衛尉,次丞相,而後(有)使君也;[26]其後並事明主,經營世務,出處之才有不同,[27]先後之名須反其初,此世常人所決勤薄也。[28]至於三君分好,卒無虧損,豈非古人交哉!又魯橫江昔杖萬兵,[29]屯據陸口,[30]當世之美業也,能與不能,孰不願焉?而橫江既亡,衛尉應其選,自以才非將帥,深辭固讓,終於不就。後徙九列,[31]遷典八座,[32]榮不足以自曜,祿不足以自奉。至於二君,皆位為上將,窮富極貴。衛尉既無求欲,二君又不稱薦,各守所志,保其名好。孔子曰:'君子矜而不爭,羣而不黨。'[33]斯有風矣。又奮威之名,亦三君之次也,當一方之威,受上將之任,與使君、丞相不異也。然歷國事,論功勞,實有先後,故爵位之榮殊焉。而奮威將處此,決能明其部分,心無失道之欲,事無充詘之求,[34]每升朝堂,循禮而動,辭氣譽譽,[35]罔不惟忠。叔嗣雖親貴,[36]言憂其敗,蔡文至雖疏賤,[37]談稱其賢。女配太子,受禮若弔,慷愾之趣,[38]惟篤人物,成敗得失,皆如所慮,可謂守道見機,好古之士也。若乃經國家,當軍旅,於馳騖之際,立霸王之功,此五〔君〕者未為過人。[39]至其純粹履道,求不苟得,升降當世,保全名行,邈然絕俗,實有所師。[40]故粗論其事,以示後之君子。"周昭者字恭遠,與韋曜、薛瑩、華覈並述《吳書》，後爲中書郎，坐事下獄，覈表救之，孫休不聽，遂伏法云。

[1] 十年：各本皆作"十一年"。錢大昭《辨疑》云："《吳主傳》，步騭卒於赤烏十年五月，'一'字疑衍。"校點本從錢説删"一"字。今從之。

[2] 撫軍將軍：官名。蜀漢後主建興八年（230）置。孫吳亦置。

[3] 昭武將軍：官名。曹魏置，爲雜號將軍中權任較重者。第五品。孫吳亦置。

[4] 鳳皇：吳末帝孫晧年號（272—274）。

[5] 繞帳督：官名。吳置。統禁軍繞帳兵，負責宿衛侍從，地位頗重要。

[6] 降晉：吳金華《〈三國志集解〉箋記》謂敦煌晉寫本《步騭傳》殘卷"降"上有"請"字，應據補。

[7] 遺璣弟璿：吳金華《〈三國志集解〉箋記》謂敦煌晉寫本殘卷無"與"字，當據删。今從吳説删。　洛陽：縣名。治所在今河南洛陽市東北白馬寺東。時爲西晉京都。

[8] 都督西陵諸軍事：官名。統領西陵地區之軍事長官。

[9] 公：爵名。魏元帝咸熙元年（264）行公、侯、伯、子、男五等爵制。凡公爵，賜地七十五里，邑一千八百户，許置相一人，職如太守，又置郎中令等屬官。魏、晉以後，又依封國規模，分郡公、縣公、鄉公、開國公、開國郡公、開國縣公等名目。

[10] 散騎常侍：官名。秩比二千石，第三品，爲門下重職，侍從皇帝左右，諫諍得失，應對顧問，與侍中等共平尚書奏事，有異議得駁奏。

[11] 廬陵：郡名。治所廬陵縣，在今江西吉安市西南。按，時廬陵屬吳，與上之交州牧皆遥領。

［12］給事中：官名。位在散騎常侍下，給事黃門侍郎上，或爲加官，或爲正官，無定員。　宣威將軍：官名。曹魏置，爲雜號將軍。晋亦置。

［13］車騎將軍：官名。魏晋時位次驃騎將軍，在諸名號將軍上，多作爲軍府名號加授大臣、重要州郡長官，無具體職掌，第二品。開府者位從公，一品。　荆州：晋荆州刺史治所江陵縣。

［14］禽斬：各本皆無"禽"字。劉忠貴《敦煌寫本〈三國志·步騭傳〉殘卷考略》謂殘卷有"禽"字，又《晋書》卷三《武帝紀》及卷三四《羊祜傳》皆謂闡爲抗所禽。此當有"禽"字。今從劉說增。

［15］未有能全也：盧弼《集解》云："《文類》'也'上有'者'字。"趙幼文《校箋》謂《太平御覽》卷四四五引有"者"字。

［16］顧豫章：顧邵，官爲豫章太守。　諸葛使君：諸葛瑾。瑾曾領南郡太守，又領豫州牧。漢晋間尊稱州郡長官爲使君。　步丞相：步騭，曾爲丞相。　嚴衛尉：嚴畯，曾爲衛尉。　張奮威：張承，曾爲奮威將軍。

［17］夫子恂恂然善誘人：此語見《論語·子罕》。恂恂，今傳本《論語》及日本正平本《論語集解》皆作"循循"，乃有次序、有步驟之義。劉寶楠《論語正義》謂"循循"或作"恂恂"。《後漢書》卷八〇《趙壹傳》"失恂恂善有之德"注引《論語》："夫子恂恂然善誘人。"又《李膺傳》注、本書卷五二《步騭傳》引文並同。其《趙壹傳》注先引《論語》，復云："恂恂，恭順貌。"與鄭（玄）注《鄉黨》"恂恂，恭慎貌"同，則鄭本作"恂恂"矣。

［18］不成人之惡：《論語·顔淵》子曰："君子成人之美，不成人之惡。小人反是。"

［19］聽其言也厲：《論語·子張》子夏曰："君子有三變：望之儼然，即之也溫，聽其言也厲。"謂遠望時莊嚴可畏，靠近時溫

和可親,聽其言則嚴厲不苟。

[20] 威而不猛:《論語·述而》:"子溫而厲,威而不猛,恭而安。"謂孔子溫和而嚴厲,有威儀而不凶猛,莊嚴而又安詳。

[21] 趨舍:校點本作"趣舍",百衲本、殿本、盧弼《集解》本作"趨舍"。今從百衲本等。 大檢:百衲本作"太檢",殿本、盧弼《集解》本、校點本作"大檢"。今從殿本等。檢,檢束,約束。

[22] 孤家:孤寒人家。又稱單家,與豪族大姓相對而言。

[23] 善:趙幼文《校箋》謂《太平御覽》卷四四五引作"美"。

[24] 陸全:指陸遜、全琮。

[25] 諸論者因各:趙幼文《校箋》謂《太平御覽》卷四四五引無"諸"字,"各"字作"名"。

[26] 而後:"而後"下各本有"有"字。趙幼文《校箋》謂《太平御覽》引無"有"字。今從趙引刪。

[27] 出處之才:盧弼《集解》云:"《御覽》'才'下有'儀'字。"趙幼文《校箋》謂見《太平御覽》卷四四五。

[28] 此世:趙幼文《校箋》謂《太平御覽》卷四四五引"此"字作"比"。 勤薄:盧弼《集解》云:"《御覽》'勤'下無'薄'字。"按,勤薄,應爲相對比較之言,猶言厚薄,高低。

[29] 魯橫江:魯肅,曾爲橫江將軍。

[30] 陸口:地名。即今湖北蒲圻市西北之陸溪口,亦即陸水入長江處。

[31] 九列:即九卿。衛尉即九卿之一。

[32] 八座:東漢稱尚書令、僕射及六曹尚書爲八座。曹魏仍稱尚書令、左右僕射及五曹尚書爲八座。嚴畯曾爲尚書令,故謂之典八座。

[33] 君子矜而不争羣而不黨:言見《論語·衛靈公》。"矜而不争",謂莊矜而不争執。"羣而不黨",謂合群而不結宗派。

[34] 充詘(qū):得意忘形貌。《禮記·儒行》:"不充詘於富貴。"鄭玄注:"充詘,喜失節之貌。"

[35] 謇謇:忠貞,正直。

[36] 叔嗣：盧弼《集解》本作"元遜"，百衲本、殿本、校點本作"叔嗣"。今從百衲本等。叔嗣，張休字叔嗣。

[37] 蔡文至：疑即蔡穎。見本書卷五九《孫和傳》。

[38] 慷愾：盧弼《集解》本作"慷慨"，百衲本、殿本、校點本作"慷愾"。今從百衲本等。

[39] 五君者：盧弼《集解》云："何焯校'五'下增'君'字。"趙幼文《校箋》謂《太平御覽》卷四四五引"五"字下有"君"字。按，蕭常《續後漢書》亦有"君"字，今據《太平御覽》及蕭常書增"君"字。又按，五君即指上論之顧邵、諸葛瑾、步騭、嚴畯、張承等五人。

[40] 所師：盧弼《集解》疑作"可師"。按，"所""可"二字通，王引之《經傳釋詞》卷九："所，猶可也。"

評曰：張昭受遺輔佐，功勳克舉，忠謇方直，動不爲已，而以嚴見憚，以高見外，既不處宰相，又不登師保，[1]從容閭巷，養老而已，以此明權之不及策也。顧雍依杖素業，而將之智局，故能究極榮位。諸葛瑾、步騭並以德度規檢見器當世，[2]張承、顧邵虛心長者，好尚人物，周昭之論，稱之甚美，故詳錄焉。[3]譚獻納在公，有忠貞之節。休、承脩志，咸庶爲善。愛惡相攻，流播南裔，哀哉！

[1] 師保：指太師、太保。輔弼國君之重臣。

[2] 規檢：謂循規矩，守法度。

[3] 詳錄：百衲本"詳"字作"辭"，殿本、盧弼《集解》本、校點本作"詳"。盧弼《集解》云："元本'詳'作'辭'誤。"今從殿本等。

三國志 卷五三

吳書八

張嚴程闞薛傳第八

張紘字子綱，廣陵人〔也〕。[1]少游學京都，〔一〕[2]還本郡，舉茂才，[3]公府辟，皆不就，〔二〕避難江東。[4]孫策創業，遂委質焉。[5]表爲正議校尉，〔三〕[6]從討丹楊。[7]策身臨行陣，紘諫曰："夫主將乃籌謨之所自出，三軍之所繫命也，不宜輕脫，自敵小寇。願麾下重天授之姿，副四海之望，無令國內上下危懼。"

〔一〕《吳書》曰：紘入太學，事博士韓宗，[8]治京氏《易》、歐陽《尚書》，[9]又於外黃從濮陽闓受《韓詩》及《禮記》《左氏春秋》。[10]

〔二〕《吳書》曰：大將軍何進、太尉朱儁、司空荀爽三府辟爲掾，[11]皆稱疾不就。

〔三〕《吳書》曰：紘與張昭並與參謀，常令一人居守，一人從征討。後呂布襲取徐州，[12]因爲之牧，不欲令紘與策從事。追舉茂才，移書發遣紘。紘心惡布，恥爲之屈。策亦重惜紘，欲以自輔，答記不遣，曰："海產明珠，所在爲寶，楚雖有才，晋實用之。"[13] 英偉君子，所游見珍，何必本州哉？"[14]

［1］廣陵：郡名。治所廣陵縣，在今江蘇揚州市西北蜀岡上。
人也：各本皆無"也"字。趙幼文《校箋》謂《群書治要》卷二七、《太平御覽》卷二二七引"人"下俱有"也"字。今據趙引補。

［2］少游學京都：百衲本、校點本無"少"字，殿本、盧弼《集解》本有，《建康實錄》卷二亦有。今從殿本等。

［3］茂才：即秀才。東漢時避光武帝劉秀諱改，爲漢代薦舉人材科目之一。東漢之制，州牧刺史歲舉一人。三國沿之，或稱秀才。

［4］江東：地區名。長江自西向東流，流至今安徽境，則偏北斜流，至今江蘇省鎮江市又東流而下，古稱這段江路東岸之地爲江東（今長江以南的蘇、浙、皖一帶），西岸之地爲江西（今皖北和淮河下游一帶）。

［5］委質：臣服，歸附。

［6］正議校尉：官名。漢末孫策置，參與謀議，地位頗高。

［7］丹楊：郡名。治所宛陵縣，在今安徽宣州市。

［8］博士：官名。掌經學教授。

［9］京氏易：西漢京房所傳之《易》學。京房學《易》於孟喜之門人焦延壽。依據陰陽五行之説，以自然災變附會世間人事吉凶，推衍禍福灾祥，宣揚"天人感應"。漢元帝時立於學官，置博士，爲漢代《易》學之一大流派。京房撰有《京氏易傳》三卷，孫吳陸績注。　歐陽尚書：西漢歐陽氏所傳之《尚書》學。西漢初，歐陽生從伏勝學《尚書》，遂世傳《尚書》學。其曾孫歐陽高、高孫歐陽地餘，直至裔孫歐陽歙，八世皆爲博士，教授《尚書》，爲漢代今文《尚書》三大流派之一。歐陽氏之著作早佚。

［10］外黄：縣名。治所在今河南民權縣西北。　韓詩：西漢

初燕人韓嬰所傳之《詩》。韓嬰於漢文帝時爲博士。其後，傳《韓詩》者有淮南賁生、蔡義等人。爲漢代今文《詩》三家之一。《漢書·藝文志》著録有《韓故》三六卷、《韓内傳》四卷、《韓外傳》六卷、《韓説》四一卷。西晉時，《韓詩》雖存，已無傳者。南宋以後，僅存《韓詩外傳》，其餘皆佚。

[11] 大將軍：官名。東漢時常兼録尚書事，與太傅、太尉等共同主持政務。漢末位在三公上。　太尉：官名。東漢時與司徒、司空並爲三公，共同行使宰相職能，而位列三公之首，名位甚重，或與太傅並録尚書事，綜理全國軍政事務。　司空：官名。東漢時與太尉、司徒並爲三公，共同行使宰相職能，而位列三公之末。本職掌土木營建與水利工程。　掾：官名。屬官之通稱。漢代三公府及其他重要官府皆置掾，分曹治事，掾爲曹長。

[12] 後：盧弼《集解》本無此字，百衲本、殿本、校點本皆有。今從百衲本等。　徐州：漢末刺史治所下邳縣，在今江蘇睢寧縣西北。

[13] 晉實用之：《左傳·襄公二十六年》："聲子通使于晉，還如楚。令尹子木與之語，問晉故焉，且曰：'晉大夫與楚孰賢？'對曰：'晉卿不如楚，其大夫則賢，皆卿材也。如杞梓、皮革，自楚往也。雖楚有材，晉實用之。'"按聲子之言的末兩句《國語·楚語上》作"雖楚有材，不能用也"。則"雖楚有材"爲聲子之原話。

[14] 本州：指徐州。東漢時廣陵郡屬徐州，故爲張紘之本州。

建安四年，[1]策遣紘奉章（至）〔詣〕許宫，[2]留爲侍御史。[3]少府孔融等皆與親善。〔一〕[4]曹公聞策薨，欲因喪伐吴。紘諫，以爲乘人之喪，既非古義，若其不克，成讎棄好，不如因而厚之。曹公從其言，即表權爲討虜將軍，[5]領會稽太守。[6]曹公欲令紘輔權内

附，出紘爲會稽東部都尉。[二][7]

〔一〕《吳書》曰：紘至，與在朝公卿及知舊述策材略絕異，平定三郡，[8]風行草偃，加以忠敬款誠，乃心王室。[9]時曹公爲司空，欲加恩厚，以悅遠人，至乃優文褒崇，改號加封，辟紘爲掾，舉高第，[10]補侍御史，後以紘爲九江太守。[11]紘心戀舊恩，思還反命，以疾固辭。

〔二〕《吳書》曰：權初承統，春秋方富，太夫人以方外多難，深懷憂勞，數有優令辭謝，付屬以輔助之義。紘輒拜牋答謝，[12]思惟補察。每有異事密計及章表書記，與四方交結，常令紘與張昭草創撰作。紘以破虜有破走董卓，[13]扶持漢室之勳；討逆平定江外，[14]建立大業，宜有紀頌以昭公美。[15]既成，呈權，權省讀悲感，曰：“君眞識孤家門閥閱也。”[16]乃遣紘之部。或以紘本受北任，嫌其志趣不止於此，權不以介意。初，琅邪趙昱爲廣陵太守，[17]察紘孝廉，[18]昱後爲笮融所殺，紘甚傷憤，而力不能討。昱門戶絕滅，及紘在東部，[19]遣主簿至琅邪設祭，[20]并求親戚爲之後，以書屬琅邪相臧宣，[21]宣以趙宗中五歲男奉昱祀，權聞而嘉之。及討江夏，[22]以東部少事，命紘居守，遙領所職。孔融遺紘書曰：“聞大軍西征，足下留鎮。不有居者，誰守社稷？深固折衝，亦大勳也。無乃李廣之氣，[23]倉髮益怒，[24]樂一當單于，以盡餘憤乎？南北並定，世將無事，（孫叔）〔叔孫〕投戈，[25]絳、灌俎豆，[26]亦在今日，但用離析，無緣會面，爲愁歎耳。道直途清，相見豈復難哉？”權以紘有鎮守之勞，欲論功加賞。紘厚自挹損，不敢蒙寵，權不奪其志。每從容侍燕，微言密指，常有以規諷。

《江表傳》曰：初，權於群臣多呼其字，惟呼張昭曰張公，紘曰東部，所以重二人也。

［1］建安：漢獻帝劉協年號（196—220）。

［2］詣：各本作"至"。趙幼文《校箋》謂《太平御覽》卷四五三引作"詣"，是也。《通鑑考異》引作"遣紘奉章詣許"。足見司馬光所見本正作"詣"。今從趙説改。　許宫：漢獻帝在許縣之皇宫。許縣在今河南許昌縣東。

［3］侍御史：官名。秩六百石，掌察舉非法，受公卿群吏奏事，有違失者則舉劾。

［4］少府：官名。漢列卿之一，秩中二千石。東漢時掌宫中御衣、寶貨、珍膳等。

［5］討虜將軍：官名。漢獻帝建安初置，爲雜號將軍。

［6］會稽：郡名。治所山陰縣，在今浙江紹興市。

［7］會稽東部都尉：官名。漢武帝平東越後置，職如太守。治所回浦縣，在今浙江臨海市東南章安鎮，後又徙治句章縣，在今浙江餘姚市東南；三國時又移治章安縣，即西漢之回浦縣。

［8］三郡：指丹楊、吳郡、會稽等郡。

［9］乃心王室：《尚書·康王之誥》："身雖在外，乃心罔不在王室。"孔傳訓"乃"爲"汝"。但後世引用此語時，"乃"字無義。"乃心王室"謂忠心王室。

［10］高第：官吏考課成績第一者稱高第。

［11］九江：郡名。東漢末治所壽春縣，在今安徽壽縣。

［12］拜牋：趙幼文《校箋》謂《册府元龜》卷二〇〇引"牋"字作"版"。按，宋本《册府元龜》亦作"牋"。

［13］破虜：指孫堅。堅曾爲破虜將軍。

［14］討逆：指孫策。策曾爲討逆將軍。　江外：亦稱江表。即江東、江南。以中原人觀之，江南在長江之外、之表。

［15］公美：百衲本作"公美"，殿本、盧弼《集解》本、校點本作"公義"。趙幼文《校箋》謂《册府元龜》卷一八九引作"公美"。按郝經《續後漢書》作"其美"。今從百衲本。

［16］閥閲：功績和經歷。

［17］琅邪：王國名。治所開陽縣，在今山東臨沂市北。

［18］孝廉：漢代選拔官吏的主要科目。孝指孝子，廉指廉潔之士。原本爲二科，後混同爲一科，也不再限於孝子和廉吏。東漢後期定制爲不滿四十歲者不得察舉；被舉者先詣公府課試，以觀其能。郡國每年要向中央推舉一人至二人。

［19］東部：指會稽東部都尉。

［20］主簿：官名。漢代中央及州郡官府皆置，以典領文書，辦理事務。會稽東部都尉相當於郡，故亦置主簿。

［21］相：官名。王國相由朝廷直接委派，執掌王國行政大權，相當於郡太守。

［22］江夏：郡名。東漢時治所西陵縣，在今湖北新洲縣西。漢末劉表以黃祖爲江夏太守，移治所沙羨，在今湖北武昌縣西南金口。

［23］李廣：西漢隴西成紀（今甘肅静寧縣西南）人。善騎射。漢景帝、武帝時，任隴西、北地、雁門、代郡、雲中等郡太守，屢次擊敗匈奴。後爲右北平太守，匈奴數年不敢攻擾，稱之爲"漢之飛將軍"。漢武帝元狩四年（前119），大將軍衛青出擊匈奴，時李廣已六十餘歲，堅請隨軍，武帝乃以李廣爲前將軍，而暗令衛青無使李廣當匈奴單于。衛青因令李廣與右將軍趙食其出東道，自引精兵向單于。李廣卻請曰："臣部爲前將軍，今大將軍乃徙令臣出東道，且臣結髮而與匈奴戰，今乃一得當單于，臣願居前，先死單于。"衛青不許，李廣不得已，怒而與右將軍出東道。（見《史記》卷一〇九《李將軍列傳》）

［24］倉髮：殿本"倉"字作"循"，百衲本、盧弼《集解》本、校點本作"倉"。今從百衲本等。按，朱駿聲《説文通訓定聲·壯部》："倉，叚借爲蒼。"

［25］叔孫投戈：各本作"孫叔投戈"。盧弼《集解》云："何焯校改作'叔孫投戈'。"今從何焯校。叔孫，指西漢初之叔孫通。《史記》卷九九《叔孫通列傳》謂叔孫通秦時爲博士，陳勝起兵

後，投奔項梁、項羽。後又歸降漢王劉邦。劉邦爲帝後，叔孫通爲之制訂朝儀制度。揚雄《解嘲》有云："叔孫通起於枹鼓之間，解甲投戈，遂作君臣之儀，得也。"

［26］絳灌俎豆：謂絳、灌本武人而又爲俎豆之事（禮儀祭祀之事）。絳，指絳侯周勃。漢高祖劉邦之功臣。在楚漢戰爭中，以軍功爲將軍，後封絳侯。吕后時爲太尉。吕后死後，周勃與陳平等定計誅除諸吕，迎立文帝，任右丞相。《史記》卷五七《絳侯周勃世家》説周勃"不好文學，每召諸生説士，東向坐而責之：'趣爲我語。'其椎少文如此"。灌，指灌嬰。亦漢高祖劉邦之功臣。楚漢戰爭中屢立軍功。劉邦稱帝後，任車騎將軍，封潁陰侯。後與周勃、陳平等誅除諸吕，迎立文帝，任太尉、丞相。（見《史記》卷九五《灌嬰列傳》）

後權以紘爲長史，[1]從征合肥。〔一〕[2]權率輕騎將往突敵，紘諫曰："夫兵者凶器，戰者危事也。今麾下恃盛壯之氣，[3]忽彊暴之虜，三軍之衆，莫不寒心，雖斬將搴旗，威震敵場，此乃偏將之任，非主將之宜也。願抑賁、育之勇，[4]懷霸王之計。"權納紘言而止。既還，明年將復出軍，紘又諫曰："自古帝王受命之君，雖有皇靈佐於上，文德播於下，亦賴武功以昭其勳。然而貴於時動，乃後爲威耳。今麾下值四百之厄，[5]有扶危之功，宜且隱息師徒，廣開播殖，任賢使能，務崇寬惠，順天命以行誅，可不勞而定也。"於是遂止不行。紘建計宜出都秣陵，[6]權從之。〔二〕令還吴迎家，[7]道病卒。臨困，授子靖留牋曰："自古有國有家者，咸欲脩德政以比隆盛世，至於其治，多不馨香。[8]非無忠臣賢佐闇於治體也，[9]由主不勝其情，弗能用耳。夫人情憚難而趨易，好同而惡異，與治道相反。《傳》曰'從善如登，從惡如崩'，[10]言善之難也。人君承奕世之基，據自然之勢，操八柄之威，[11]甘易同之歡，〔三〕無假取於人；而忠臣挾難進之術，吐逆耳之言，其不合也，不亦宜乎！（雖）〔離〕則有釁，[12]巧辯緣閒，眩於小忠，戀於恩愛，賢愚雜錯，長幼失敘，其所由來，情亂之也。故明君悟之，[13]求賢如飢渴，受諫而不厭，抑情損欲，以義割恩，上無偏謬之授，下無希冀之望。宜加三思，含垢藏疾，以成仁覆之大。"時年六十卒。[14]權省書流涕。

〔一〕《吳書》曰：合肥城久不拔，紘進計曰："古之圍城，開其一面，以疑衆心。今圍之甚密，攻之又急，誠懼并命戮力。死戰之寇，固難卒拔，及救未至，可小寬之，以觀其變。"議者不同。會救騎至，數至圍下，馳騁挑戰。

〔二〕《江表傳》曰：紘謂權曰："秣陵，楚（武王）〔威王〕所置，[15]名爲金陵。地勢岡阜連石頭，[16]訪問故老，云昔秦始皇東巡會稽經此縣，望氣者云金陵地形有王者都邑之氣，故掘斷連岡，改名秣陵。今處所具存，[17]地有其氣，天之所命，[18]宜爲都邑。"權善其議，未能從也。後劉備之東，宿於秣陵，周觀地形，亦勸權都之。權曰："智者意同。"遂都焉。

《獻帝春秋》云：劉備至京，[19]謂孫權曰："吳去此數百里，即有警急，[20]赴救爲難，將軍無意屯京乎？"權曰："秣陵有小江百餘里，可以安大船，吾方理水軍，當移據之。"備曰："蕪湖近濡須，[21]亦佳也。"權曰："吾欲圖徐州，宜近下也。"

臣松之以爲秣陵之與蕪湖，道里所校無幾，[22]於北侵利便，亦有何異？[23]而云欲闚徐州，貪秣陵近下，非其理也。[24]諸書皆云劉備勸都秣陵，而此獨云權自欲都之，又爲虛錯。

〔三〕《周禮》太宰職曰：以八柄詔王馭群臣。一曰爵，以馭其貴。二曰禄，以馭其富。三曰予，以馭其幸。四曰置，以馭其行。五曰生，以馭其福。六曰奪，以馭其貧。七曰廢，以馭其罪。八曰誅，以馭其過。

[1] 長史：官名。將軍府幕僚之長，總理幕府事。

[2] 合肥：縣名。治所在今安徽合肥市西。

[3] 麾下：胡三省云："以權在軍中，故稱麾下。"（《通鑑》卷六六漢獻帝建安十四年注）

[4] 賁（bēn）育：指孟賁、夏育，皆古之勇士。

[5] 四百之厄：謂漢朝之厄運。建安中，兩漢已四百餘年。《孝經中黃讖》即謂"四百之外，易姓而王"。（見本書卷二《文帝紀》裴注引《獻帝傳》載太史丞許芝上魏王書）

[6] 秣陵：縣名。治所在今江蘇江寧縣南秣陵鎮。建安十七年孫權改名建業，並移治所於今南京市。

[7] 吳：縣名。治所在今江蘇蘇州市。孫權徙治秣陵在建安十六年，次年建石頭城，始改秣陵爲建業，則張紘受命"還吳迎家"，當在建安十六年。而《通鑑》載張紘此事於魏明帝太和三年（229），盧弼《集解》已指其誤。

[8] 馨香：僞古文《尚書·君陳》："至治馨香，感于神明。"馨香，喻善美。

[9] 闇：殿本《考證》云："闇疑作'諳'。"按，二字可通。《説文·言部》："諳，悉也。"即熟悉，知曉，《抱朴子·任命》："闇休咎者，觸强弩而不驚。"

[10] 從惡如崩：《國語·周語下》諺曰："從善如登，從惡如崩。"韋昭注："如登，喻難。如崩，喻易。"

[11] 八柄：古代帝王統馭臣下的八種手段。見下裴注引《周

禮·天官·太宰》。

[12] 離：各本皆作"雖"。《通鑑》卷七一魏明帝太和三年引此牋作"離"。校點本即據《通鑑》改"雖"爲"離"。今從之。胡三省對"離則有釁"注云："言納忠而不合於上，則上下之情離，釁隙由此而生也。"

[13] 悟之：百衲本"悟"字作"寤"，殿本、盧弼《集解》本、校點本作"悟"。按，二字可通，今從殿本等。

[14] 六十卒：趙幼文《校箋》謂《建康實錄》作"六十一卒"。盧弼《集解》云："前已書'卒'，此'卒'字爲贅。"吳金華《〈三國志集解〉箋記》則謂從《建康實錄》的"年六十一"看，"卒"可能是"壹"的殘訛。

[15] 楚威王：各本作"楚武王"。趙幼文《校箋》云："《實錄》《六朝遺事類編》俱作'楚威王'，《御覽》卷一百五十六引《江表傳》作'楚成王。'"按，宋本《太平御覽》卷一五六引《吳錄》作"楚武王"，而注引《江表傳》則作"楚威王"。又按，《建康實錄》卷一謂建康，春秋時屬吳國。吳王夫差爲越王勾踐所滅，其地又屬越。至"周顯王三十六年（前333），越霸中國，與齊、楚争引，爲楚威王所滅，其地又屬楚。"是金陵爲楚威王所置。故據《建康實錄》與《太平御覽》注引《江表傳》改作"楚威王"。楚威王熊商，在位十一年（前339—前329）。

[16] 石頭：地名。在今江蘇南京市西清凉山。本金陵邑故址，後孫權於此重築城，名曰石頭城。

[17] 具存：趙幼文《校箋》謂《太平御覽》卷一五六引《江表傳》"具"字作"見"。

[18] 天之所命：趙幼文《校箋》謂《太平御覽》引作"象天之所會"。

[19] 京：城名。在今江蘇鎮江市。

[20] 警急：百衲本作"驚急"，殿本、盧弼《集解》本、校點本作"警急"，郝經《續後漢書》苟宗道注引亦作"警急"。今

從殿本等。

[21] 蕪湖：縣名。治所在今安徽蕪湖市東。　濡須：地名。在今安徽無爲縣東北古濡須水畔。

[22] 道里：百衲本、殿本、盧弼《集解》本作"道理"。盧弼引朱邦衡曰："'理'當作'里'。"校點本作"道里"。今從之。

[23] 何異：盧弼《集解》本作"何意"，百衲本、殿本、校點本作"何異"。今從百衲本等。

[24] 非其理也：錢大昕云："秣陵與廣陵隔江相對，而廣陵屬徐州部，權意欲都秣陵以圖廣陵，故云欲圖徐州。裴氏譏之，殆未審於地理矣。"（《廿二史考異》卷一七）

紘著詩賦銘誄十餘篇。〔一〕[1]子玄，官至南郡太守、尚書。〔二〕[2]玄子尚，〔三〕孫晧時爲侍郎，[3]以言語辯捷見知，擢爲侍中、中書令。[4]晧使尚鼓琴，尚對曰："素不能。"敕使學之。後宴言次說琴之精妙，[5]尚因道"晉平公使師曠作清角，[6]曠言吾君德薄，不足以聽之"。晧意謂尚以斯喻己，不悅。後積他事下獄，皆追以此爲詰，〔四〕送建安作船。[7]久之，又就加誅。

〔一〕《吴書》曰：紘見枏榴枕，[8]愛其文，爲作賦。[9]陳琳在北見之，[10]以示人曰："此吾鄉里張子綱所作也。"後紘見陳琳作《武（庫）〔軍〕賦》《應機論》，[11]與琳書深歎美之。琳答曰："自僕在河北，與天下隔，此間率少於文章，易爲雄伯，故使僕受此過差之譚，非其實也。今景興在此，[12]足下與子布在彼，[13]所謂小巫見大巫，[14]神氣盡矣。"紘既好文學，又善楷篆，[15]嘗與孔融書，[16]自書。融遺紘書曰："前勞手筆，多篆書。每舉篇見字，欣然獨笑，如復覩其人也。"

〔二〕《江表傳》曰：玄清介有高行，而才不及紘。

〔三〕《江表傳》（曰）稱尚有俊才。[17]

〔四〕環氏《吳紀》曰：[18]晧嘗問："《詩》云'汎彼柏舟'，[19]惟柏中舟乎？"尚對曰："《詩》言'檜楫松舟'，[20]則松亦中舟也。"又問："鳥之大者惟鶴，小者惟雀乎？"尚對曰："大者有秃鶖，[21]小者有鷦鷯。"[22]晧性忌勝己，[23]而尚談論每出其表，積以致恨。後問："孤飲酒以方誰？"[24]尚對曰："陛下有百觚之量。"[25]晧云："尚知孔丘之不王，[26]而以孤方之！"因此發怒收尚。尚書岑昏率公卿已下百餘人，詣宮叩頭請，尚罪得減死。[27]

[1] 十餘篇：《隋書·經籍志》著録有《張紘集》一卷，又謂梁有二卷，録一卷。

[2] 南郡：東漢時治所江陵縣，在今湖北荆州市江陵區。孫吳移治所於公安縣，在今湖北公安縣西北。　尚書：官名。東漢有六曹尚書，即三公曹、民曹、客曹、二千石曹、吏曹、中都官曹等。秩皆六百石，皆稱尚書，不加曹號。（本《晉書·職官志》）三國沿置，員數不等。

[3] 侍郎：官名。漢代爲皇帝的侍從官，爲郎官之一，隸光禄勳，宿衛宮禁，侍奉皇帝。東漢時五官、左、右、中郎將署皆置，名義上備宿衛，實爲後備官員。魏、晉省。又魏、晉時黃門侍郎、中書侍郎、散騎侍郎、尚書郎，皆可省稱侍郎。

[4] 侍中：官名。曹魏時爲門下侍中寺長官。職掌門下衆事，侍從左右，顧問應對，拾遺補闕，與散騎常侍、黃門侍郎等共平尚書奏事。孫吳亦置。　中書令：官名。孫吳仿西漢之制，置爲中書長官，主草擬詔令。

[5] 後宴言次：趙幼文《校箋》謂郝經《續後漢書》"後"下有"侍宴之次"四字。按，郝經書"後宴言次"作"後侍宴之次"。

[6] 師曠：春秋晉國樂師。生而目盲，善辨聲樂。《孟子·離婁上》："師曠之聰，不以六律，不能正五音。" 清角：角是古代五音之一，古人認爲角音清，故稱清角。《韓非子·十過》云："（晉）平公曰：'清角可得而聞乎？'師曠曰：'不可。昔者黃帝合鬼神於泰山之上，駕象車，而六蛟龍畢方並鎋，蚩尤居前，風伯進掃，雨師灑道，虎狼在前，鬼神在後，騰蛇伏地，鳳皇覆上，大合鬼神，作爲清角。今主君德薄，不足聽之，聽之將恐有敗。'平公曰：'寡人老矣，所好者音也，願遂聽之。'師曠不得已而鼓之。一奏而有玄雲從西北方起，再奏之，大風至，大雨隨之，裂帷幕，破俎豆，隳廊瓦，坐者散走。平公恐懼，伏於廊室之間。晉國大旱，赤地三年。平公之身遂癃病。"

[7] 建安：郡名。治所建安縣，在今福建建甌市南松溪南岸。

[8] 柟榴：趙幼文《校箋》引朱琦《文選集釋》引段氏謂"榴"乃"瘤"之誤，楠瘤之木猶今云癭木也。癭木多楠樹所生，故曰楠瘤。四川癭木器物皆出於楠，想建安亦多有此也。趙幼文《校箋》又謂《太平御覽》卷五八七引"榴"字正作"瘤"，作"瘤"爲是。

[9] 賦：梁章鉅《旁證》云："《藝文類聚》七十張紘《瑰材枕賦》疑即此篇也。"

[10] 見之：趙幼文《校箋》謂《太平御覽》卷七〇七引"見"字作"得"。

[11] 武軍賦：各本皆作"武庫賦"，《太平御覽》卷五八七亦引作"武庫賦"。趙幼文云："考左氏宣公十二年傳：'君盍築武軍。'杜預注：'築軍營以章武功。'武軍之義蓋本此。《抱朴子·鈞世篇》：'而《出軍（當作車）六月》之作，何如陳琳《武軍》之壯乎！'據此，則'庫'字誤也。"（《三國志集解辨證》）《藝文類聚》卷五九亦作"武軍賦"。今從趙說，據《藝文類聚》改"庫"爲"軍"。 應機論：吳金華《〈三國志集解〉箋記》謂"機"當作"譏"。《藝文類聚》卷二十五引魏陳琳《應譏》。

［12］景興：王朗字景興。

［13］子布：張昭字子布。

［14］小巫見大巫：比喻相形見絀，遠遠不如。《太平御覽》卷七三五引《莊子》："小巫見大巫，拔茅而棄，此其所以終身弗如。"

［15］楷篆：殿本、盧弼《集解》本作"楷篆書"，百衲本、校點本作"楷篆"。今從百衲本等。楷篆，即篆書。非後世所稱的楷書與篆書。

［16］嘗與孔融書：百衲本、盧弼《集解》本"與"上有"嘗"字，殿本、校點本無。郝經《續後漢書》亦有。趙幼文《校箋》謂《册府元龜》卷八六一引亦有"嘗"字。今從百衲本等。

［17］江表傳：各本"江表傳"下有"曰"字。殿本《考證》云："'曰'字疑衍。"校點本則從何焯說删"曰"字。今從之。

［18］吳紀：沈家本《三國志注所引書目》云："案《隋志》，《吳紀》九卷，晋太學博士環濟撰。二唐志作十卷。隋入正史，唐入編年。《通志·校讎略》云《吳紀》，唐類於編年是，隋類於正史非。今案書以紀名，應入編年，兹從唐志。"

［19］汎彼栢舟：《詩·邶風·柏舟》之句。毛傳："柏木所以宜爲舟也。"

［20］檜楫松舟：《詩·衛風·竹竿》之句。謂檜木做的槳，松木做的船。

［21］禿鶖：鳥名。《本草綱目·禽一·鵚鶖》："禿鶖，水鳥之大者也，出南方有大湖泊處。其狀如鶴而大，青蒼色，張翼廣五六尺，舉頭高六七尺，長頸赤目，頭項皆無毛，其頂皮方二寸許，紅色如鶴頂。其喙深黄色而扁直，長尺餘。其嗉下亦有胡袋，如鵜鶘狀。其足爪如鷄，黑色。性極貪惡，能與人鬭，好啖魚、蛇及鳥雛。"

［22］鷦（jiāo）鷯（liáo）：鳥名。形小，體約三寸長。羽毛赤褐色，略有黑褐色斑點。尾羽短，略向上翹。以昆蟲爲主要

[23] 己：殿本、盧弼《集解》本作"已"，百衲本、校點本作"己"。今從百衲本等。

　　[24] 以：盧弼《集解》本作"可"，百衲本、殿本、校點本作"以"。趙幼文《校箋》謂郝經《續後漢書》作"可以"。今從百衲本等。

　　[25] 觚（gū）：古飲酒器。青銅製。長身侈口。口部與底部呈喇叭狀，細腰，圓足。盛行於殷代和西周初期。《儀禮·特牲饋食禮》鄭玄注："舊説云：爵一升，觚二升。"

　　[26] 孔丘：《孔叢子·儒服》云："平原君與子高飲，强子高酒曰：'昔有遺諺：堯舜千鍾，孔子百觚。'"

　　[27] 尚罪得減死：殿本、盧弼《集解》本"罪"字在"尚"字前，與上句"請"字連讀。百衲本、校點本作"尚罪得減死"。今從百衲本等。

　　初，紘同郡秦松字文表，陳端字子正，並與紘見待於孫策，參與謀謨。各早卒。

　　嚴畯字曼才，彭城人也。[1]少耽學，善《詩》、《書》、三《禮》，[2]又好《説文》。避亂江東，與諸葛瑾、步騭齊名友善。性質直純厚，其於人物，忠告善道，[3]志存補益。張昭進之於孫權，權以爲騎都尉、從事中郎。[4]及横江將軍魯肅卒，[5]權以畯代肅，督兵萬人，鎮據陸口。[6]衆人咸爲畯喜，畯前後固辭〔曰〕："（樸）〔僕〕素書生，[7]不閑軍事，非才而據，咎悔必至。"[8]發言慷慨，至於流涕，〔一〕權乃聽焉。世嘉其能以實讓。權爲吳王，及稱尊號，畯嘗爲衛尉，[9]使至蜀，蜀相諸葛亮深善之。不畜禄賜，皆散之親戚知故，家常不充。廣陵劉穎與畯有舊，穎精學家巷，權聞徵之，以疾不就。其弟略爲零陵太守，[10]卒官，穎往赴喪，權知其詐病，急驛收錄。畯亦馳語穎，使還謝權。權怒，廢畯，而穎得免罪。久之，以畯爲尚書令，[11]後卒。〔二〕

〔一〕《志林》曰：權又試畯騎，上馬墮鞍。
〔二〕《吳書》曰：畯時年七十八，二子凱、爽。凱官至升平少府。[12]

[1] 彭城：王國名。治所彭城縣，在今江蘇徐州市。
[2] 三禮：指《周禮》《儀禮》《禮記》。
[3] 善道：即善導。《左傳·隱公五年》："請君釋憾于宋，敝邑爲道。"陸德明釋文："道，本亦作導。"
[4] 騎都尉：官名。孫吳時統羽林兵，宿衛左右。　從事中郎：官名。東漢三公府及將軍府皆置，職參謀議，位在長史、司馬下。
[5] 橫江將軍：官名。漢獻帝建安十九年孫權置，領兵。
[6] 陸口：地名。在今湖北蒲圻市西北之陸溪口，亦即陸水入長江處。
[7] 前後固辭曰僕素書生：各本皆無"曰"字，"僕"字作"樸"。趙幼文《校箋》謂《藝文類聚》卷二一、《太平御覽》卷四二四、《冊府元龜》卷四〇八及卷八一四俱作"曰僕素書生"，是也。今從趙説補改。
[8] 咎悔：趙幼文《校箋》謂《太平御覽》卷四二四、《冊府元龜》卷四〇八引作"殃咎"。按，《藝文類聚》卷二一、《冊府元龜》卷八一四引亦作"咎悔"。又按，此卷《冊府元龜》上句

"僕"字亦作"樸"。

[9] 衛尉：官名。東漢時秩中二千石，列卿之一，掌宮門及宮中警衛。三國沿置。

[10] 零陵：郡名。治所泉陵縣，在今湖南永州市。

[11] 尚書令：官名。孫吳時仍爲尚書臺長官。秩千石。掌奏、下尚書曹文書衆事，選用署置官吏；總典臺中綱紀法度，無所不統。

[12] 升平少府：官名。升平，孫皓何太后之宮名。少府，太后三卿之一，掌太后宮私府庫藏出納，皆冠太后宮號爲官名。地位與九卿相當。

峻著《孝經傳》《潮水論》，[1]又與裴玄、張承論管仲、季路，[2]皆傳於世。玄字彥黃，下邳人也，[3]亦有學行，[4]官至太中大夫。[5]問子欽齊桓、晉文、夷、惠四人優劣，[6]欽答所見，與玄相反覆，各有文理。欽與太子登游處，登稱其翰采。

[1] 孝經傳：《隋書》與《舊唐書》之《經籍志》、《新唐書·藝文志》皆未著録。侯康《補三國藝文志》云："案《張昭傳》云'權問衛尉嚴峻，寧念小時所闇書否？峻因誦《孝經》仲尼居'。則峻所習者今文也。" 潮水論：《隋書·經籍志》等亦未著録。姚振宗《三國藝文志》將其録入史類河渠之屬。

[2] 季路：即孔子弟子仲由。字子路。《史記》卷六七《仲尼弟子列傳》司馬貞《索隱》云："《家語》一字季路。"

[3] 下邳：王國名。治所下邳縣，在今江蘇睢寧縣西北。

[4] 有學行：《隋書·經籍志》子部雜家類謂裴玄撰《新言》五卷，《舊唐書·經籍志》《新唐書·藝文志》亦同。

[5] 太中大夫：官名。東漢時秩千石，掌顧問應對，參謀議

政。三國沿置,魏定爲七品。

[6] 齊桓晉文:指春秋時齊桓公、晉文公。　夷:指伯夷。殷商末孤竹君之長子。孤竹君欲以次子叔齊繼位,及孤竹君死,叔齊讓位與伯夷,伯夷不受。二人遂逃奔周。至周,遇周武王伐紂,二人阻諫。周武王滅商後,二人逃入首陽山,不食周粟而死。(見《史記》卷六一《伯夷列傳》)　惠:指柳下惠。春秋魯國大夫。本名展獲,字禽,亦稱展季。因食邑柳下,謚惠,故稱柳下惠。爲官盡責,不以職位低而卑。《孟子·萬章下》:"柳下惠不羞污君,不辭小官;進不隱賢,必以其道;遺佚而不怨,窮厄而不憫。"

程秉字德樞,汝南南頓人也。[1]逮事鄭玄,[2]後避亂交州,[3]與劉熙考論大義,[4]遂博通五經。[5]士燮命爲長史。權聞其名儒,以禮徵秉,既到,拜太子太傅。[6]黃武四年,[7]權爲太子登娉周瑜女,秉守太常,[8]迎妃於吳,權親幸秉船,深見優禮。既還,秉從容進說登曰:"婚姻人倫之始,王教之基,是以聖王重之,所以率先衆庶,風化天下,故《詩》美《關雎》,[9]以爲稱首。願太子尊禮教於閨房,存《周南》之所詠,[10]則道化隆於上,頌聲作於下矣。"登笑曰:"將順其美,匡救其惡,誠所賴於傅君也。"

病卒官。著《周易摘》《尚書駁》《論語弼》,[11]凡三萬餘言。秉爲傅時,率更令河南徵崇亦篤學立行云。〔一〕[12]

〔一〕《吳錄》曰:崇字子和,治《易》《春秋左氏傳》,兼善内術。[13]本姓李,遭亂更姓,遂隱於會稽,躬耕以求其志。好尚者從學,所教不過數人輒止,欲令其業必有成也。所交結如丞相步騭等，咸親焉。嚴畯薦崇行足以屬俗，學足以爲師。初見太子登，以疾賜不拜。[14]東宮官僚皆從諮詢。太子數訪以異聞。年七十而卒。

[1] 汝南：郡名。治所平輿縣，在今河南平輿縣北。　南頓：縣名。治所在今河南項城市西南南頓集。　也：百衲本無"也"字，殿本、盧弼《集解》本、校點本有。今從殿本等。

[2] 逮事：百衲本"逮"上有"後"字，殿本、盧弼《集解》本、校點本無。今從殿本等。　鄭玄：字康成，北海高密（今山東高密市西南）人。東漢末的大經學家。《後漢書》卷三五有傳。

[3] 交州：刺史治所建安八年在龍編縣，在今越南河內東天德江北岸；同年又移治廣信縣，在今廣西梧州市；建安十五年又移治番禺縣，在今廣東廣州市。

[4] 劉熙：字成國，漢末北海（治所在今山東昌樂縣西）人。陳振孫《直齋書錄解題》謂《釋名》八卷，漢徵士北海劉熙成國撰。則劉熙未曾入仕。所撰《釋名》八卷二十七篇今尚傳。

[5] 五經：指《易》《書》《詩》《禮》《春秋》。

[6] 太子太傅：官名。東漢時秩中二千石。掌輔導太子，不領東宮官屬及庶務，諸屬官由太子少傅主之。太子對太傅執弟子禮，太傅不稱臣。孫吳亦置。

[7] 黃武：吳大帝孫權年號（222—229）。

[8] 太常：官名。東漢時仍爲列卿之首，秩中二千石。掌禮儀祭祀，選試博士等。三國沿置。

[9] 關雎：《詩經》之首篇。《詩序》云："《關雎》，后妃之德也，風之始也。所以風天下而正夫婦也，故用之鄉人焉，用之邦國焉。"

[10] 周南：《詩·國風》中編次最先者。《周南》有詩十一篇，首篇即《關雎》。其餘十篇，亦多言男女之事。

[11]論語弼：以上三書，《隋書》《舊唐書》之《經籍志》、《新唐書·藝文志》均未著録。

[12]率更令：官名。即太子率更令。東漢時主太子庶子、舍人值宿事，隸太子少傅。與太子家令、太子僕並號太子三卿。三國沿置。

[13]内術：指讖緯之術。

[14]以疾：百衲本無"以"字，殿本、盧弼《集解》本、校點本有。今從殿本等。

闞澤字德潤，會稽山陰人也。家世農夫，至澤好學，居貧無資，常爲人傭書，以供紙筆，所寫既畢，誦讀亦遍。追師論講，[1]究覽群籍，兼通歷數，由是顯名。察孝廉，除錢唐長，[2]遷郴令。[3]孫權爲驃騎將軍，[4]辟補西曹掾；[5]及稱尊號，以澤爲尚書。嘉禾中，[6]爲中書令，加侍中。赤烏五年，[7]拜太子太傅，領中書如故。

澤以經傳文多，難得盡用，乃斟酌諸家。刊約《禮》文及諸注説以授二宫，[8]爲制行出入及見賓儀，又著《乾象曆注》以正時日。[9]每朝廷大議，經典所疑，輒諮訪之。以儒學勤勞，封都鄉侯。[10]性謙恭篤慎，宫府小吏，[11]呼召對問，皆爲抗禮。人有非短，口未嘗及，容貌似不足者，然所聞少窮。[12]權嘗問："書傳篇賦，[13]何者爲美？"澤欲諷喻以明治亂，因對賈誼《過秦論》最善，[14]權覽讀焉。初，以吕壹姦罪發聞，有司窮治，奏以大辟，[15]或以爲宜加焚裂，[16]用彰元惡。權以訪澤，澤曰："盛明之世，不宜復有此刑。"權從之。又諸官司有所患疾，欲增重科防，以檢御臣下，澤每曰"宜依禮、律"，其和而有正，皆此類也。〔一〕六年冬卒，權痛惜感悼，食不進者數日。

〔一〕《吳錄》曰：虞翻稱澤曰："闞生矯傑，蓋蜀之揚雄。"[17]又曰："闞子儒術德行，亦今之仲舒也。"[18]初，魏文帝即位，權嘗從容問群臣曰："曹丕以盛年即位，恐孤不能及之，諸卿以爲何如？"群臣未對，澤曰："不及十年，丕其没矣，大王勿憂也。"權曰："何以知之？"澤曰："以字言之，不十爲丕，此其數也。"文帝果七年而崩。

臣松之計孫權年大文帝五歲，其爲長幼也微耳。[19]

[1] 追師：盧弼《集解》本作"追思"，百衲本、殿本、校點本作"追師"。今從百衲本等。

[2] 錢唐：縣名。治所在今浙江杭州市。

[3] 郴：縣名。治所在今湖南郴州市。

[4] 驃騎將軍：官名。東漢時位比三公，地位尊崇。

[5] 西曹掾：官名。諸公府之僚屬。爲西曹長官，掌府吏署用事。

[6] 嘉禾：吳大帝孫權年號（232—238）。

[7] 赤烏：吳大帝孫權年號（238—251）。

[8] 二宮：指太子孫和及魯王孫霸。

[9] 乾象曆注：《晉書·律曆志中》謂漢靈帝時會稽東部都尉劉洪造《乾象曆》。"獻帝建安元年，鄭玄受其法，以爲窮幽極微，又加注釋焉"。"吳中書闞澤受劉洪《乾象法》於東萊徐岳，又加注解"。

[10] 都鄉侯：爵名。列侯食邑爲都鄉者，稱都鄉侯。位次於縣侯，高於鄉侯。

［11］宮府：殿本、盧弼《集解》本作"官府"，百衲本、校點本作"宮府"。今從百衲本等。

［12］少窮：周壽昌《注證遺》云："少窮，言少能窮之。謂所聞之富也。"

［13］書傳篇賦：趙幼文《校箋》謂《册府元龜》卷五二六引無"篇賦"二字。按，宋本《册府元龜》有"篇賦"二字。

［14］賈誼：西漢政論家。漢文帝時曾任博士、太中大夫、長沙王太傅、梁懷王太傅。對時政多有批評及建議。其《過秦論》，旨在指責揭露秦朝政治之失，探究秦朝迅速滅亡之原因，以期爲漢王朝提供歷史教訓和鞏固統治之借鑒。因其揭露深刻，論說中肯，司馬遷遂引爲《史記》卷六《秦始皇本紀》之紀評。

［15］大辟：死刑。

［16］焚裂：胡三省云："殷紂用炮烙之刑，項羽燒殺紀信，漢武帝焚蘇文於橫橋，然未以爲刑名也。王莽作焚如之刑，後世不復遵用。裂，謂車裂，古之轘刑。"（《通鑑》卷七四魏明帝景初二年注）

［17］揚雄：西漢蜀郡成都（今四川成都市）人。博學多識，善於辭賦。著作有《法言》《太玄》《訓纂編》《方言》等。辭賦之代表作有《甘泉》《河東》《校獵》《長楊》等。《漢書》卷八七有傳。

［18］仲舒：指董仲舒。西漢廣川（今河北棗強縣東北）人。漢景帝時爲博士。武帝時，以賢良對策，提出君權神授說、天人感應說；要求罷黜百家，獨尊儒術，爲武帝采納，使儒學成爲正統之學。所著書，有《春秋繁露》等傳於世。《漢書》卷五六有傳。

［19］耳：百衲本、殿本作"耳"，盧弼《集解》本、校點本作"矣"。今從百衲本等。

澤州里先輩丹楊唐固亦修身積學，稱爲儒者，著

《國語》《公羊》《穀梁傳》注,[1]講授常數十人。權爲吳王,拜固議郎,[2]自陸遜、張溫、駱統等皆拜之。黃武四年爲尚書僕射,[3]卒。〔一〕

〔一〕《吳錄》曰：固字子正,卒時年七十餘矣。

[1] 國語：《隋書·經籍志》經部春秋類著錄《春秋外傳國語》二十一卷,唐固注。《舊唐書·經籍志》《新唐書·藝文志》亦同。　公羊:唐固《公羊傳注》,《隋書》《舊唐書》之《經籍志》、《新唐書·藝文志》皆未著錄。　穀梁傳注：《隋書·經籍志》著錄《春秋穀梁傳》十三卷,吳僕射唐固注。《舊唐書·經籍志》《新唐書·藝文志》皆作十二卷。

[2] 議郎：官名。東漢時屬光禄勳,秩六百石,主要職責是參與朝政議論。三國沿置。但魏、晉時不再參議諫諍,爲後備官員,第七品,品秩雖低,名義清高,即三品將軍、九卿亦有拜之者。

[3] 尚書僕射（yè）：官名。東漢爲尚書臺次官,秩六百石,職權重,若公爲之,增秩至二千石。職掌拆閱封緘章奏文書,參議政事,諫諍駁議,監察百官。令不在,則代理其職。漢獻帝建安四年（199）分置左右。

薛綜字敬文,沛郡竹邑人也。〔一〕[1]少依族人避地交州,從劉熙學。士燮既附孫權,召綜爲五官中郎〔將〕,[2]除合浦、交阯太守。[3]時交土始開,[4]刺史吕岱率師討伐,綜與俱行,越海南征,及到九真。[5]事畢還都,守謁者僕射。[6]（西）〔蜀〕使張奉於權前列尚書闞澤姓名以嘲澤,[7]澤不能答。綜下行酒,因勸酒曰：“蜀者何也？有犬爲獨,無犬爲蜀,横目苟身,蟲入其腹。"〔二〕奉曰："不當復列君吳邪？"綜應聲曰："無口爲天，有口爲吳，君臨萬邦，天子之都。"於是衆坐喜笑，而奉無以對。其樞機敏捷，皆此類也。〔三〕

〔一〕《吳錄》曰：其先齊孟嘗君封於薛。[8]秦滅六國，而失其祀，[9]子孫分散。漢祖定天下，過齊，求孟嘗後，得其孫陵、國二人，欲復其封。陵、國兄弟相推，莫適受，乃去之竹邑，因家焉，故遂氏薛。[10]自國至綜，世典州郡，[11]爲著姓。綜少明經，善屬文，有秀才。

〔二〕臣松之見諸書本"苟身"或作"句身"，以爲既云"橫目"，則宜曰"句身"。

〔三〕《江表傳》曰：費禕聘于吳，陛見，公卿侍臣皆在坐。酒酣，禕與諸葛恪相對嘲難，言及吳、蜀。禕問曰："蜀字云何？"恪曰："有水者濁，無水者蜀。橫目苟身，蟲入其腹。"禕復問："吳字云何？"恪曰："無口者天，有口者吳，下臨滄海，天子帝都。"[12]與本傳不同。[13]

[1] 敬文：趙幼文《校箋》謂《太平御覽》卷四六三引"敬"字作"仲"。　沛郡：東漢時治所相縣，在今安徽濉溪縣西北；曹魏時移治所於沛縣，在今江蘇沛縣。　竹邑：縣名。治所在今安徽宿縣北符離集。

[2] 五官中郎將：各本皆作"五官中郎"。殿本《考證》云："元本'中郎'下有'將'字。"校點本則從何焯說增"將"字。今從之。五官中郎將，東漢時領五官郎，宿衛殿門，出充車騎。孫吳沿置，仍領郎署。

[3] 合浦：郡名。治所合浦縣，在今廣西合浦縣東北。　交阯：郡名。治所龍編縣，在今越南河內市東天德江北岸。

[4] 交：州名。呂岱爲刺史時治所番禺縣，在今廣東廣州市。

[5]九真：郡名。治所胥浦縣，在今越南清化省清化市西北東山縣陽舍村。

[6]謁者僕射（yè）：官名。東漢時秩比千石。爲謁者臺長官，名義上屬光祿勳。掌侍從左右，關通內外，職權頗重。三國沿置。魏定爲五品。

[7]蜀使：各本"蜀"字皆作"西"。趙幼文《校箋》謂《藝文類聚》卷二五、《太平御覽》卷四六三、《册府元龜》卷八〇〇引"西"字作"蜀"，《建康實錄》同，當據改。今從趙説改。

[8]孟嘗君：戰國齊威王少子田嬰之子，名文。田嬰封於薛（今山東滕州市南）。田文襲之，稱薛公，號孟嘗君。曾一度入秦爲相，不久逃歸，齊湣王乃任之爲相。後爲齊湣王所忌，乃入魏。魏昭王以爲相。齊湣王死，襄王立，畏孟嘗君，復親薛公。（見《史記》卷七五《孟嘗君列傳》及司馬貞《索隱》）

[9]失其祀：《史記·孟嘗君列傳》云："文卒，謚爲孟嘗君。諸子爭立，而齊、魏共滅薛。孟嘗君絶嗣無後也。"則孟嘗君失祀不在秦滅六國之後。至於"絶嗣無後"，當指孟嘗君無嫡子承其封邑，奉其祭祀，非謂其他諸子皆滅絶無遺。

[10]氏薛：何焯認爲此爲僞造，"果有之，則馬遷亦載之傳後矣"。（見《義門讀書記》卷二八《三國志·吳志》）

[11]典：盧弼《集解》本作"與"，百衲本、殿本、校點本作"典"。今從百衲本等。

[12]帝都：趙幼文《校箋》謂《册府元龜》卷八〇〇引"帝"字作"之"，是也。傳文"帝"亦作"之"，可證。按，宋本《册府元龜》亦作"帝"，與此同。

[13]與本傳不同：盧弼《集解》謂本書卷四四《費禕傳》則謂費禕至吳，諸葛恪、羊衜等才博果辯，論難鋒至，禕辭順義篤，據理以答，終不能屈。權甚器之，"蓋當時兩國記載，各自誇耀，遂互相岐異耳"。

呂岱從交州召出，綜懼繼岱者非其人，上疏曰："昔帝舜南巡，卒於蒼梧。[1]秦置桂林、南海、象郡，[2]然則四國之內屬也，有自來矣。趙佗起番禺，[3]懷服百越之君，珠官之南是也。[4]漢武帝誅呂嘉，[5]開九郡，[6]設交阯刺史以鎮監之。山川長遠，習俗不齊，言語同異，重譯乃通，民如禽獸，長幼無別，椎結徒跣，[7]貫頭左衽，[8]長吏之設，雖有若無。自斯以來，頗徙中國罪人雜居其間，稍使學書，粗知言語，使驛往來，觀見禮化。及後錫光爲交阯、任延爲九真太守，[9]乃教其耕犂，使之冠履；爲設媒官，始知聘娶；建立學校，導之經義。由此已降，四百餘年，[10]頗有似類。[11]自臣昔客始至之時，珠崖除州縣嫁娶，[12]皆須八月引戶，[13]人民集會之時，男女自相可適，乃爲夫妻，父母不能止。交阯麋泠、九真都龐二縣，[14]皆兄死弟妻其嫂，世以此爲俗，長吏恣聽，[15]不能禁制。日南郡男女倮體，[16]不以爲羞。由此言之，可謂蟲豸，[17]有覿面目耳。然而土廣人衆，阻險毒害，易以爲亂，難使從治。縣官羈縻，示令威服，田戶之租賦，裁取供辦，貴致遠珍名珠、香藥、象牙、犀角、瑇瑁、珊瑚、琉璃、鸚鵡、翡翠、孔雀、奇物，[18]充備寶玩，不必仰其賦入，以益中國也。然在九甸之外，[19]長吏之選，類不精覈。漢時法寬，多自放恣，故數反違法。珠崖之廢，[20]起於長吏覩其好髮，髡取爲髲，[21]及臣所見，南海黃蓋爲日南太守，[22]下車以供設不豐，撾殺主簿，仍見驅逐。九真太守儋萌爲妻父周京作主人,[23]并請大吏,酒酣作樂,功曹番歆起舞屬京,[24]京不肯起,歆猶迫疆,萌忿杖歆,亡於郡內。歆弟苗帥衆攻府,毒矢射萌,萌至物故。[25]交阯太守士燮遣兵致討,卒不能克。又故刺史會稽朱符,多以鄉人虞褒、劉彥之徒分作長吏,侵虐百姓,彊賦於民,黃魚一枚收稻一斛,百姓怨叛,山賊並出,攻州突郡。符走入海,流離喪亡。次得南陽張津,[26]與荊州牧劉表爲隙,[27]兵弱敵彊,歲歲興軍,諸將厭患,去留自在。津小檢攝,威武不足,爲所陵侮,遂至殺沒。後得零陵賴恭,[28]先輩仁謹,不曉時事。表又遣長沙吳巨爲蒼梧太守。[29]巨武夫輕悍,不爲恭〔所〕服,[30](所取)〔輒〕相怨恨,[31]逐出恭,求步騭。是時津故將夷廖、錢博之徒尚多,騭以次鉏治,綱紀適定,會仍召出。呂岱既至,有士氏之變。[32]越軍南征,平討之日,改置長吏,章明王綱,威加萬里,大小承風。由此言之,[33]綏邊撫裔,實有其人。牧伯之任,既宜清能,荒流之表,禍福尤甚。今日交州雖名粗定,尚有高涼宿賊;[34]其南海、蒼梧、鬱林、珠官四郡界未綏,依作寇盜,專爲亡叛逋逃之藪。若岱不復南,新刺史宜得精密,檢攝八郡,[35]方略智計,能稍稍以漸(能)治高涼者,[36]假其威寵,借之形勢,責其成效,庶幾可補復。如但中人,近守常法,無奇數異術者,則群惡日滋,久遠成害。故國之安危,在於所任,不可不察也。竊懼朝廷忽輕其選,故敢竭愚情,以廣聖思。"

黃龍三年,[37]建昌侯慮爲鎮軍大將軍,[38]屯半州,[39]以綜爲長史,外掌衆事,内授書籍。慮卒,[40]入守賊曹尚書,[41]遷尚書僕射。時公孫淵降而復叛,權盛怒,欲自親征。綜上疏諫曰:"夫帝王者,萬國之元首,天下之所繫命也。是以居則重門擊柝以戒不虞,[42]行則清道案節以養威嚴,[43]蓋所以存萬安之福,鎮四海之心。昔孔子疾時,託乘桴浮海之語,[44]季由斯喜,拒以無所取才。漢元帝欲御樓船,薛廣德請刎頸以血染車。[45]何則?水火之險至危,非帝王所宜涉也。諺曰:'千金之子,坐不垂堂。'[46]況萬乘之尊乎?今遼東戎貊小國,[47]無城池之固,備禦之術,器械鈆鈍,[48]犬羊無政,往必禽克,誠如明詔。然其方土寒墝,[49]穀稼不殖,民習鞍馬,轉徙無常,卒聞大軍之至,自度不敵,鳥驚獸駭,長驅奔竄,一人匹馬,不可得見,雖獲空地,[50]守之無益,此不可一也。加又洪流滉瀁,[51]有成山之難,[52]海行無常,風浪難免,倏忽之間,人船異勢。雖有堯舜之德,智無所施,賁育之勇,力不得設,此不可二也。加以鬱霧冥其上,鹹水蒸其下,善生流腫,[53]轉相洿染,凡行海者,稀無斯患,此不可三也。天生神聖,顯以符瑞,當乘平喪亂,康此民物;嘉祥日集,海内垂定,逆虜凶虐,滅亡在近。中國一平,遼東自斃,但當拱手以待耳。今乃違必然之圖,尋至危之阻,忽九州之固,肆一朝之忿,既非社稷之重計,又開闢以來所未嘗有,斯誠群僚所以傾身側息,[54]食不甘味,寢不安席者也。惟陛下抑雷霆之威,忍赫斯之怒,[55]遵乘橋之安,[56]遠履冰之險，[57]則臣子賴祉，天下幸甚。"時群臣多諫，權遂不行。

正月乙未，權敕綜祝祖不得用常文，[58]綜承詔，卒造文義，信辭粲爛。權曰："復爲兩頭，[59]使滿三也。"綜復再祝，辭令皆新，衆咸稱善。赤烏三年，[60]徙選曹尚書。[61]五年，爲太子少傅，[62]領選職如故。〔一〕六年春，卒。凡所著詩賦難論數萬言，名曰《私載》，[63]又定《五宗圖述》《二京解》，[64]皆傳於世。

〔一〕《吴書》曰：後權賜綜紫綬囊，綜陳讓紫色非所宜服，[65]權曰："太子年少，涉道日淺，君當博之以文，約之以禮，茅土之封，非君而誰？"是時綜以名儒居師傅之位，仍兼選舉，甚爲優重。

[1]蒼梧：古地區名。指今湖南省南部、廣東省西北部及廣西省東北部的廣大地區。西漢武帝元鼎六年（前111）於此區内置蒼梧郡，治所廣信縣，在今廣西梧州市。《史記》卷一《五帝本紀》謂舜踐帝位三十九年，"南巡狩，崩於蒼梧之野。葬於江南九疑"。九疑，山名。亦名蒼梧山。在今湖南寧遠縣南。

[2]桂林：郡名。秦置，治所在今廣西桂平縣西南古城。西漢於此置布山縣，又改郡名爲鬱林。 南海：郡名。秦置，治所番禺縣，在今廣東廣州市。 象郡：秦置，治所臨塵縣，在今廣西崇左縣。

[3]趙佗：秦時爲南海龍川（今廣東龍川縣西南）令。秦二世時，南海尉任囂疾病將死，召趙佗代爲尉。故又稱趙佗爲尉佗。秦亡後，趙佗遂擊并桂林、象郡，自立爲南越武王。漢高帝定天下後，漢十一年遣陸賈入南，立趙佗爲南越王，"與剖符通使，和集

百越，毋爲南邊患害"。(《史記》卷一一三《南越列傳》)

[4] 珠官：郡名。孫權黃武七年（228）以合浦郡改名。治所合浦縣，在今廣西合浦縣東北。

[5] 呂嘉：南越王相，宗族爲官者七十餘人，勢力甚大。漢武帝元鼎五年（前112），呂嘉反，殺南越王、太后及漢使者，漢武乃遣伏波將軍路博德、樓船將軍楊僕等數路出兵，咸會番禺以討之。次年冬，破番禺城，呂嘉等逃入海，遣人追之，盡擒呂嘉等。(見《史記·南越列傳》)

[6] 九郡：《漢書·武帝紀》謂元鼎六年冬得呂嘉首，"遂定越地，以爲南海、蒼梧、鬱林、合浦、交阯、九真、日南、珠崖、儋耳郡"。

[7] 椎結：即椎髻。少數民族的一種髮型。將頭髮束於頭頂成椎形。

[8] 貫頭：少數民族的一種衣服。在布中央挖一圓洞，套入頭頸，披於身上作爲衣服。　左袵：衣襟向左的衣服。

[9] 任延：東漢初南陽宛（今河南南陽市）人。《後漢書》卷七六《任延傳》謂漢光武帝建武初，詔徵任延爲九真太守。"九真俗以射獵爲業，不知牛耕，民常告糴交阯，每致困乏。延乃令鑄作田器，教之墾闢。田疇歲歲開廣，百姓充給。又駱越之民無嫁娶禮法，各因淫好，無適對匹，不識父子之姓，夫婦之道。延乃移書屬縣，各使男年二十至五十，女年十五至四十，皆以年齒相配。其貧無禮娉，令長吏以下各省奉禄以賑助之。同時相娶者二千餘人。是歲風雨順節，穀稼豐衍。其產子者，始知種姓。咸曰：'使我有是子者，任君也。'多名子爲'任'。於是徼外蠻夷、夜郎等慕義保塞，延遂止罷偵候戍卒。初，平帝時，漢中錫光爲交阯太守，教導民夷，漸以禮義，化聲侔於延。"

[10] 四百餘年：何焯云："自錫光、任延至此尚未及三百年，'四'字恐'二'字之訛。"(《義門讀書記》卷二八《三國志·吳志》)

〔11〕似類：盧弼《集解》謂郝經《續後漢書》"似"作"士"。趙幼文《校箋》謂《廣雅·釋詁二》："似，續也。""似"字或不誤。

〔12〕珠崖：郡名。漢武帝元鼎六年（前111）置，治所瞫都縣，在今海南瓊山市東南。漢元帝初元三年（前46）廢。吳增僅《三國郡縣表附考證》云："（朱崖郡）前漢舊郡，《晋志》吳赤烏五年復立。疑治徐聞。"徐聞縣治所在今廣東徐聞縣南。

〔13〕引戶：梁章鉅《旁證》云："引戶，即古之'案比'。《周官·司徒》職注：鄭司農云'漢時八月案比'。"案比，即案戶比民。亦即清理戶籍與人口。

〔14〕麊泠：即"麓泠"，縣名。治所在今越南永富省安朗縣西夏雷村。　都龐：縣名。西漢置，東漢廢，孫吳復置。治所在今越南清化省石城附近。

〔15〕長吏：指縣令、長。

〔16〕日南郡：漢代治所西卷縣，在今越南廣治省甘露河與廣治河合流處。孫吳赤烏十一年（248）移治朱吾縣，在今越南廣平省美麗縣附近。

〔17〕蟲豸：泛指蟲類小動物，比喻下賤人。

〔18〕瑇瑁：亦作"玳瑁"。爬行動物，形似龜。甲殼黃褐色，有黑斑和光澤，可做裝飾品。甲片可入藥。　琉璃：一種半透明的玉石。　翡翠：鳥名。嘴長而直，生活在水邊，吃魚蝦之類。羽毛有藍、綠、赤、棕等色，可做裝飾品。

〔19〕九甸：指邊遠郊外。相傳古代天子所住王畿以外之地，每五百里爲一區劃，稱爲服。共有九服，即侯服、甸服、男服、采服、衛服、蠻服、夷服、鎮服、藩服。

〔20〕珠崖之廢：《漢書》卷九《元帝紀》初元三年云："珠崖郡山南縣反，博謀群臣。待詔賈捐之以爲宜棄珠崖，救民饑饉。乃罷珠崖。"

〔21〕覩其：趙幼文《校箋》謂《太平御覽》卷七一五引

"其"下有"人"字。　髲（bì）：假髮。

　　[22]黃蓋：趙幼文《校箋》謂《北堂書鈔》卷七六引"蓋"字作"孟"。

　　[23]儋萌：梁章鉅《旁證》云："錢大昭曰：以下文證之，'萌'當作'明'。"盧弼《集解》云："毛本'萌'作'明'，下仍作'明'。"　作主人：謂做東道主設宴請客。

　　[24]功曹：官名。漢代郡太守下設功曹史，簡稱功曹，爲郡太守之佐吏，除分掌人事外，得參與一郡之政務。三國沿置。

　　[25]物故：死亡。

　　[26]南陽：郡名。治所宛縣，在今河南南陽市。

　　[27]荆州：劉表爲州牧，治所襄陽縣，在今湖北襄陽市襄州區。

　　[28]零陵：郡名。治所泉陵縣，在今湖南永州市。

　　[29]長沙：郡名。治所臨湘縣，在今湖南長沙市。

　　[30]所服：各本皆無"所"字，校點本從何焯説增。今從之。

　　[31]輒相怨恨：各本皆作"所取相怨恨"。殿本《考證》云："《册府》'所'字衍，'取'作'輒'。"校點本據《册府元龜》改。今從之。

　　[32]士氏：百衲本、殿本作"士民"，盧弼《集解》本、校點本作"士氏"。今從盧弼《集解》本等。士氏，指士燮子士徽等。

　　[33]由此：百衲本"由"字作"猶"，殿本、盧弼《集解》本、校點本作"由"。按，二字可通，《孟子·公孫丑上》"然而文王猶方百里起"，朱熹《集注》："猶與由通。"今從殿本等。

　　[34]高涼：郡名。漢獻帝延康元年（220）孫權置，治所恩平縣，在今廣東恩平市北。

　　[35]八郡：指南海、蒼梧、鬱林、珠官、交阯、九真、日南、高涼等郡。

〔36〕治高凉者：各本"治"上有"能"字，校點本從何焯説刪。今從之。

〔37〕黄龍：吴大帝孫權年號（229—231）。

〔38〕鎮軍大將軍：官名。魏文帝黄初六年（225）置，權任很重。孫吴亦置。

〔39〕半州：地名。在今江西九江市西。孫吴曾于此築城。

〔40〕慮卒：本書卷五九《孫慮傳》謂慮卒於嘉禾元年（232）。

〔41〕賊曹尚書：官名。孫吴置，爲尚書臺諸曹尚書之一。

〔42〕柝（tuò）：夜間巡夜人敲以報更的木梆。《易·繫辭下》："重門擊柝，以待暴客。"

〔43〕清道：古制，帝王或大官出巡，必先清掃道路，禁止行人來往。《續漢書·百官志》"執金吾"下本注曰："本有式道、左右中候三人，六百石。車駕出，掌在前清道，還持麾至宫門，宫門乃開。中興但一人，又不常置，每出，以郎兼式道候，事已罷，不復屬執金吾。"

〔44〕乘桴浮海：百衲本無"海"字，殿本、盧弼《集解》本、校點本皆有。今從殿本等。桴（fú），小的竹、木筏子。《論語·公冶長》："子曰：'道不行，乘桴浮於海。從我者，其由與？'子路聞之喜。子曰：'由也好勇過我，無所取材。'"日本正平本何晏《集解》："鄭玄曰：'子路信夫子欲行，故言好勇過我。無所取材者，言無所取桴材也。以子路不解微言，故戲之耳也。'一曰：'子路聞孔子欲浮海便喜，不復顧望，故孔子歎其勇曰，過我無所復取哉！言唯取於己也。古材、哉同。'"

〔45〕薛廣德：西漢沛郡相縣（今安徽濉溪縣西北）人。漢元帝時爲御史大夫。《漢書》卷七一《薛廣德傳》云："上酎祭宗廟，出便門，欲御樓船，廣德當乘輿車，免冠頓首曰：'宜從橋。'詔曰：'大夫冠。'廣德曰：'陛下不聽臣，臣自刎，以血污車輪，陛下不得入廟矣！'上不説。先驅光禄大夫張猛進曰：'臣聞主聖臣

直。乘船危，就橋安，聖主不乘危。御使大夫言可聽。'上曰：'曉人不當如是邪！'乃從橋。"

[46] 坐不垂堂：垂堂，堂屋檐下。謂不坐在堂屋檐下，以免瓦片墮落打傷。《史記》卷一一七《司馬相如列傳》："故鄙諺曰：'家累千金，坐不垂堂。'"

[47] 遼東：郡名。治所襄平縣，在今遼寧遼陽市老城區。當時爲公孫淵所據。　戎貊：貊係古代東北之部族。此"戎貊"，泛指少數民族。

[48] 銖鈍：潘眉《考證》云："銖，亦鈍也。《淮南子·齊俗訓》云'其兵戈鈍而無刃'。高誘注：'楚人謂刃鈍爲銖。'"

[49] 寒埆（què）：謂土壤溫度低而瘠薄。

[50] 空地：殿本"地"字作"城"，百衲本、盧弼《集解》本、校點本作"地"。今從百衲本等。

[51] 滉（huàng）瀁（yàng）：形容水廣大無邊。

[52] 成山：山名。在今山東榮成市北海上。

[53] 流腫：胡三省云："流腫者，謂毒氣下流，足爲之腫。古人謂之重膇，今人謂之脚氣。"（《通鑑》卷七二魏明帝青龍元年注）

[54] 傾身側息：胡三省云："謂傾身而卧，側鼻而息，不得展布四體，安於偃仰也。"（《通鑑》卷七二魏明帝青龍元年注）

[55] 赫斯：《詩·大雅·皇矣》："王赫斯怒，爰整其旅。"鄭箋："赫，怒意。"斯，語助詞。後世因以"赫斯"形容帝王盛怒。

[56] 乘橋之安：即前謂漢元帝捨船而就橋。

[57] 履冰之險：《詩·小雅·小旻》："如臨深淵，如履薄冰。"

[58] 祝祖：祭祀祖宗之文辭。

[59] 兩頭：謂兩篇。

[60] 赤烏：吳大帝孫權年號（238—251）。

[61] 徙：百衲本無"徙"字，殿本、盧弼《集解》本、校點本有，郝經《續後漢書》亦有。今從殿本等。　選曹尚書：官名。孫吳置，主銓選官吏，職掌與吏部尚書相類。

[62] 太子少傅：官名。與太子太傅並稱太子二傅。東漢時秩中二千石，掌輔導太子及東宮衆務。曹魏以二傅並攝東宮事務，與尚書東曹並掌太子、諸侯官屬之選舉。孫吳亦置。

　　[63] 私載：《隋書·經籍志》謂梁有《薛綜集》三卷，録一卷，亡。《舊唐書·經籍志》則著録《薛綜集》二卷，《新唐書·藝文志》又著録《薛綜集》三卷。蓋唐初亡佚，後又復出。

　　[64] 五宗圖述：姚振宗《三國藝文志》云："《隋書·經籍志》梁有《五宗圖》一卷，不著撰人，疑即是書。嚴可均《全三國文編》曰：《通典》卷七十三引薛綜述鄭氏《禮五宗圖》。余蕭客《古經解鈎沉叙録》曰：薛綜述鄭氏《禮五宗圖》，《通典》引之。"　二京解：姚振宗《三國藝文志》謂薛綜《二京賦解》二卷。《隋書·經籍志》梁有薛綜注張衡《二京賦》二卷亡；《舊唐書·經籍志》著録《二京賦音》二卷，《新唐書·藝文志》同；《通志·藝文略》著録張衡《二京賦》二卷，薛綜注並音。

　　[65] 讓紫色：春秋戰國時，國君之服用紫色，而秦漢之高官已用紫綬。《漢書·百官公卿表上》："相國、丞相，皆秦官，金印紫綬。"此外，佩金印紫綬者，尚有太尉、太傅、太師、太保、前後左右將軍等。這些官或爲三公、上公，或位上卿，而太子少傅秩僅二千石，薛綜或以官階低讓之。又《續漢書·百官志》謂列侯亦金印紫綬。從下文孫權所言"茅土之封，非君而誰"觀之，薛綜之讓又在讓封爵。

　　子珝，官至威南將軍，[1]征交阯還，道病死。[一]珝弟瑩，字道言，初爲秘府中書郎，[2]孫休即位，爲散騎中常侍。[3]數年，以病去官。孫晧初，爲左執法，[4]遷選曹尚書，及立太子，又領少傅。建衡三年，[5]晧追歎瑩父綜遺文，且命瑩繼作。瑩獻詩曰："惟臣之先，昔仕于漢，奕世綿綿，頗涉臺觀。[6]暨臣父綜，遭時之難,卯金失御,[7]邦家毀亂。適茲樂土,庶存孑遺,天啓其心,東南是歸。厥初流隸,困于蠻垂。[8]大皇開基,[9]恩德遠施。特蒙招命,拯擢泥汙,釋放巾褐,受職剖符。作守合浦,在海之隅,遷入京輦,遂升機樞。枯瘁更榮,絕統復紀,自微而顯,非願之始。亦惟寵遇,心存足止。重值文皇,[10]建號東宮。[11]乃作少傅,光華益隆。明明聖嗣,[12]至德謙崇,禮遇兼加,惟渥惟豐。哀哀先臣,[13]念竭其忠,洪恩未報,委世以終。嗟臣蔑賤,惟昆及弟,幸生幸育,託綜遺體。過庭既訓,[14]頑蔽難啓。堂構弗克,[15]志存耦耕。豈悟聖朝,仁澤流盈。追錄先臣,愍其無成,是濟是拔,被以殊榮。珝忝千里,受命南征,旌旗備物,金革揚聲。及臣斯陋,實闇實微,既顯前軌,[16]人物之機;復傅東宮,繼世荷輝,才不逮先,是忝是違。乾德博好,[17]文雅是貴,追悼亡臣,冀存遺類。如何愚胤,曾無髣髴!瞻彼舊寵,顧此頑虛,孰能忍媿,臣實與居。夙夜反側,克心自論,父子兄弟,累世蒙恩,死惟結草,[18]生誓殺身,[19]雖則灰隕,無報萬分。"

〔一〕《漢晉春秋》曰:孫休時,珝為五官中郎將,遣至蜀求馬。及還,休問蜀政得失,對曰:"主閽而不知其過,臣下容身以求免罪,入其朝不聞正言,經其野民皆菜色。臣聞燕雀處堂,[20]子母相樂,自以為安也,突決棟焚,而燕雀怡然不知禍之將及,其是之謂乎!"

[1] 官至:百衲本"至"字作"及",殿本、盧弼《集解》

本、校點本作"至"。今從殿本等。　威南將軍：官名。孫吳置，領兵出征。

［2］秘府中書郎：官名。孫吳置，秘府屬官，典秘府所藏圖籍，多選用文學之士，或作爲起家之職。

［3］散騎中常侍：官名。孫吳置，多以才學之士擔任。

［4］左執法：官名。孫吳置左、右、中執法各一員，共平諸官事。

［5］建衡：吳末帝孫晧年號（269—271）。

［6］臺觀：指尚書臺、謁者臺、御史臺、東觀等類官署。

［7］卯金：指劉氏之漢朝。

［8］困于蠻垂：指薛綜漢末流亡至交州。

［9］大皇：指吳大帝孫權。

［10］文皇：指孫和。孫晧元興元年（264）九月追謚其父孫和爲文皇帝。

［11］建號東宮：孫權赤烏五年（242）立子孫和爲太子。薛綜爲少傅。

［12］聖嗣：指孫晧。

［13］先臣：指薛綜。

［14］過庭：謂父訓。《論語·季氏》：陳亢問於伯魚曰："子亦有聞乎？"對曰："未也。嘗獨立，鯉趨而過庭。曰：'學《詩》乎？'對曰：'未也。''不學《詩》，無以言。'鯉退而學《詩》。他日，又獨立，鯉趨而過庭。曰：'學《禮》乎？'對曰：'未也。''不學《禮》，無以立。'鯉退而學《禮》。聞斯二者。"

［15］堂構：比喻繼承先父遺業。《尚書·大誥》："若考作室，既底法，厥子乃弗肯堂，矧肯構。"孔傳："以作室喻治政也。父已致法，子乃不肯爲堂基，況肯構立屋乎？"

［16］顯前軌：指薛綜曾任選曹尚書，薛瑩又任此職。

［17］乾德：君德。

［18］結草：謂報答。《左傳·宣公十五年》載：秦桓公攻晋

國,駐於輔氏(今陝西大荔縣東)。晋國魏顆在輔氏擊敗秦軍,俘虜秦力士杜回。以前魏顆之父魏武子有一愛妾,無子。魏武子病時,分付魏顆説:"我死後一定把她嫁了。"但魏武子病危時又説:"一定把她殉葬!"至魏武子死後,魏顆仍將她出嫁,説病人病重就昏亂,自己遵其清醒時之吩咐。及至輔氏之役,魏顆看到一老人結草絆倒杜回,故杜回被俘。夜裏,魏顆夢見老人説:"我,是你所嫁女人之父。你遵行先人清醒時之吩咐,我以此作爲報答。"

[19] 殺身:百衲本作"投身",殿本、盧弼《集解》本、校點本作"殺身"。郝經《續後漢書》亦作"殺身"。今從殿本等。

[20] 燕雀處堂:《孔叢子·論勢》:"先人有言:燕雀處屋,子母相哺,煦煦然其相樂也,自以爲安矣;竈突炎上,棟宇將焚,燕雀顔不變,不知禍之將及己也。"

是歲,何定建議鑿聖谿以通江淮,[1]晧令瑩督萬人往,遂以多盤石難施功,罷還,出爲武昌左部督。[2]後定被誅,晧追聖谿事,下瑩獄,徙廣州。[3]右國史華覈上疏曰:[4]"臣聞五帝三王皆立史官,[5]敍録功美,垂之無窮。漢時司馬遷、班固,咸命世大才,所撰精妙,[6]與六經俱傳。[7]大吴受命,建國南土。大皇帝末年,命太史令丁孚、郎中項峻始撰《吴書》。[8]孚、峻俱非史才,其所撰作,不足紀録。至少帝時,[9]更差韋曜、周昭、薛瑩、梁廣及臣五人,訪求往事,所共撰立,備有本末。昭、廣先亡,曜負恩蹈罪,瑩出爲將,復以過徙,其書遂委滯,迄今未撰奏。臣愚淺才劣,適可爲瑩等記注而已,若使撰合,必襲孚、峻之跡,懼墜大皇帝之元功,損當世之盛美。瑩涉學既博,文章尤妙,同寮之中,瑩爲冠首。今者見吏,雖多經學,記述之才，如瑩者少，是以懓懓爲國惜之。[10]實欲使卒垂成之功，編於前史之末。奏上之後，退填溝壑，無所復恨。"晧遂召瑩還，爲左國史。頃之，選曹尚書同郡繆禕以執意不移，爲群小所疾，左遷衡陽太守。[11]既拜，又追以職事見詰責，拜表陳謝。因過詣瑩，復爲人所白，云禕不懼罪，多將賓客會聚瑩許。乃收禕下獄，徙桂陽，[12]瑩還廣州。未至，召瑩還，復職。是時法政多謬，舉措煩苛，瑩每上便宜，陳緩刑簡役，以濟育百姓，事或施行。遷光禄勳。[13]天紀四年，[14]晋軍征晧，晧奉書於司馬伷、王渾、王濬請降，其文，瑩所造也。瑩既至洛陽，[15]特先見敘，爲散騎常侍，[16]答問處當，皆有條理。〔一〕太康三年卒。[17]著書八篇，名曰《新議》。〔二〕[18]

〔一〕干寶《晋紀》曰：武帝從容問瑩曰："孫晧之所以亡者何也？"瑩對曰："歸命侯臣晧之君吳也，[19]昵近小人，刑罰妄加，大臣大將，無所親信，人人憂恐，各不自保，危亡之釁，實由於此。"帝遂問吳士存亡者之賢愚，瑩各以狀對。

〔二〕王隱《晋書》曰：瑩子兼，字令長，清素有器宇，資望故如上國，不似吳人。歷位二宮丞相長史。[20]元帝踐阼，累遷丹楊尹、尚書，[21]又爲太子少傅。自綜至兼，三世傳東宮。

[1] 聖谿：吳增僅《三國郡縣表附考證》云："聖溪，疑即今盱眙縣東聖人山下禹王河，一名古河，南至六合，隱隱有河身可辨。六合人相傳，名爲聖人河，其下多石，似是興工而未成者，與《吳志·薛綜傳》合。"盱眙縣，即今江蘇盱眙縣。六合縣，亦即今江蘇六合縣。

〔2〕武昌左部督：官名。孫權赤烏八年，分長江中下游之軍事防務爲兩部，置武昌左部督與右部督統領之。武昌左部督掌管武昌以下防務，右部督掌管武昌以上至蒲圻的軍務。職權頗重。武昌縣治所在今湖北鄂州市。蒲圻縣治所在今湖北蒲圻市西梁湖南岸競江口。

〔3〕廣州：刺史治所番禺縣，在今廣東廣州市。

〔4〕右國史：官名。孫吳置，爲史官。與左國史同掌修國史。多以他官兼領。

〔5〕五帝：《史記》卷一《五帝本紀》以黃帝、顓頊、帝嚳、堯、舜爲五帝。　三王：指夏禹、商湯、周文王。

〔6〕所撰精妙：指司馬遷撰《史記》，班固撰《漢書》。

〔7〕六經：指《易》《書》《詩》《禮》《樂》《春秋》。而《樂》早佚。

〔8〕太史令：官名。東漢時秩六百石，屬太常。掌天時、星曆、歲終奏新曆、國祭、喪、嫁娶奏良日及時節禁忌，有瑞應、災異則記之。孫吳沿置，並兼撰史。　郎中：官名。東漢時分隸五官、左、右三署中郎將，名義上備宿衛，實爲後備官吏人材。三國沿置。

〔9〕少帝：指會稽王孫亮。

〔10〕僂（lóu）僂：形容勤懇、恭謹。

〔11〕左遷：降職。古以右爲尊，左爲卑，故左遷爲降職。　衡陽：郡名。治所湘南縣，在今湖南湘潭縣南。

〔12〕桂陽：郡名。治所郴縣，在今湖南郴州市。

〔13〕光禄勳：官名。漢代列卿之一，秩中二千石。東漢時掌宿衛宮殿門户。三國沿置。

〔14〕天紀：吳末帝孫晧年號（277—280）。

〔15〕洛陽：縣名。西晉國都。治所在今河南洛陽市東北白馬寺東。

〔16〕散騎常侍：官名。曹魏初始置，西晉沿置，位比侍中，

秩比二千石，第三品。爲門下重職，散騎省長官。職掌侍從皇帝左右，諫諍得失，應對顧問，與侍中等共平尚書奏事，有異議得駁奏。亦常爲宰相、諸公等加官，得入宮禁議政。

[17] 太康：晋武帝司馬炎年號（280—289）。

[18] 新議：《隋書》《舊唐書》之《經籍志》與《新唐書·藝文志》皆未著録。姚振宗《三國藝文志》將其歸入子部雜家類。此外，《隋書·經籍志》著録薛瑩《後漢紀》六十五卷，又謂"本一百卷，梁有，今殘缺"。而《舊唐書·經籍志》《新唐書·藝文志》皆著録薛瑩《後漢紀》一百卷，蓋後出全者。《隋書·經籍志》又著録《薛瑩集》三卷，《舊唐書·經籍志》《新唐書·藝文志》則作二卷。

[19] 歸命侯：孫晧降晋後，晋封之爲歸命侯。

[20] 二宮：指帝宮與太子宮。《晋書》卷六八有《薛兼傳》。

丞相長史：官名。丞相府幕僚之長，協助丞相署理相府諸曹，監領府事。三國兩晋時期，丞相權位極重，相府僚屬地位亦重，長史多分置左、右；丞相出征，則置行軍長史掌軍旅事，留府長史掌留守事。

[21] 丹楊尹：官名。東晋丹楊尹治所建康縣，在今江蘇南京市。

評曰：張紘文理意正，爲世令器，孫策待之亞於張昭，誠有以也。嚴、程、闞生，一時儒林也。至畯辭榮濟舊，不亦長者乎！薛綜學識規納，爲吳良臣。及瑩纂蹈，允有先風，然於暴酷之朝，屢登顯列，君子殆諸。

三國志 卷五四

吳書九

周瑜魯肅呂蒙傳第九

周瑜字公瑾,廬江舒人也。[1]從祖父景,景子忠,皆爲漢太尉。〔一〕[2]父異,洛陽令。[3]

〔一〕謝承《後漢書》曰:景字仲嚮,少以廉能見稱,以明學察孝廉,[4]辟公府。[5]後爲豫州刺史,[6]辟汝南陳蕃爲別駕,[7]潁川李膺、荀緄、杜密、沛國朱㝢爲從事,[8]皆天下英俊之士也。稍遷至尚書令,[9]遂登太尉。

張璠《漢紀》曰:景〔祖〕父榮,[10]章、和世爲尚書令。初景歷位牧守,好善愛士,每歲舉孝廉,延請入,上後堂,與家人宴會,如此者數四。及贈送既備,又選用其子弟,常稱曰:"移臣作子,於之何有?"[11]先是,司徒韓縯爲河內太守,[12]在公無私,所舉一辭而已,後亦不及其門戶,曰:"我舉若可矣,不令恩偏稱一家也。"[13]當時論者,或兩譏焉。

[1] 廬江:郡名。漢代治所舒縣,在今安徽廬江縣西南。漢獻

帝建安四年（199）劉勳爲太守，移治所皖縣，在今安徽潛山縣。

〔2〕太尉：官名。東漢時與司徒、司空並爲三公，共同行使宰相職能，而位列三公之首，名位甚重，或與太傅並録尚書事，綜理全國軍政事務。據《後漢書》卷七《桓帝紀》與卷八《靈帝紀》、卷九《獻帝紀》，周景爲太尉在漢桓帝延熹九年（166）至漢靈帝建寧元年（168）之間，周忠爲太尉在漢獻帝初平三年（192）至四年。

〔3〕洛陽：縣名。治所在今河南洛陽市東北白馬寺東。

〔4〕孝廉：漢代選拔官吏的主要科目。孝指孝子，廉指廉潔之士。原本爲二科，後混同爲一科，也不再限於孝子和廉士。東漢後期定制爲不滿四十歲者不得察舉；被舉者先詣公府課試，以觀其能。郡國每年要向中央推舉一至二人。

〔5〕辟公府：據《後漢書》卷四五《周榮附景傳》，周景被大將軍梁冀府所辟。

〔6〕豫州：東漢刺史治所譙縣，在今安徽亳州市。

〔7〕汝南：郡名。治所平輿縣，在今河南平輿縣北。　別駕：官名。別駕從事史之簡稱，爲州牧刺史之主要屬吏，州牧刺史巡行各地時，別乘傳車從行，故名別駕。

〔8〕潁川：郡名。治所陽翟縣，在今河南禹州市。　沛國：王國名。治所相縣，在今安徽濉溪縣西北。　朱寓：校點本"寓"字作"寓"，百衲本、殿本、盧弼《集解》本作"寓"，《後漢書》亦作"寓"。今從百衲本等。　從事：官名。漢代州牧刺史的佐吏，有別駕從事史、治中從事史、兵曹從事史、部從事史等，均可簡稱爲從事。

〔9〕尚書令：官名。東漢時爲尚書臺長官，秩千石。掌奏、下尚書曹文書衆事，選用署置官吏；總典臺中綱紀法度，無所不統。名義上仍隸少府。

〔10〕景祖父榮：各本皆作"景父榮"。趙一清《注補》云："據《後漢書·周榮傳》，當作'景祖父榮'。榮字平孫，子興爲郎

中，興子景。"今從趙説據《後漢書》增"祖"字。

〔11〕之：百衲本作"之"，殿本、盧弼《集解》本、校點本作"政"。《後漢書·周榮附景傳》此兩句作"臣子同貫，若之何不厚"。今從百衲本。

〔12〕司徒：官名。東漢時與太尉、司空並爲三公，共同行使宰相職能，位次太尉。本職掌民政。　河内：郡名。治所懷縣，在今河南武陟縣西南。

〔13〕"我舉若可"二句：此二句《後漢書·周榮附景傳》作"我舉若可矣，豈可令遍積一門"。

　　瑜長壯有姿貌。初，孫堅興義兵討董卓，徙家於舒。堅子策與瑜同年，獨相友善，瑜推道南大宅以舍策，升堂拜母，[1]有無通共。瑜從父尚爲丹楊太守，[2]瑜往省之。會策將東渡，到歷陽，[3]馳書報瑜，瑜將兵迎策，策大喜曰："吾得卿，諧也。"遂從攻橫江、當利，[4]皆拔之。乃渡江擊秣陵，[5]破笮融、薛禮，轉下湖孰、江乘，[6]進入曲阿，[7]劉繇奔走，而策之衆已數萬矣。因謂瑜曰："吾以此衆取吳會平山越已足。[8]卿還鎮丹楊。"瑜還。頃之，袁術遣從弟胤代尚爲太守，而瑜與尚俱還壽春。[9]術欲以瑜爲將，瑜觀術終無所成，故求爲居巢長，[10]欲假塗東歸，術聽之。遂自居巢還吳。是歲，建安三年也。[11]策親自迎瑜，授建威中郎將，[12]即與兵二千人，騎五十匹。〔一〕瑜時年二十四，吳中皆呼爲周郎。以瑜恩信著於廬江，出備牛渚，[13]後領春穀長。[14]頃之，策欲取荊州，[15]以瑜爲中護軍，[16]領江夏太守，[17]從攻皖，[18]拔之。時得橋公兩女，皆國色也。策自納大橋，瑜納小橋。〔二〕復進尋

陽,[19]破劉勳,討江夏,還定豫章、廬陵,[20]留鎮巴丘。[三][21]

〔一〕《江表傳》曰：策又給瑜鼓吹,爲治館舍,贈賜莫與爲比。策令曰："周公瑾英儁異才,與孤有總角之好,[22]骨肉之分。如前在丹楊,[23]發衆及船糧以濟大事,論德酬功,此未足以報者也。"

〔二〕《江表傳》曰：策從容戲瑜曰[24]："橋公二女雖流離,得吾二人作壻,亦足爲歡。"

〔三〕臣松之案：孫策于時始得豫章、廬陵,尚未能得定江夏。瑜之所鎮,應在今巴丘縣也,與後所（平）〔卒〕巴丘處不同。[25]

[1] 升堂拜母：古代友誼深厚的至交之友,方能進入後堂拜友之母。

[2] 丹楊：郡名。治所宛陵縣,在今安徽宣州市。

[3] 歷陽：縣名。治所在今安徽和縣。

[4] 橫江：即今安徽和縣與馬鞍市之間的長江。 當利：地名。即當利口。在今安徽和縣東當利水入長江處。

[5] 渡江：百衲本、殿本、校點本1959年12月第1版皆無"江"字,盧弼《集解》本、校點本1982年7月第2版有"江"字。今從盧弼《集解》本等。 秣陵：縣名。治所在今江蘇江寧縣南秣陵鎮。

[6] 湖孰：縣名。治所在今江蘇江寧縣東南湖熟鎮。 江乘：縣名。治所在今江蘇句容縣北。

[7] 曲阿：縣名。治所在今江蘇丹陽市。

[8] 吳：郡名。治所吳縣,在今江蘇蘇州市。 會：指會稽郡。治所山陰縣,在今浙江紹興市。 山越：漢末三國時期,居於

南方山區的土著人民稱爲山越。因其在秦漢時稱越人，雖經三百餘年已與漢族相融合，但時人仍稱之爲越。（本唐長孺《孫吳建國及漢末江南的宗部與山越》）

　　［9］壽春：縣名。治所在今安徽壽縣。

　　［10］居巢：縣名。治所在今安徽巢湖市東北。

　　［11］建安：漢獻帝劉協年號（196—220）。

　　［12］建威中郎將：官名。孫策置於建安三年，即以授周瑜。領兵。

　　［13］以瑜：趙幼文《校箋》謂蕭常《續後漢書》"以"上有"策"字。　牛渚：山名。在今安徽馬鞍山市西南。此山突出於江中，稱牛渚磯，又名采石磯。自古爲大江南北重要津渡，爲軍事上必爭之地。

　　［14］春穀：縣名。治所在今安徽繁昌縣西北。

　　［15］荆州：東漢末劉表爲刺史，治所襄陽縣，在今湖北襄樊市。

　　［16］中護軍：官名。東漢置，掌軍中參謀、協調諸部。漢獻帝建安十二年曹操又改護軍爲中護軍，掌武官選舉，並與領軍同掌禁軍。孫策亦置，職掌當同東漢。

　　［17］江夏：郡名。東漢時治所西陵縣，在今湖北新州縣西；建安初劉表以黃祖爲太守，移治所於沙羨縣，在今湖北武昌縣西南金口。

　　［18］皖：縣名。治所在今安徽潛山縣。

　　［19］尋陽：縣名。治所在今湖北黃梅縣西南。

　　［20］豫章：郡名。治所南昌縣，在今江西南昌市。　廬陵：郡名。治所廬陵縣，在今江西吉安市西南。

　　［21］巴丘：縣名。治所在今江西峽江縣北。

　　［22］總角：古時兒童束髮爲兩結，向上分開，形狀如角，故稱總角。因借以指童年。

　　［23］如前：趙幼文《校箋》謂《藝文類聚》卷六八引無

［24］策從容：趙幼文《校箋》謂《建康實錄》"策"下有"嘗"字。

［25］卒：各本皆作"平"。殿本《考證》盧明楷曰："按本傳後云'瑜還江陵爲行裝，而道於巴丘病卒'；裴注云，瑜所卒之處在今之巴陵，與瑜所鎮之巴丘，名同地異。據此，則'平'字當作'卒'。"校點本即從《考證》之説改。今從之。

　　五年，策薨，權統事，瑜將兵赴喪，遂留吳，以中護軍與長史張昭共掌衆事。〔一〕[1]十一年，督孫瑜等討麻、保二屯，[2]梟其渠帥，囚俘萬餘口，還備（官亭）〔宮亭〕。[3]江夏太守黃祖遣將鄧龍將兵數千人入柴桑，[4]瑜追討擊，生虜龍送吳。十三年春，權討江夏，瑜爲前部大督。[5]

　　〔一〕《江表傳》曰：曹公新破袁紹，兵威日盛，建安七年，下書責權質任子。[6]權召群臣會議，張昭、秦松等猶豫不能決，權意不欲遣質，乃獨將瑜詣母前定議，瑜曰："昔楚國初封於荆山之側，[7]不滿百里之地，繼嗣賢能，廣土開境，立基於郢，[8]遂據荆揚，[9]至於南海，傳業延祚，九百餘年。今將軍承父兄餘資，兼六郡之衆，[10]兵精糧多，將士用命，鑄山爲銅，煮海爲鹽，境內富饒，人不思亂，汎舟舉帆，朝發夕到，土風勁勇，[11]所向無敵，有何偪迫，而欲送質？質一入，不得不與曹氏相首尾，與相首尾，則命召不得不往，便見制於人也。極不過一侯印，僕從十餘人，車數乘，馬數匹，豈與南面稱孤同哉？[12]不如勿遣，徐觀其變。若曹氏能率義以正天下，將軍事之未晚。若圖爲暴亂，兵猶火也，不戰將自焚。將軍韜勇抗威，以待天命，何送質之有！"權母曰："公瑾議是也。公瑾與伯符同年，[13]小一月耳，我視之如子也，汝其兄事之。"遂不送質。

　　[1] 長史：官名。將軍府幕僚之長，總理幕府事。
　　[2] 麻保二屯：均地名。麻屯在今湖北洪湖市東北長江北岸。保屯在洪湖市與嘉魚縣之間。
　　[3] 宮亭：各本皆作"官亭"。趙一清《注補》謂"官亭"當作"宮亭"，即宮亭湖也。詳説見《水經·廬江水注》。校點本即從趙説改。今從之。宮亭湖即彭蠡湖的別名。後專指今江西星子縣與南昌市之間的鄱陽湖。
　　[4] 柴桑：縣名。治所在今江西九江市西南。
　　[5] 前部大督：官名。孫權所置，爲軍隊之前部統帥。
　　[6] 質任子：以子爲人質。
　　[7] 荆山：即今湖北沮水、漳水發源之荆山。《史記》卷四〇《楚世家》云："熊繹當周成王之時，舉武、文勤勞之後嗣，而封熊繹於楚蠻，封以子男之田，姓羋氏，居丹陽。"張守節《正義》引《輿地志》云："秭歸縣東有丹陽城，周迴八里，熊繹始封也。"秭歸縣，即今湖北秭歸縣。
　　[8] 郢：楚國都名。春秋戰國時楚國都城雖多次遷移，但皆稱郢。春秋楚文王定都於郢，在今湖北荆州市江陵區西北紀南城；戰國楚昭王都於郢，在今湖北鍾祥縣西北；楚頃襄王都於陳，在今河南淮陽縣；楚考烈王最後都於壽春，在今安徽壽縣城東南。
　　[9] 荆揚：殿本作"荆陽"，百衲本、盧弼《集解》本、校點本作"荆揚"。今從百衲本等。荆、揚，指古荆州、揚州。《爾雅·釋地》云："漢南曰荆州"；"江南曰揚州"。
　　[10] 兼六郡：百衲本無"兼"字，殿本、盧弼《集解》本、校點本皆有。今從殿本等。六郡，指吳、會稽、丹楊、豫章、廬陵、廬江等郡。
　　[11] 士風：殿本作"土風"。百衲本、盧弼《集解》本、校點本作"士風"。吳金華《〈三國志集解〉箋記》謂《册府元龜》

卷四〇三作"土",是。"土風勁勇",指江東土著居民好武善鬭。今從吳説從殿本。

[12] 南面:古帝王、諸侯見其臣下,皆坐北面南。

[13] 伯符:孫策字伯符。

其年九月,曹公入荆州,劉琮舉衆降,曹公得其水軍,船步兵數十萬,將士聞之皆恐。[1]權延見羣下,[2]問以計策。議者咸曰:"曹公豺虎也,然託名漢相,挾天子以征四方,動以朝廷爲辭,今日拒之,事更不順。且將軍大勢,可以拒操者,長江也。今操得荆州,奄有其地,劉表治水軍,蒙衝鬭艦,[3]乃以千數,操悉浮以沿江,兼有步兵,水陸俱下,此爲長江之險,已與我共之矣。[4]而勢力衆寡,又不可論。愚謂大計不如迎之。"瑜曰:"不然,操雖託名漢相,其實漢賊也。將軍以神武雄才,兼仗父兄之烈,[5]割據江東,[6]地方數千里,[7]兵精足用,英雄樂業,[8]尚當横行天下,爲漢家除殘去穢。況操自送死,而可迎之邪?請爲將軍籌之:今使北土已安,操無内憂,能曠日持久,來争疆埸[9],又能與我校勝負於船楫可(乎)〔也〕。[10]今北土既未平安,加馬超、韓遂尚在關西,[11]爲操後患。且舍鞍馬,仗舟楫,與吴越争衡,[12]本非中國所長。又今盛寒,馬無藁草,驅中國士衆遠涉江湖之間,不習水土,必生疾病。此數四者,用兵之患也,而操皆冒行之。將軍禽操,宜在今日。瑜請得精兵三萬人,進住夏口,[13]保爲將軍破之。"權曰:"老賊欲廢漢自立久矣,[14]徒忌二袁、吕布、劉表

與孤耳。[15]今數雄已滅，惟孤尚存，孤與老賊，勢不兩立。君言當擊，甚與孤合，此天以君授孤也。"〔一〕

〔一〕《江表傳》曰：權拔刀斫前奏案曰："諸將吏敢復有言當迎操者，與此案同！"及會罷之夜，瑜請見曰："諸人徒見操書，言水步八十萬，而各恐懾，不復料其虛實，便開此議，甚無謂也。今以實校之，彼所將中國人，不過十五六萬，且軍已久疲，所得表衆，亦極七八萬耳，尚懷狐疑。夫以疲病之卒，御狐疑之衆，衆數雖多，甚未足畏。得精兵五萬，自足制之，願將軍勿慮。"權撫背曰："公瑾，卿言至此，甚合孤心。子布、文表諸人，[16]各顧妻子，挾持私慮，深失所望，獨卿與子敬與孤同耳。[17]此天以卿二人贊孤也。五萬兵難卒合，已選三萬人，船糧戰具俱辦，卿與子敬、程公便在前發，[18]孤當續發人衆，多載資糧，爲卿後援。卿能辦之者誠（決）〔快〕，[19]邂逅不如意，[20]便還就孤，孤當與孟德決之。"

臣松之以爲建計拒曹公，實始魯肅。于時周瑜使鄱陽，[21]肅勸權呼瑜，瑜使鄱陽還，但與肅闇同，故能共成大勳。本傳直云，權延見羣下，問以計策，瑜擺撥衆人之議，獨言抗拒之計，了不云肅先有謀，殆爲攘肅之善也。[22]

[1] 恐：殿本、盧弼《集解》本作"恐懼"，百衲本、校點本作"恐"。蕭常《續後漢書》亦作"恐"。今從百衲本等。

[2] 權：殿本無此字，百衲本、盧弼《集解》本、校點本皆有。今從百衲本等。

[3] 蒙衝：戰船名。畢沅《釋名疏證》卷七："外狹而長曰艨衝，以衝突敵船也。"其形制，《通典・兵十三》云："以生牛皮蒙船覆背，兩廂開掣棹孔，前後左右有弩窗、矛穴。" 鬭艦：大戰船。《通典》又云："鬭艦，船上設女牆，可高三尺，墻下開掣棹

孔；船内五尺，又建棚，與女墻齊；棚上又建女墻，重列戰敵，上無覆背，前後左右樹牙旗、幡幟、金鼓。"

［4］共之矣：百衲本無"共"字，殿本、盧弼《集解》本、校點本有"共"字，蕭常《續後漢書》亦有。今從殿本等。

［5］兼仗：百衲、殿本、盧弼《集解》本"仗"字作"杖"，校點本作"仗"，蕭常《續後漢書》亦作"仗"。按，二字義同，皆憑倚之義，今從校點本。

［6］江東：地區名。長江自西向東流，流至今安徽境内，則偏北斜流，至今江蘇省鎮江市又東流而下，古稱這段江路東岸之地爲江東（今長江以南的蘇、浙、皖一帶），西岸之地爲江西（今皖北和淮河下游一帶）。

［7］數千里：趙幼文《校箋》謂《太平御覽》卷二九〇引《通典》無"數"字。

［8］樂業：百衲本無"業"字，殿本、盧弼《集解》本、校點本有。盧弼《集解》引胡三省曰："英雄之士猶樂其業，言無他志也。"今從殿本等。趙幼文《校箋》則謂蕭常《續後漢書》作"樂附"。

［9］疆場：百衲本、殿本作"疆場"，盧弼《集解》本、校點本作"疆埸"。按，疆場有疆界、疆土、領土之義；疆埸，乃戰場之義。今從盧弼《集解》本等。

［10］可也：各本皆作"可乎"。盧弼《集解》云："李安溪校改'可'作'閒'。李慈銘曰'乎'疑作'也'。"李安溪即李光地。校點本即從李光地說改"可"爲"閒"。吳金華《校詁》謂"可乎"當從李慈銘說作"可也"。此爲假設複句之後一分句。《太平御覽》卷二九〇、《重廣會史》卷四六"可乎"作"可也"。知宋人刻本尚有不誤者。趙幼文《校箋》亦謂《通典》引作"可也"。今從吳、趙說改。

［11］關西：地區名。指函谷關以西之地，又稱關右。

［12］吳越：指江東。江東爲古吳、越之地。

[13] 夏口：地名。在今湖北武漢市原漢水入長江處。

[14] 久矣：殿本、盧弼《集解》本無"久"字，百衲本、校點本有。今從百衲本等。

[15] 二袁：指袁紹、袁術。

[16] 子布：張昭字子布。　文表：百衲本"文"字作"元"，殿本、盧弼《集解》本、校點本作"文"。今從殿本等。秦松字文表。盧弼《集解》謂見本書卷五三《張紘傳》。

[17] 子敬：魯肅字子敬。

[18] 程公：胡三省云："程公，程普也。時江東諸將，程普最長，人皆呼程公。"（《通鑑》卷六五漢獻帝建安十三年注）

[19] 誠快：百衲本、殿本、盧弼《集解》本、校點本1959年12月第1版皆作"誠決"，校點本1982年7月第2版作"誠快"。但未知何據而改。盧弼《集解》引胡三省曰："謂能辦操，則誠爲能決勝也。"趙幼文《校箋》謂"胡注望文生義，不可從"，"決"爲"快"之形誤，當作"快"。於後《朱桓附異傳》趙又謂，蓋快自是吳人贊美常語。今從趙說改。

[20] 邂逅：意外，萬一。

[21] 鄱陽：縣名。治所在今江西鄱陽縣東北。

[22] 攘肅之善：周壽昌《注證遺》云："案松之此言未審史家互文見義之法。考肅本傳，亦未叙及瑜語，祇云召瑜還，豈亦攘瑜之美耶？《江表傳》明述權語'獨卿與子敬與孤同耳，此天以卿二人贊孤也'。皆是瑜與肅並舉。"

時劉備爲曹公所破，欲引南渡江，與魯肅遇於當陽，[1]遂共圖計，因進住夏口，遣諸葛亮詣權。權遂遣瑜及程普等與備并力逆曹公，遇於赤壁。[2]時曹公軍眾已有疾病，初一交戰，公軍敗退，[3]引次江北。瑜等在南岸。瑜部將黃蓋曰："今寇眾我寡，難與持久。然觀操軍方連船艦首尾相接，[4]可燒而走也。"乃取蒙衝鬭艦數十艘，實以薪草，膏油灌其中，[5]裹以帷幕，上建牙旗，[6]先書報曹公，欺以欲降。[一][7]又豫備走舸，[8]各繫大船後，因引次俱前。曹公軍吏士皆延頸觀望，指言蓋降。蓋放諸船，同時發火。時風盛猛，[9]悉延燒岸上營落。頃之，（煙）〔熛〕炎張天，[10]人馬燒溺死者甚眾，軍遂敗退，還保南郡。[二][11]備與瑜等復共追。曹公留曹仁等守江陵城，徑自北歸。

〔一〕《江表傳》載蓋書曰："蓋受孫氏厚恩，常爲將帥，見遇不薄。然顧天下事有大勢，用江東六郡山越之人，以當中國百萬之衆，衆寡不敵，海內所共見也。東方將吏，無有愚智，皆知其不可，惟周瑜、魯肅偏懷淺戇，意未解耳。今日歸命，是其實計。瑜所督領，自易摧破。交鋒之日，蓋爲前部，當因事變化，效命在近。"曹公特見行人，[12]密問之，口敕曰："但恐汝詐耳。蓋若信實，當授爵賞，超於前後也。"

〔二〕《江表傳》曰：至戰日，蓋先取輕利艦十舫，[13]載燥荻枯柴積其中，灌以魚膏，赤幔覆之，建旌旗龍幡於艦上。時東南風急，因以十艦最著前，中江舉帆，蓋舉火白諸校，[14]使衆兵齊聲大叫曰："降焉！"[15]操軍人皆出營立觀。去北軍二里餘，同時發火，[16]火烈風猛，往船如箭，飛埃絕爛，[17]燒盡北船，延及岸邊營柴。[18]瑜等率輕銳尋繼其後，雷鼓大進，[19]北軍大壞，曹公退走。

[1] 當陽：縣名。治所在今湖北荊門市西南。

[2] 赤壁：山名。在今湖北赤壁市西北長江邊。詳解見本書《武帝紀》建安十三年注。

[3] 敗退：趙幼文《校箋》謂《文選集注》引《鈔》、《通典·兵十三》引"敗"字俱作"披"。《文選》陸士衡《辨亡論》李善注引作"破"，疑"披"字之誤。《廣雅·釋詁二》："披，散也。"

　　[4] 方連船艦：百衲本、校點本無"方連"二字，殿本、盧弼《集解》本、《通鑑》皆有。今從殿本等。方連，並連。《儀禮·鄉射禮》"不方足"鄭玄注："方，猶併也。"

　　[5] 膏油：趙幼文《校箋》謂《藝文類聚》卷七一、《白孔六帖》卷五三、《太平御覽》卷三二一、卷四四九、卷七七〇引俱無"油"字，《通典·兵十三》"火攻"條引同。疑此應刪"油"字。

　　[6] 牙旗：軍旗。

　　[7] 欺：趙幼文《校箋》謂《太平御覽》卷四四九引作"期"，《通典·兵十三》同。按，《太平御覽》卷三二一引又作"欺"。

　　[8] 走舸：輕便快速的戰船。《通典·兵十三》云："走舸，舷上立女墻，置棹夫多，戰卒少，皆選勇力精銳者，往返如飛鷗，乘人之不及，金鼓、旗幟列於上。"

　　[9] 風盛猛：趙幼文《校箋》謂《藝文類聚》卷七一、《太平御覽》卷七七〇引作"風猛火盛"，此奪"火"字。按，《太平御覽》卷二八五、卷三三一、卷四四九引又作"風盛猛"，《通典·兵十三》、《冊府元龜》卷三六二引同。

　　[10] 熛炎：各本皆作"煙炎"。盧弼《集解》云："何焯曰：煙，《御覽》作'熛'。熛是飛火，作'煙'誤。"趙幼文《校箋》謂《文選集注》引《鈔》作"熛炎張天"。《通典》作"熛烟張天地"，注："熛音剽，火飛也。"（按中華書局1988年12月校本《通典·兵十三》已校勘爲"熛焰張天"，注："熛音標，火飛也。"）"煙"疑爲"熛"之形誤。趙幼文《校箋》又謂《太平御覽》卷二八五作"熛炎張天"，卷三二一、卷四四九引"炎"字作"焰"，是"炎"即"焰"也。今從何、趙說據《太平御覽》卷二八五改。

張（zhàng）：盧弼《集解》本作"漲"，百衲本、校點本、《通鑑》作"張"。胡三省注："張，知亮翻。"今從百衲本等。張，即"漲"，彌漫之義。

[11] 南郡：治所江陵縣，在今湖北荊州市江陵區。

[12] 行人：此指遞降書使者。

[13] 舫：泛指船。

[14] 校：軍中小頭領。

[15] 降焉：趙幼文《校箋》謂《册府元龜》卷三六二引"焉"字作"降"。按，宋本《册府元龜》亦作"焉"。

[16] 發火：盧弼《集解》本作"舉火"，百衲本、殿本、校點本作"發火"。今從百衲本等。

[17] 飛埃絕爛：殿本作"飛埃炪爛"，百衲本、盧弼《集解》本、校點本作"飛埃絕爛"。今從百衲本等。吳金華《校詁》謂"埃""焃"古通。而"焃"字或作"炫"，又作"烕"，亦作"炌"。《玉篇·火部》："炌，口介切，明火也。""爛"與"炌"義近，本爲火盛之稱，此指旺盛之火。則"飛埃絕爛"，指騰空之火。趙幼文《校箋》則謂《册府元龜》卷三六二引作"絕爐"。

[18] 柴（zhài）：殿本、盧弼《集解》本作"砦"，百衲本、校點本作"柴"。按，"柴"通"寨"，"砦"爲"寨"之異體字。今從百衲本等。趙幼文《校箋》又謂《册府元龜》卷三六二引作"栅"，疑作"栅"字是。

[19] 雷：擊鼓。《正字通·雨部》："雷，擊鼓曰雷，俗作'擂'。"也作"擂"。

瑜與程普又進南郡，與仁相對，各隔大江。兵未交鋒，〔一〕瑜即遣甘寧前據夷陵。[1]仁分兵騎別攻圍寧。寧告急於瑜，瑜用呂蒙計，留凌統以守其後，身與蒙上救寧。寧圍既解，乃渡屯北岸，克期大戰。瑜親跨馬擽陣，[2]會流矢中右脅，瘡甚，便還。後仁聞瑜臥未起，勒兵就陣。瑜乃自（興）〔輿〕，[3]案行軍營，激揚吏士，仁由是遂退。

〔一〕《吳錄》曰，備謂瑜云："仁守江陵城，城中糧多，足爲疾害。使張益德將千人隨卿，[4]卿分二千人追我，相爲從夏水入截仁後，[5]仁聞吾入必走。"瑜以二千人益之。

[1] 夷陵：縣名。治所在今湖北宜昌市東南。
[2] 擽（lüè）：殿本、盧弼《集解》本作"櫟"，百衲本、校點本作"擽"。今從百衲本等。擽，衝擊。《廣雅·釋詁三》："擽，擊也。"趙幼文《校箋》則謂"擽"與"掠"同。《唐韻》："掠或作擽。"與略義近。《太平御覽》卷三七一引作"略"。《左傳·隱公五年》"吾將略地焉"注："略，總攝巡行之名。"此上文方云"克期大戰"，此時自無擊陣之舉。當以總攝巡行之義解之爲得。
[3] 自輿：各本作"自興"。趙幼文《校箋》謂《太平御覽》卷三七一、《册府元龜》卷三九四引"興"字作"輿"。按，《建康實錄》卷一作"瑜乃自起輿行軍陣間"。今據諸書改作"輿"。
[4] 張益德：張飛字益德。
[5] 夏水：河流名。故道自今湖北荆州市沙市區南分長江東出，經今監利縣北，折東北至今仙桃市東北入漢水。

權拜瑜偏將軍，[1]領南郡太守。以下雋、漢昌、瀏陽、州陵爲奉邑，[2]屯據江陵。劉備以左將軍領荆州牧，[3]治公安。[4]備詣京見權，[5]瑜上疏曰："劉備以梟雄之姿，而有關羽、張飛熊虎之將，必非久屈爲人用者。愚謂大計宜徙備置吳，盛爲築宮室，多其美女玩好，以娛其耳目，分此二人，各置一方，使如瑜者得挾與攻戰，大事可定也。今猥割土地以資業之，聚此三人，俱在疆埸，[6]恐蛟龍得雲雨，終非池中物也。"權以曹公在北方，當廣攬英雄，又恐備難卒制，故不納。

是時劉璋爲益州牧，[7]外有張魯寇侵，瑜乃詣京見權曰："今曹操新折衄，方憂在腹心，[8]未能與將軍連兵相事也。[9]乞與奮威俱進取蜀，[10]得蜀而并張魯，[11]因留奮威固守其地，（好）〔北〕與馬超結援。[12]瑜還與將軍據襄陽以蹙操，北方可圖也。"權許之。瑜還江陵，爲行裝，而道於巴丘病卒，[一][13]時年三十六。權素服舉哀，感動左右。喪當還吳，又迎之蕪湖，[14]衆事費度，一爲供給。後著令曰："故將軍周瑜、程普，其有人客，[15]皆不得問。"初瑜見友於策，太妃又使權以兄奉之。是時權位爲將軍，諸將賓客爲禮尚簡，而瑜獨先盡敬，便執臣節。性度恢廓，大率爲得人，惟與程普不睦。[二]

〔一〕臣松之案，瑜欲取蜀，還江陵治嚴，所卒之處，應在今之巴陵，與前所鎮巴丘，名同處異也。

〔二〕《江表傳》曰：普頗以年長，數陵侮瑜。瑜折節容下，終不與校。普後自敬服而親重之，乃告人曰："與周公瑾交，若飲醇醪，[16]不覺自醉。"時人以其謙讓服人如此。初曹公聞瑜年少有美才，謂可游說動也，乃密下揚州，[17]遣九江蔣幹往見瑜。[18]幹有儀容，以才辯見稱，獨步江、淮之間，莫與爲對。乃布衣葛巾，自託私行詣瑜。瑜出迎之，立謂幹曰："子翼良苦，[19]遠涉江湖爲曹氏作說客邪？"幹曰："吾與足下州里，[20]中間別隔，遙聞芳烈，故來敘闊，并觀雅規，而云說客，無乃逆詐乎？"[21]瑜曰："吾雖不及夔、曠，[22]聞弦賞音，足知雅曲也。"因延幹入，爲設酒食。畢，遣之曰："適吾有密事，且出就館，事了，別自相請。"後三日，瑜請幹與周觀營中，行視倉庫軍資器仗訖，[23]還宴飲，示之侍者服飾珍玩之物，因謂幹曰："丈夫處世，遇知己之主，外託君臣之義，內結骨肉之恩，言行計從，禍福共之，假使蘇、張更生，[24]酈叟復出，[25]猶撫其背而折其辭，豈足下幼生所能移乎？"幹但笑，終無所言。幹還，稱瑜雅量高致，非言辭所閒。[26]中州之士，亦以此多之。劉備之自京還也，權乘飛雲大船，與張昭、秦松、魯肅等十餘人共追送之，大宴會敘別。昭、肅等先出，權獨與備留語，因言次，歎瑜曰："公瑾文武籌略，萬人之英，顧其器量廣大，恐不久爲人臣耳。"瑜之破魏軍也，曹公曰："孤不羞走。"後書與權曰："赤壁之役，值有疾（病）〔疫〕，[27]孤燒船自退，橫使周瑜虛獲此名。"瑜威聲遠著，故曹公、劉備咸欲疑譖之。及卒，權流涕曰："公瑾有王佐之資，今忽短命，孤何賴哉！"後權稱尊號，謂公卿曰："孤非周公瑾，不帝矣。"

[1] 偏將軍：官名。雜號將軍中地位較低者。

[2] 下雋：縣名。治所在今湖北通城縣西北。　漢昌：縣名。治所在今湖南平江縣東南故縣市。　瀏陽：盧弼《集解》本、校點本"瀏"字作"劉"，百衲本、殿本作"瀏"。今從百衲本等。瀏陽，縣名。治所在今湖南瀏陽市東北官渡。　州陵：縣名。治所在今湖北洪湖市東北。　奉邑：潘眉《考證》云："奉邑，字見《史記·河渠書》，謂官所食，與封邑異。"

[3] 左將軍：官名。位如上卿，與前、後、右將軍掌京師兵衛與邊防屯警。

[4] 公安：縣名。治所在今湖北公安縣西。

［5］京：城名。即京口城，在今江蘇鎮江市。

［6］疆埸：百衲本、殿本"埸"字作"場"，盧弼《集解》本、校點本作"埸"，蕭常《續後漢書》亦作"埸"。今從盧弼《集解》本等。

［7］益州：州牧治所成都縣，在今四川成都市舊東、西城區。

［8］憂在腹心：胡三省云："謂操以赤壁之敗，威望頓損，中國之人或欲因其敗而圖之，是憂在腹心。"（《通鑑》卷六六漢獻帝建安十五年注）

［9］連兵相事：百衲本"連"字作"道"，殿本、盧弼《集解》本、校點本作"連"，蕭常《續後漢書》亦作"連"。今從殿本等。連兵相事，謂兵戎相接，從事攻戰。

［10］奮威：沈家本《瑣言》謂指孫瑜。孫瑜時爲奮威將軍。趙幼文《校箋》則云："本志《周泰傳》：'後權破關羽，欲進圖蜀，拜泰漢中太守，奮威將軍。'此奮威即周泰也。"按，孫權破關羽在建安二十四年，亦即周泰爲奮威將軍在建安二十四年後，而周瑜卒於建安十五年，不得謂周瑜請與周泰"俱進取蜀"。

［11］蜀：地區名。指今四川成都平原一帶。因戰國以前爲蜀國地。

［12］北與：各本作"好與"。趙幼文《校箋》謂《通鑑》、蕭常《續後漢書》俱無"好"字。《建康實錄》"好"字作"北"是。今從趙説改。

［13］巴丘：山名。在今湖南岳陽市西南部。《水經·湘水注》謂湘水至巴丘山入江，山在湘水右岸，有吳之巴丘邸閣，西晉初在此置巴陵縣。

［14］蕪湖：縣名。治所在今安徽蕪湖市東。

［15］人客：大姓豪强之依附民。孫吳施行復客制度，凡依附豪强大姓之客，皆免除其徭役。

［16］醇醪：厚味的美酒。

［17］揚州：東漢時刺史治所歷陽縣，在今安徽和縣；漢末移

治所於壽春縣，在今安徽壽縣。

　　[18] 九江：郡名。東漢時治所陰陵縣，在今安徽定遠縣西北；漢末移治所於壽春縣。

　　[19] 子翼：蔣幹字子翼。

　　[20] 州里：九江郡與廬江郡同屬揚州，故稱州里。

　　[21] 逆詐：預先懷疑別人欺詐。《論語·憲問》子曰："不逆詐，不億信。"

　　[22] 夔：舜時樂官。《呂氏春秋·慎行論·察傳》孔子謂舜以夔爲樂正，"夔於是正六律，和五聲，以通八風，而天下大服"。

　　曠：指師曠。春秋晉國樂師，善於辨音。《孟子·離婁上》："師曠之聰，不以六律，不能正五音。"

　　[23] 杖：百衲本作"杖"，殿本、盧弼《集解》本、校點本作"仗"。今從百衲本。

　　[24] 蘇：指蘇秦。戰國縱橫家，東周洛陽人，善言辯。曾赴燕遊説，得燕昭王之信任。後入齊爲相，又遊説韓、趙、魏、燕與齊合縱攻秦，使秦不敢東向。（見《史記》卷六九《蘇秦列傳》）

　　張：指張儀。亦戰國縱橫家，魏國人，善言辯。入秦遊説，得秦惠王之信任，任以爲相。因遊説各國，使之從秦，是爲連橫。（見《史記》卷七〇《張儀列傳》）

　　[25] 酈叟：指酈食（yì）其（jī）。秦末陳留高陽（今河南杞縣）人。本爲里監門吏。秦末戰爭中投歸劉邦，獻計克陳留，封爲廣野君。楚漢戰爭中，常爲説客，馳使諸侯。因説齊王田廣歸漢，而韓信又乘機襲齊，齊王疑其與信通謀，乃烹之。（見《史記》卷九七《酈生列傳》）

　　[26] 所聞：趙幼文《校箋》謂蕭常《續後漢書》"所"下有"能"字。

　　[27] 疾疫：各本作"疾病"。趙幼文《校箋》謂《太平御覽》卷七七〇、《事類賦》卷一六引"病"字作"疫"，《建康實錄》同。今從趙説改。

瑜少精意於音樂，雖三爵之後，其有闕誤，[1]瑜必知之，知之必顧，故時人謠曰："曲有誤，[2]周郎顧。"

瑜兩男一女。女配太子登。男循尚公主，[3]拜騎都尉，[4]有瑜風，早卒。循弟胤，初拜興業都尉，[5]妻以宗女，授兵千人，屯公安。黃龍元年，[6]封都鄉侯，[7]後以罪徙廬陵郡。赤烏二年，[8]諸葛瑾、步騭連名上疏曰："故將軍周瑜子胤，昔蒙粉飾，受封爲將，不能養之以福，思立功效，至縱情欲，招速罪辟。臣竊以瑜昔見寵任，入作心膂，出爲爪牙，銜命出征，身當矢石，盡節用命，視死如歸，故能摧曹操於烏林，[9]走曹仁於郢都，[10]揚國威德，華夏是震，蠢爾蠻荆，[11]莫不賓服，雖周之方叔，[12]漢之信、布，[13]誠無以尚也。夫折衝扞難之臣，自古帝王莫不貴重，故漢高帝封爵之誓曰'使黃河如帶，[14]太山如礪，國以永存，[15]爰及苗裔'；申以丹書，[16]重以盟詛，藏于宗廟，傳於無窮，欲使功臣之後，世世相踵，非徒子孫，乃關苗裔，報德明功，勤勤懇懇，如此之至，欲以勸戒後人，用命之臣，死而無悔也。況於瑜身沒未久，[17]而其子胤降爲匹夫，益可悼傷。竊惟陛下欽明稽古，隆於興繼，爲胤歸訴，乞匄餘罪，還兵復爵，使失旦之雞，[18]復得一鳴，抱罪之臣，展其後效。"權答曰："腹心舊勳，與孤協事，公瑾有之，誠所不忘。昔胤年少，初無功勞，[19]橫受精兵，爵以侯將，蓋念公瑾以及於胤也。而胤恃此，酗淫自恣，前後告喻，曾無悛改。孤於公瑾，義猶二君，樂胤成就，豈有已哉？迫胤罪惡，未宜便還，且欲苦之，使自知耳。今二君勤勤援引漢高河山之誓，孤用惡然。雖德非其疇，猶欲庶幾，事亦如爾，故未順旨。以公瑾之子，而二君在中閒，苟使能改，亦何患乎！"瑾、驚表比上，朱然及全琮亦俱陳乞，權乃許之。會胤病死。

瑜兄子峻，亦以瑜元功爲偏將軍，領吏士千人。峻卒，全琮表峻子護爲將。權曰："昔走曹操，拓有荆州，皆是公瑾，常不忘之。初聞峻亡，仍欲用護，聞護性行危險，用之適爲作禍，故便止之。孤念公瑾。豈有已乎？"[20]

[1] 其有：百衲本無"有"字，殿本、盧弼《集解》本、校點本皆有。今從殿本等。

[2] 有誤：趙幼文《校箋》謂《藝文類聚》卷一九、《太平御覽》卷五六四引《吳錄》"有"字俱作"復"。

[3] 公主：即孫權步夫人之長女魯班。

[4] 騎都尉：官名。孫吳時統羽林兵，宿衛左右。

[5] 興業都尉：官名。孫吳置，領兵。

[6] 黃龍：吳大帝孫權年號（229—231）。

[7] 都鄉侯：爵名。列侯食邑爲都鄉者，稱都鄉侯。位次於縣侯，高於鄉侯。

[8] 赤烏：吳大帝孫權年號（238—251）。

[9] 烏林：地名。在今湖北洪湖市烏林磯。

[10] 郢都：此郢都指漢代江陵縣，在今湖北荆州市江陵區。

[11] 蠻荆：指荆州人。《詩·小雅·采芑》："蠢爾蠻荆，大邦爲讎。"

[12] 方叔：周宣王的大臣，曾任征荆蠻的主帥。《詩·小

雅・采芑》："方叔元老，克壯其猶。方叔率止，執訊獲醜。""顯允方叔，征伐玁狁，蠻荆來威。"

[13] 信布：指韓信、黥布。秦末戰爭中，皆投歸劉邦，信任大將，布任將領；楚漢戰爭中，皆有大功。漢初俱封王。（見《史記》卷九一《黥布列傳》、卷九二《淮陰侯列傳》）

[14] 封爵之誓：此誓辭見《史記・高祖功臣侯者年表序》及《漢書・高惠高后文功臣表序》，而"黃河如帶"，《史記》無"黃"字，《漢書》有。盧弼《集解》引王念孫説，謂西漢以前無稱河爲黃河者，《漢書》之有"黃"字，乃後人誤加；《吳志・周瑜傳》之有"黃"字，係依誤本《漢書》加之。

[15] 永存：《史記》作"永寧"，《漢書》作"永存"。又《漢書》顏師古注引應劭曰："封爵之誓，國家欲使功臣傳祚無窮也。帶，衣帶也；厲，砥厲石也。河當何時如衣帶，山當何時如厲石。言如帶厲，國猶永存，以及後世之子孫也。"

[16] 丹書：帝王賜予功臣世襲的享有免罪等特權的證件。又因此種證件多用丹書寫於鐵板上，又稱"丹書鐵契"或"丹書鐵券"。《漢書》卷一下《高帝紀下》云："又與功臣剖符作誓，丹書鐵契，金匱石室，藏之宗廟。"

[17] 未久：百衲本、殿本、盧弼《集解》本"未久"上有"而"字。盧弼謂馮本無"而"字。校點本亦無"而"字。今從校點本。

[18] 失旦之雞：誤了報曉的雞。比喻做官失職。

[19] 初：完全。

[20] 乎：盧弼《集解》本作"也"，百衲本、殿本、校點本作"乎"。今從百衲本等。

魯肅字子敬，臨淮東城人也。[1]生而失父，與祖母居。家富於財，性好施與。爾時天下已亂，肅不治家事,大散財貨,摽賣田地,[2]以賑窮弊結士爲務,甚得鄉邑歡心。

周瑜爲居巢長,將數百人故過候肅,并求資糧。肅家有兩囷米,[3]各三千斛,[4]肅乃指一囷與周瑜,瑜益知其奇也,遂相親結,定僑、札之分。[5]袁術聞其名,就署東城長。肅見術無綱紀,不足與立事,乃攜老弱將輕俠少年百餘人,南到居巢就瑜。瑜之東渡,因與同行,〔一〕留家曲阿。會祖母亡,還葬東城。

〔一〕《吳書》曰:肅體貌魁奇,少有壯節,好爲奇計。天下將亂,乃學擊劍騎射,招聚少年,給其衣食,往來南山中射獵,[6]陰相部勒,講武習兵。父老咸曰:"魯氏世衰,乃生此狂兒!"後雄傑並起,中州擾亂,肅乃命其屬曰:"中國失綱,寇賊橫暴,淮、泗間非遺種之地,吾聞江東沃野萬里,民富兵彊,可以避害,寧肯相隨俱至樂土,以觀時變乎?"其屬皆從命。乃使細弱在前,彊壯在後,男女三百餘人行。州追騎至,肅等徐行,勒兵持滿,謂之曰:"卿等丈夫,當解大數。今日天下兵亂,有功弗賞,不追無罰,何爲相偪乎?"又自植盾,引弓射之,矢皆洞貫。騎既嘉肅言,且度不能制,乃相率還。肅渡江往見策,[7]策亦雅奇之。

[1] 臨淮:西漢郡名。治所徐縣。東漢明帝永平十五年(72)改爲下邳國,治所下邳縣,在今江蘇睢寧縣西北。此稱臨淮,係用舊名。 東城:縣名。治所在今安徽定遠縣東南。

[2] 摽賣:即拋賣,謂賤價出賣。《詩·召南·摽有梅》:"摽有梅,其實七分。"毛傳:"摽,落也。"聞一多《古典新義·詩經新義》:"摽即古拋字。"《集韻·爻韻》:"拋,棄也。或作摽。"

［3］囷：圓形倉庫。

　　［4］斛：漢代十斗爲一斛。

　　［5］定僑札之分：謂定朋友之名分。僑，指春秋鄭國之公孫僑子產；札，指春秋吳國公子延陵季札。《左傳·襄公二十九年》："（季札）聘于鄭，見子產，如舊相識。與之縞帶，子產獻紵衣焉。"

　　［6］南山：當指東城縣附近之南山。

　　［7］往見策：梁章鉅《旁證》云："（本傳）下文云：'還曲阿，欲北行。會瑜已徙肅母到吳，肅具以狀語瑜。時孫策已薨。'是肅先未渡江，亦未嘗見策也。"

　　劉子揚與肅友善，[1]遺肅書曰："方今天下豪傑並起，吾子姿才，尤宜今日。急還迎老母，無事滯於東城。近鄭寶者，[2]今在巢湖，[3]擁衆萬餘，處地肥饒，廬江閒人多依就之，況吾徒乎？觀其形勢，又可博集，時不可失，足下速之。"肅答然其計。葬畢還曲阿，欲北行。會瑜已徙肅母到吳，肅具以狀語瑜。時孫策已薨，權尚住吳，瑜謂肅曰："昔馬援答光武云'當今之世，[4]非但君擇臣，臣亦擇君'。今主人親賢貴士，納奇錄異，且吾聞先哲秘論，承運代劉氏者，[5]必興于東南，推步事勢，當其曆數，[6]終搆帝基，以協天符，是烈士攀龍附鳳馳騖之秋。[7]吾方達此，足下不須以子揚之言介意也。"肅從其言。瑜因薦肅才宜佐時，當廣求其比，以成功業，不可令去也。

　　權即見肅，與語甚悅之。衆賓罷退，肅亦辭出，乃獨引肅還，合榻對飲。[8]因密議曰："今漢室傾危，四方雲擾，孤承父兄遺業，思有桓、文之功。[9]君即惠顧,何以佐之?"肅對曰:"昔高帝區區欲尊事義帝而不獲者,[10]以項羽爲害也。今之曹操,猶昔項羽,將軍何由得爲桓、文乎?肅竊料之,漢室不可復興,曹操不可卒除。爲將軍計,惟有鼎足江東,[11]以觀天下之釁。規模如此,[12]亦自無嫌。何者?北方誠多務也。因其多務,剿除黃祖,進伐劉表,竟長江所極,據而有之,然後建號帝王以圖天下,此高帝之業也。"權曰:"今盡力一方,冀以輔漢耳。此言非所及也。"張昭非肅謙下不足,頗訾毀之,云肅年少麤疎,未可用。權不以介意,益貴重之,賜肅母衣服幃帳,居處雜物,富擬其舊。

劉表死,肅進説曰:"夫荆楚與國鄰接,水流順北,外帶江漢,内阻山陵,有金城之固,沃野萬里,士民殷富,若據而有之,此帝王之資也。今表新亡,二子素不輯睦,[13]軍中諸將,各有彼此。加劉備天下梟雄,與操有隙,寄寓於表,表惡其能而不能用也。若備與彼協心,上下齊同,則宜撫安,與結盟好;如有離違,[14]宜別圖之,以濟大事。肅請得奉命弔表二子,并慰勞其軍中用事者,及説備使撫表衆,同心一意,共治曹操,備必喜而從命。如其克諧,天下可定也。今不速往,恐爲操所先。"權即遣肅行。到夏口,聞曹公已向荆州,晨夜兼道。比至南郡,而表子琮已降曹公,備惶遽奔走,欲南渡江。肅徑迎之,到當陽長阪,[15]與備會,宣騰權旨,及陳江東彊固,勸備與權并力。備甚歡悦。時諸葛亮與備相隨,肅謂亮曰

"我子瑜友也",[16]即共定交。備遂到夏口,遣亮使權,肅亦反命。〔一〕

　　〔一〕臣松之案:劉備與權併力,共拒中國,皆肅之本謀。又語諸葛亮曰"我子瑜友也",則亮已亟聞肅言矣。而《蜀書·亮傳》云[17]:"亮以連橫之略說權,權乃大喜。"如似此計始出於亮。若二國史官,各記所聞,競欲稱揚本國容美,各取其功。今此二書,同出一人,而舛互若此,非載述之體也。

　　[1]劉子揚:百衲本"揚"字作"楊",殿本、盧弼《集解》本、校點本作"揚",本書卷一四《劉曄傳》亦作"揚"。今從殿本等。劉曄字子揚。
　　[2]鄭寶:建安初在江淮間擁有私人武裝之豪强。見本書《劉曄傳》。梁章鉅《旁證》云:"《通鑑考異》云:'劉子揚招肅往依鄭寶,肅將從之,瑜以權可輔止肅。案劉曄殺鄭寶以其衆與劉勳,勳爲策所滅,寶安得及權時也?'案子揚即劉曄之字,據《曄傳》,曄爲鄭寶所逼,欲赴江表,曄謀殺之。是曄本非鄭寶黨與,豈有勸魯肅從鄭寶之事?宜爲溫公所不取也。"
　　[3]巢湖:湖名。即今安徽巢湖。
　　[4]馬援:東漢初扶風茂林(今陝西興平縣東北)人。新莽末,爲新成大尹(漢中太守)。後依附割據隴西的隗囂。漢光武帝建武四年(28),隗囂使援奉書至洛陽。援對光武帝曰:"當今之世,非獨君擇臣也,臣亦擇君矣。"後援歸光武帝,成爲光武帝之功臣。(見《後漢書》卷二四《馬援傳》)
　　[5]運:世運,曆運。
　　[6]曆數:古謂帝王代天治民的順序。
　　[7]烈士:有壯志氣節之士。
　　[8]合榻:胡三省云:"榻,牀也。有坐榻,有卧榻。今江東

又呼几案之屬爲卓牀。卓，高也。以其比坐榻、卧榻爲高也。合榻，猶言合卓也。"（《通鑑》卷六三漢獻帝建安五年注）

［9］遺業：殿本、盧弼《集解》本、校點本"遺"字作"餘"，百衲本作"遺"。趙幼文《校箋》謂《文選集注》引《鈔》"餘"字作"遺"，《册府元龜》卷三四三引同，《建康實録》引亦同。今從百衲本。　桓文之功：指春秋時齊桓公、晉文公的霸業之功。

［10］區區：本形容人之心小，後引申謂真情摯意。如《文選》李陵《答蘇武書》："區區之心，竊慕此耳。"　義帝：即戰國末楚懷王之孫心。秦末，項梁、項羽起兵後，立心爲楚懷王。及劉邦入關滅秦後，項羽不滿懷王，乃佯尊懷王心爲義帝，大封諸侯王，劉邦爲漢王，自立爲西楚霸王。不久，項羽又遷義帝往長沙郴縣，並使人殺之江中。漢王劉邦聞義帝之死，"袒而大哭。遂爲義帝發喪，臨三日。發使者告諸侯曰：'天下共立義帝，北面事之。今項羽放殺義帝於江南，大逆無道。寡人親爲發喪，諸侯皆縞素。悉發關内兵，收三河士，南浮江、漢以下，願從諸侯擊楚之殺義帝者。'"楚漢之爭自此始。（見《史記》卷八《高祖本紀》與卷七《項羽本紀》）

［11］鼎足江東：鼎足，《通鑑》卷六三漢獻帝建安五年載魯肅此語作"保守"。盧弼《集解》引何焯曰："此時何緣便知鼎足乎？亦事後附會之辭。"

［12］規模：百衲本"模"字作"摸"，殿本、盧弼《集解》本、校點本作"模"。今從殿本等。

［13］二子：指劉琦、劉琮。

［14］離違：胡三省云："離違，言人有離心，互相違異也。"（《通鑑》卷六五漢獻帝建安十三年）

［15］長阪：地名。在今湖北荆門市西南。

［16］子瑜：諸葛亮兄瑾，字子瑜。

［17］云：校點本作"曰"，百衲本、殿本、盧弼《集解》本

作"云"。今從百衲本等。

會權得曹公欲東之問,[1]與諸將議,皆勸權迎之,而肅獨不言。權起更衣,[2]肅追於宇下,[3]權知其意,執肅手曰:"卿欲何言?"肅對曰:"向察衆人之議,專欲誤將軍,[4]不足與圖大事。今肅可迎操耳,如將軍,不可也。何以言之?今肅迎操,操當以肅還付鄉黨,品其名位,[5]猶不失下曹從事,[6]乘犢車,[7]從吏卒,交游士林,累官故不失州郡也。將軍迎操,欲安所歸?[8]願早定大計,莫用衆人之議也。"權歎息曰:"此諸人持議,甚失孤望;今卿廓開大計,正與孤同,此天以卿賜我也。"〔一〕

〔一〕《魏書》及《九州春秋》曰:曹公征荆州,孫權大懼,魯肅實欲勸權拒曹公,[9]乃激説權曰:"彼曹公者,實嚴敵也,新并袁紹,兵馬甚精,乘戰勝之威,伐喪亂之國,[10]克可必也。不如遣兵助之,且送將軍家詣鄴;不然,將危。"權大怒,欲斬肅,肅因曰:"今事已急,即有他圖,何不遣兵助劉備,而欲斬我乎?"權然之,乃遣周瑜助備。

孫盛曰:《吳書》及《江表傳》,魯肅一見孫權便説拒曹公而論帝王之略,劉表之死也,又請使觀變,無緣方復激説勸迎曹公也。又是時勸迎者衆,而云獨欲斬肅,非其論也。

[1] 問:音訊。
[2] 更衣:古時大小便之婉辭。
[3] 宇:屋檐。
[4] 專欲:全將。劉淇《助字辨略》卷二:"專,猶云全也。"

又楊樹達《詞詮》卷九："欲,將也。言未來之事用之。"

　　[5] 品:評價,衡量。東漢末年名士對鄉里人物的評價,對政府的選舉用人,起着決定性作用。後至延康元年(220)便形成九品中正制。

　　[6] 下曹從事:胡三省云:"下曹從事,諸曹從事之最下者。"(《通鑑》卷六五漢獻帝建安十三年注)。

　　[7] 犢車:牛車。《晉書·輿服志》云:"古之貴者不乘牛車,漢武帝推恩之末,諸侯寡弱,貧者至乘牛車,其後稍見貴之。自靈、獻以來,天子至士遂以爲常乘。"

　　[8] 欲安所歸:百衲本"欲"字作"將",殿本、盧弼《集解》本、校點本作"欲",《通鑑》及蕭常《續後漢書》亦作"欲",郝經《續後漢書》則作"將"。按,二字義同,今從殿本等。又趙幼文《校箋》謂《通鑑》"歸"下有"乎"字,應據補。按,蕭常及郝經之《續後漢書》亦無"乎"字。

　　[9] 實欲:盧弼《集解》本無"實"字,百衲本、殿本、校點本皆有。今從百衲本等。

　　[10] 喪亂之國:指荆州。時劉表死亡,故稱之"喪亂"。

　　時周瑜受使至鄱陽,肅勸追召瑜還。遂任瑜以行事,以肅爲贊軍校尉,[1]助畫方略。曹公破走,肅即先還,權大請諸將迎肅。肅將入閤拜,權起禮之,因謂曰[2]:"子敬,孤持鞍下馬相迎,足以顯卿未?"肅趨進曰:"未也。"衆人聞之,無不愕然。就坐,徐舉鞭言曰:"願至尊威德加乎四海,[3]總括九州,克成帝業,更以安車輭輪徵肅,[4]始當顯耳。"權撫掌歡笑。

　　後備詣京見權,求都督荆州,惟肅勸權借之,[5]共拒曹公。[一]曹公聞權以土地業備,[6]方作書,落筆於地。

〔一〕《漢晉春秋》曰：呂範勸留備，肅曰："不可。將軍雖神武命世，然曹公威力實重，初臨荆州，恩信未洽，宜以借備，使撫安之。多操之敵，而自爲樹黨，計之上也。"權即從之。

［1］贊軍校尉：官名。建安中孫權置，主參贊軍謀，助畫方略。

［2］因謂：趙幼文《校箋》謂《太平御覽》卷三五八、卷三五九引俱無"因"字。按，《太平御覽》卷四六七引又有"因"字。

［3］至尊：劉咸炘《知意》云："何遂稱'至尊'？他傳多有，皆吳人追爲之詞。"

［4］安車頓輪：古代乘車爲立乘，可以坐乘的小車稱安車，通常用一馬，禮尊者則用四馬，供年老的高官及貴婦人乘用。又在安車的車輪上包裹蒲草，以防顛簸，稱爲"安車蒲輪"或"安車軟輪"，用以迎送德高望重的人，表示優禮。趙幼文《校箋》謂《太平御覽》卷三五八、卷四六七引"頓"字俱作"蒲"，蕭常《續後漢書》同。按，《太平御覽》卷三五九、郝經《續後漢書》亦作"頓"。

［5］借之：趙翼《廿二史札記·借荆州之非》謂"借荆州之說，出自吳人事後之論，而非當日情事也"，"夫借者，本我所有之物而假與人也。荆州本劉表地，非孫氏故物。當操南下時，孫氏江東六郡方恐不能自保，諸將咸勸權迎操，權獨不願，會備遣諸葛亮來結好，權遂欲藉備共拒操，其時但求敵操，未敢冀得荆州也"。及孫劉共同破曹操於赤壁後，"備即表琦爲荆州刺史，權未嘗有異詞，以荆州本琦地也"。"琦死，群下推備爲荆州牧。備即遣亮督零陵、桂陽、長沙三郡，收其租賦以供軍實"，又遣關羽爲襄陽太守，

駐江北;張飛爲宜都太守,在南郡;趙雲領桂陽太守。"遣將分駐,惟備所指揮,初不關白孫氏,以本非權地,故備不必白權,權亦不來阻備也。迨其後三分之勢已定,吴人追思赤壁之役,實借吴兵力,遂謂荆州應爲吴有,而備據之,始有借荆州之説"。

[6] 以土地業備:趙幼文《校箋》謂《太平御覽》卷六〇五、《事類賦》卷一五引作"以荆州資劉備",《建康實錄》同。按,蕭常及郝經之《續後漢書》皆作"以土地業昭烈"。

周瑜病困,[1]上疏曰:"當今天下,方有事役,是瑜乃心夙夜所憂,願至尊先慮未然,然後康樂。今既與曹操爲敵,劉備近在公安,邊境密邇,百姓未附,宜得良將以鎮撫之。魯肅智略足任,乞以代瑜。瑜隕踣之日,[2]所懷盡矣。"〔一〕即拜肅奮武校尉,[3]代瑜領兵。瑜士兵四千餘人,奉邑四縣,皆屬焉。令程普領南郡太守。肅初住江陵,後下屯陸口,[4]威恩大行,衆增萬餘人,[5]拜漢昌太守、偏將軍。[6]十九年,從權破皖城,[7]轉横江將軍。[8]

〔一〕《江表傳》載:初瑜疾困,與權牋曰:"瑜以凡才,昔受討逆殊特之遇,[9]委以腹心,遂荷榮任,統御兵馬,志執鞭弭,[10]自效戎行。規定巴蜀,[11]次取襄陽,[12]憑賴威靈,謂若在握。至以不謹,道遇暴疾,昨自醫療,日加無損。人生有死,修短命矣,誠不足惜,但恨微志未展,不復奉教命耳。方今曹公在北,疆埸未静,[13]劉備寄寓,有似養虎,天下之事,未知終始,[14]此朝士旰食之秋,[15]至尊垂慮之日也。魯肅忠烈,臨事不苟,可以代瑜。人之將死,其言也善,[16]儻或可採,瑜死不朽矣。"案此牋與本傳所載,[17]意旨雖同,其辭乖異耳。[18]

［1］困：殿本、盧弼《集解》本作"因"，百衲本、校點本作"困"。郝經《續後漢書》亦作"困"。今從百衲本等。

［2］隕踣（bó）：謂死亡。

［3］奮武校尉：官名。漢獻帝建安初孫策所置，孫權沿之。趙幼文《校箋》則謂《冊府元龜》卷三七七引"校尉"作"將軍"，《建康實錄》同。

［4］初住江陵：百衲本"住"字作"作"，殿本、盧弼《集解》本、校點本作"住"，郝經《續後漢書》亦作"住"，蕭常《續後漢書》作"駐"。今從殿本等。　陸口：地名。在今湖北蒲圻市西北之陸溪口，亦即陸水入長江處。

［5］衆增：趙幼文《校箋》謂蕭常《續後漢書》"增"下有"至"字。

［6］漢昌：郡名。治所即漢昌縣。

［7］皖城：即皖縣城。皖縣治所在今湖北潛山縣。

［8］橫江將軍：官名。孫權始置於此年。

［9］討逆：指孫策。孫策曾爲討逆將軍。

［10］執鞭弭：謂執鞭持弓駕車。表示爲差役。

［11］巴蜀：指益州。巴郡與蜀郡是益州的主要郡。巴郡治所江州縣，在今重慶市渝中區；蜀郡治所即成都縣。

［12］襄陽：郡名。治所即襄陽縣。

［13］疆場：百衲本、殿本"場"字作"場"，盧弼《集解》本、校點本作"場"，郝經《續後漢書》苟宗道注引亦作"場"。今從盧弼《集解》本等。

［14］未知：百衲本"未知"上有"而"字，殿本"而"又作"尚"，盧弼《集解》本、校點本均無二字。今從盧弼《集解》本等。

［15］旰（gàn）食：晚食。指事務繁忙不能按時吃飯。

［16］人之將死其言也善：《論語·泰伯》曾子言曰："鳥之將死，其鳴也哀；人之將死，其言也善。"

［17］本傳：百衲本、殿本無"傳"字，盧弼《集解》本、校點本有。郝經《續後漢書》苟宗道注引亦有。今從盧弼《集解》本等。

［18］乖異耳：殿本《考證》云："乖，《册府》作'微'。"趙幼文《校箋》謂見《册府元龜》卷四一三。按，宋本《册府元龜》亦作"乖"。殿本"耳"字作"矣"，百衲本、盧弼《集解》本、校點本作"耳"。今從百衲本等。

先是，益州牧劉璋綱維頹弛，周瑜、甘寧並勸權取蜀，權以咨備，備内欲自規，乃僞報曰：[1]"備與璋託爲宗室，冀憑英靈，以匡漢朝。今璋得罪左右，[2]備獨竦懼，非所敢聞，願加寬貸。若不獲請，備當放髮歸於山林。"[3]後備西圖璋，留關羽守，權曰："猾虜乃敢挾詐！"及羽與肅鄰界，數生狐疑，疆埸紛錯，[4]肅常以歡好撫之。備既定益州，權求長沙、零、桂，[5]備不承旨，[6]權遣吕蒙率衆進取。備聞，自還公安，遣羽爭三郡。肅住益陽，[7]與羽相拒。肅邀羽相見，各駐兵馬百步上，但諸將軍單刀俱會。[8]肅因責數羽曰："國家區區本以土地借卿家者，卿家軍敗遠來，無以爲資故也。今已得益州，既無奉還之意，但求三郡，又不從命。"語未究竟，坐有一人曰："夫土地者，惟德所在耳，何常之有！"肅厲聲呵之，辭色甚切。羽操刀起謂曰："此自國家事，是人何知！"目使之去。〔一〕備遂割湘水爲界，[9]於是罷軍。

〔一〕《吴書》曰：肅欲與羽會語，[10]諸將疑恐有變，[11]議不可往。肅曰："今日之事，宜相開譬。劉備負國，[12]是非未決，羽亦何敢重欲干命！"乃趨就羽。[13]羽曰："烏林之役，左將軍身在行間，[14]寢不脫介，勠力破（魏）〔敵〕，[15]豈得徒勞，無一塊壤，而足下來欲收地邪？"肅曰："不然。始與豫州觀於長阪，[16]豫州之衆不當一校，[17]計窮慮極，志勢摧弱，圖欲遠竄，望不及此。主上矜愍豫州之身，無有處所，不愛土地士人之力，使有所庇蔭以濟其患，而豫州私獨飾情，愆德墮好。今已藉手於西州矣，[18]又欲翦并荊州之土，斯蓋凡夫所不忍行，而況整領人物之主乎！肅聞貪而棄義，必爲禍階。吾子屬當重任，曾不能明道處分，以義輔時，而負恃弱衆以圖力爭，[19]師曲爲老，[20]將何獲濟？"羽無以答。

[1] 乃：校點本 1959 年 12 月第 1 版作"仍"，1982 年 7 月第 2 版作"乃"，百衲本、殿本、盧弼《集解》本亦作"乃"。今從之。

[2] 左右：對對方之敬稱。意爲不敢直稱對方，而稱其左右之執事。

[3] 放髮：披散頭髮。

[4] 疆埸：百衲本、殿本"場"字作"埸"，盧弼《集解》本、校點本作"場"，郝經《續後漢書》亦作"埸"。今從《集解》本等。

[5] 長沙：郡名。治所臨湘縣，在今湖南長沙市。 零：即零陵，郡名。治所泉陵縣，在今湖南永州市。 桂：即桂陽，郡名。治所郴縣，在今湖南郴州市。

[6] 承旨：劉咸炘《知意》云："'承旨'字亦沿吳人言語而未及刪改。"

[7] 益陽：縣名。治所在今湖南益陽市東。

[8] 諸將軍：校點本"諸"字作"請"，百衲本、殿本、盧弼

《集解》本作"諸",今從百衲本等。

[9] 湘水:即今湖南湘江。按本書卷三二《先主傳》與卷四七《吳主傳》,此次分割以湘水爲界,湘水以東之桂陽郡、長沙郡及其相連的江夏郡屬孫權,湘水以西之零陵郡、武陵郡及其相連的南郡屬劉備。

[10] 與羽:百衲本無"羽"字,殿本、盧弼《集解》本、校點本皆有。今從殿本等。

[11] 有變:百衲本"變"字作"不",殿本、盧弼《集解》本、校點本作"變"。今從殿本等。

[12] 宜相開譬劉備負國:殿本、盧弼《集解》本、校點本及郝經《續後漢書》皆如此,百衲本作"宜相開以有備負國"。今從殿本等。

[13] 趨:百衲本作"自",殿本、盧弼《集解》本、校點本作"趨"。今從殿本等。

[14] 左將軍:指劉備。劉備曾爲左將軍。

[15] 勠力破敵:百衲本"勠"字作"自",殿本、盧弼《集解》本、校點本作"勠"。今從殿本等。敵,各本皆作"魏"。盧弼《集解》云:"《通鑑》'魏'作'敵'是,此時尚不得曰魏也。"按,郝經《續後漢書》亦作"敵",今從改。

[16] 豫州:指劉備。劉備曾爲豫州刺史。 覯:殿本、盧弼《集解》本、校點本作"觀",百衲本作"覯",《通志》、郝經《續後漢書》亦作"覯"。今從百衲本。《爾雅·釋詁上》:"覯,見也。"

[17] 一校:軍隊之一部稱一校。

[18] 西州:指益州。

[19] 弱衆:殿本《考證》云:"元本作'強衆'。"

[20] 師曲爲老:謂軍隊不義必然士氣低落而衰敗。《左傳·僖公二十八年》子犯曰:"師直爲壯,曲爲老。"

肅年四十六，建安二十二年卒。權爲舉哀，又臨其葬。諸葛亮亦爲發哀。[一]權稱尊號，臨壇，顧謂公卿曰："昔魯子敬嘗道此，可謂明於事勢矣。"

　　[一]《吳書》曰：肅爲人方嚴，寡於玩飾，內外節儉，不務俗好。治軍整頓，禁令必行，雖在軍陣，手不釋卷[1]。又善談論，能屬文辭，思度弘遠，有過人之明。周瑜之後，肅爲之冠。

　　[1]手不釋卷：盧弼《集解》云："《御覽》'卷'字作'書'。"趙幼文《校箋》謂《北堂書鈔》卷一一五、《藝文類聚》卷五九、《太平御覽》卷二七七引"卷"字俱作"書"，惟卷六一一引作"卷"，漢魏人謂"釋書"，不曰"釋卷"，當以"書"字爲是。按，蕭常及郝經之《續後漢書》《建康實錄》皆作"手不釋卷"。本書卷二《文帝紀》裴松之注引《典論·自叙》有云："上雅好詩書文籍，雖在軍旅，手不釋卷。"又本卷《呂蒙傳》裴松之注引《江表傳》孫權謂漢光武帝"當兵馬之務，手不釋卷"。是漢魏人亦言"釋卷"。

　　肅遺腹子淑既壯，濡須督張承謂終當到至。[1]永安中，[2]爲昭武將軍、都亭侯、武昌督。[3]建衡中，[4]假節，[5]遷夏口督。所在嚴整，有方幹。鳳皇三年卒。[6]子睦襲爵，領兵焉。[7]

　　[1]濡須督：官名。濡須駐軍之長官。濡須，地名。在今安徽無爲縣東北古濡須水畔。　到至：盧弼《集解》云："'到'上疑脱一'遠'字。"趙幼文《校箋》謂盧君所疑是。蕭常《續後漢書》作"終當遠到"，無"至"字（按郝經《續後漢書》亦同），"到""至"義同。然考《魏書·崔琰傳》"終必遠至"，疑此當作"遠至"，而"到"字或衍文。吳金華《校詁》則云："'到至''至到'

係魏晉六朝之語，猶今語'飛黃騰達'之類。"

[2] 永安：吳景帝孫休年號（258—264）。

[3] 昭武將軍：官名。曹魏置，爲雜號將軍中權任較重者。第五品。孫吳亦置。　都亭侯：爵名。位在鄉侯下，食祿於都亭。都亭，城郭附近之亭。　武昌督：官名。武昌駐軍之長官。武昌縣治所在今湖北鄂州市。

[4] 建衡：吳末帝孫晧年號（269—271）。

[5] 假節：漢末三國時期，皇帝賜予臣下的一種權力。至晉代，此種權力明確爲因軍事可殺犯軍令者。

[6] 鳳皇：吳末帝孫晧年號（272—274）。

[7] 領兵焉：殿本、盧弼《集解》本、校點本"焉"字作"馬"，百衲本作"焉"。趙幼文《校箋》謂馮夢楨本作"焉"。又按，孫吳有世襲領兵制，今從百衲本。

　　呂蒙字子明，汝南富陂人也。[1]少南渡，[2]依姊夫鄧當。當爲孫策將，數討山越。蒙年十五六，竊隨當擊賊，當顧見大驚，呵叱不能禁止。[3]歸以告蒙母，母恚欲罰之。蒙曰："貧賤難可居，脫誤有功，[4]富貴可致。且不探虎穴，安得虎子？"[5]母哀而舍之。時當職吏以蒙年小輕之，曰："彼豎子何能爲？此欲以肉餒虎耳。"他日與蒙會，又蚩辱之。蒙大怒，引刀殺吏，出走，逃邑子鄭長家。出因校尉袁雄自首，[6]承閒爲言，策召見奇之，引置左右。

　　數歲，鄧當死，張昭薦蒙代當，拜別部司馬。[7]權統事，料諸小將兵少而用薄者，欲并合之。蒙陰賒貰，爲兵作絳衣行縢，[8]及簡日，陳列赫然，兵人練習，權見之大悅，增其兵。從討丹楊，所向有功，拜平北都尉,[9]領廣德長。[10]

從征黃祖,祖令都督陳就逆以水軍出戰。[11]蒙勒前鋒,親梟就首,將士乘勝,進攻其城。祖聞就死,委城走,兵追禽之。權曰:"事之克,由陳就先獲也。"以蒙爲橫野中郎將,[12]賜錢(千)〔十〕萬。[13]

是歲,又與周瑜、程普等西破曹公於烏林,圍曹仁於南郡。益州將襲肅舉軍來附,[14]瑜表以肅兵益蒙,蒙盛稱肅有膽用,且慕化遠來,於義宜益不宜奪也。權善其言,還肅兵。瑜使甘寧前據夷陵,曹仁分衆圍寧,[15]寧困急,使使請救。諸將以兵少不足分,蒙謂瑜、普曰:[16]"留淩公績,[17]蒙與君行,解圍釋急,勢亦不久,蒙保公績能十日守也。"又説瑜分遣三百人柴斷險道,[18]賊走可得其馬。瑜從之。軍到夷陵,即日交戰,所殺過半。敵夜遁去,行遇柴道,騎皆舍馬步走。兵追蹙擊,[19]獲馬三百匹,[20]方船載還。[21]於是將士形勢自倍,乃渡江立屯,與相攻擊,曹仁退走,遂據南郡,撫定荆州。還,拜偏將軍,領尋陽令。

魯肅代周瑜,當之陸口,過蒙屯下。肅意尚輕蒙,或説肅曰:"吕將軍功名日顯,不可以故意待也,君宜顧之。"遂往詣蒙。酒酣,蒙問肅曰:"君受重任,與關羽爲鄰,將何計略,以備不虞?"肅造次應曰:[22]"臨時施宜。"蒙曰:"今東西雖爲一家,而關羽實熊虎也。計安可不豫定?"因爲肅畫五策。[23]肅於是越席就之,拊其背曰:"吕子明,吾不知卿才略所及乃至於此也。"遂拜蒙母,結友而別。[一]

〔一〕《江表傳》曰：初，權謂蒙及蔣欽曰："卿今並當塗掌事，[24]宜學問以自開益。"蒙曰："在軍中常苦多務，恐不容復讀書。"權曰："孤豈欲卿治經爲博士邪？[25]但當令涉獵見往事耳。[26]卿言多務孰若孤，孤少時歷《詩》《書》《禮記》《左傳》《國語》[27]，惟不讀《易》。至統事以來，省三史、諸家兵書，[28]自以爲大有所益。[29]如卿二人，意性朗悟，學必得之，寧當不爲乎？宜急讀《孫子》《六韜》《左傳》《國語》及三史。[30]孔子言'終日不食，[31]終夜不寢，以思，無益，不如學也'。光武當兵馬之務，[32]手不釋卷。孟德亦自謂老而好學。[33]卿何獨不自勉勖邪？"蒙始就學，篤志不倦，其所覽見，舊儒不勝。後魯肅上代周瑜，過蒙言議，常欲受屈。肅拊蒙背曰："吾謂大弟但有武略耳，至於今者，學識英博，非復吳下阿蒙。"蒙曰："士別三日，即更刮目相待。大兄今論，何一稱穰侯乎？[34]兄今代公瑾，既難爲繼，且與關羽爲鄰。斯人長而好學，讀《左傳》略皆上口，梗亮有雄氣，然性頗自負，好陵人。今與爲對，當有單複以（卿）〔鄉〕待之。"[35]密爲肅陳三策，肅敬受之，秘而不宣。權常歎曰："人長而進益，如呂蒙、蔣欽，蓋不可及也。富貴榮顯，更能折節好學，耽悅書傳，輕財尚義，所行可迹，[36]並作國士，不亦休乎！"

[1] 富陂：《續漢書·郡國志》作"富波"。惠棟《補注》云："富波漢舊縣，建武中并省汝陰，和帝復舊也。酈元曰縣多陂塘以溉稻，故曰富陂。案《孫叔敖碑》，'波'與'陂'古通。"富陂縣治所在今安徽阜陽市東南。

[2] 少南渡：趙幼文《校箋》謂蕭常《續後漢書》"少"下有"隨母"二字。

[3] 禁止：趙幼文《校箋》謂《册府元龜》卷八四八引無"禁"字。

[4] 脱誤：劉淇《助字辨略》卷五云："脱，或辭，猶儻也。"

吴金華《校詁》又謂"脱誤"猶言偶然、萬一。"脱誤"連文，乃同義之字平列。

　　[5] 不探虎穴安得虎子：《後漢書》卷四七《班超傳》班超曰："不入虎穴，不得虎子。"

　　[6] 校尉：官名。漢代軍職之稱。東漢末位次於中郎將。魏、晋沿置，而名號繁多，品秩亦高低不等。

　　[7] 别部司馬：官名。東漢時大將軍領營五部，部有軍司馬一人，秩比千石。其别營領屬稱别部司馬。後雖非大將軍者，亦或有置。

　　[8] 絳衣：深紅色衣服。古代軍服常用絳色。　行縢（téng）：綁腿布。《詩·小雅·采菽》："赤芾在股，邪幅在下。"鄭箋："邪幅，如今行縢也。偪束其脛，自足至膝，故曰在下。"

　　[9] 平北都尉：官名。建安中孫權置，即以吕蒙任之。

　　[10] 廣德：縣名。治所在今安徽廣德縣西南。

　　[11] 都督：官名。此爲統兵將領。

　　[12] 横野中郎將：官名。建安中孫權置，領兵。

　　[13] 十萬：各本作"千萬"。殿本《考證》云："元本作'十萬'。"趙幼文《校箋》謂《册府元龜》卷三七七引同，蕭常《續後漢書》亦作"十萬"。今從趙説改。

　　[14] 龔肅：殿本《考證》云："元本作'龔肅'。"趙幼文《校箋》謂《册府元龜》卷四〇三引亦作"龔肅"。按，《通鑑》卷六五《漢紀》建安十三年亦作"龔肅"，胡三省注云："龔，姓；肅，名。"

　　[15] 圍寧：盧弼《集解》本、校點本"圍"字作"攻"，百衲本、殿本作"圍"。今從百衲本等。

　　[16] 瑜普：盧弼《集解》本作"諸將"，百衲本、殿本、校點本作"瑜普"。今從百衲本等。

　　[17] 凌公績：凌統字公績。

　　[18] 柴（zhài）斷：阻塞堵斷。

[19] 兵追：趙幼文《校箋》謂《太平御覽》卷二八五引"兵"上有"蒙"字，《通典·兵十四》同。

[20] 三百匹：趙幼文《校箋》謂《通典·兵十四》"匹"上有"餘"字。

[21] 方船：兩船相並。

[22] 造次：輕率，隨便。

[23] 五策：趙幼文《校箋》云："本傳裴注引《江表傳》作'三策'。"

[24] 當塗：當道。

[25] 博士：官名。掌經學教授。

[26] 但當令：趙幼文《校箋》謂《白孔六帖》卷五一、《太平御覽》卷六〇七引無"當"字。按，蕭常《續後漢書》有"當"字無"令"字。

[27] 孤少時歷：趙幼文《校箋》謂蕭常《續後漢書》"歷"下有"讀"字。按，歷有閱覽之義。《爾雅·釋詁下》："歷，相也。"又《禮記·郊特牲》"歷其卒伍"王引之《經義述聞》："歷，謂閱視也。"

[28] 三史：指《史記》《漢書》《東觀漢記》。

[29] 以爲：百衲本無"以"字，殿本、盧弼《集解》本、校點本有。今從殿本等。

[30] 六韜：書名。戰國秦漢間人采掇舊説，假託呂尚編寫的兵書，記周文王、武王問太公（呂尚）兵戰之事。全書分《文韜》《武韜》《龍韜》《虎韜》《豹韜》《犬韜》六部分，故稱《六韜》。

[31] 終日不食：趙幼文《校箋》謂《太平御覽》卷六〇七引"終"上有"吾嘗"二字。孔子這幾句話，見《論語·衛靈公》。

[32] 光武：指漢光武帝劉秀。

[33] 孟德：曹操字孟德。

[34] 何一：猶言何乃。《呂氏春秋·季秋紀·知士》："静郭君之於寡人，一至此乎！"高誘注："一，猶乃也。"　穰侯：指穰

侯魏冉。戰國時秦昭王母宣太后之異父弟,有才幹,曾任秦相。見《史記》卷七二《穰侯列傳》。

[35] 單複:古代戰術之一種。猶奇正。古代做戰以對陣交鋒爲正,設伏掩襲等爲奇。 鄉:各本皆作"卿"。盧弼《集解》云"'卿'當作'鄉',同'嚮'。"校點本即從盧說改。今從之。

[36] 可迹:趙幼文《校箋》謂《册府元龜》卷一九六引"迹"字作"述",蕭常《續後漢書》同。按,宋本《册府元龜》亦作"迹"。蕭常書作"述"。

時蒙與成當、宋定、徐顧屯次比近,三將死,子弟幼弱,權悉以兵并蒙。蒙固辭,陳啓顧等皆勤勞國事,子弟雖小,不可廢也。[1]書三上,權乃聽。蒙於是又爲擇師,使輔導之,其操心率如此。[2]

魏使廬江謝奇爲蘄春典農,[3]屯皖田鄉,[4]數爲邊寇。蒙使人誘之,不從,則伺隙襲擊,奇遂縮退,其部伍孫子才、宋豪等,皆攜負老弱,詣蒙降。後從權拒曹公於濡須,數進奇計,又勸權夾水口立塢,[5]所以備御甚精,〔一〕曹公不能下而退。

〔一〕《吳録》曰:權欲作塢,諸將皆曰:"上岸擊賊,洗足入船,何用塢爲?"呂蒙曰:"兵有利鈍,戰無百勝,如有邂逅,敵步騎蹙人,不暇及水,其得入船乎?"權曰:"善。"遂作之。

[1] 不可廢也:孫吳施行世襲領兵制,兵成了將領之私兵,將領死後,其子孫可以世襲統領。故呂蒙說"子弟雖小,不可廢也"。

[2] 率如此:趙幼文《校箋》謂《册府元龜》卷四一七引"率"下有"直"字。

〔3〕謝奇：趙幼文《校箋》謂《太平御覽》卷一六九引"奇"字作"寄"。　蘄春：郡名。治所蘄春縣，在今湖北蘄春縣西南。　典農：官名。曹魏施行屯田制，在郡國設置典農中郎將或典農校尉，諸縣則置典農都尉，管理該屯田區的農業生產、民政和田租，地位相當於郡太守和縣令長，並直屬中央大司農。

　　〔4〕皖田鄉：百衲本"鄉"字作"卿"，今從殿本、盧弼《集解》本、校點本作"鄉"。趙幼文《校箋》則謂蕭常《續後漢書》無"鄉"字。

　　〔5〕立塢：塢，小型城堡。梁章鉅《旁證》云："《元和郡縣志》云：初，吕蒙守濡須，聞曹公將來，夾水築塢，形如偃月，名曰偃月塢。"

　　曹公遣朱光爲廬江太守，屯皖，大開稻田，又令閒人招誘鄱陽賊帥，使作内應。蒙曰："皖田肥美，若一收孰，[1]彼衆必增，如是數歲，操態見矣，宜早除之。"乃具陳其狀。於是權親征皖，引見諸將，問以計策。〔一〕蒙乃薦甘寧爲升城督，[2]督攻在前，蒙以精鋭繼之。侵晨進攻，[3]蒙手執枹鼓，士卒皆騰踊自升，食時破之。既而張遼至夾石，[4]聞城已拔，乃退。權嘉其功，即拜廬江太守，所得人馬皆分與之，別賜尋陽屯田六百户，[5]官屬三十人。蒙還尋陽，未期而廬陵賊起，諸將討擊不能禽，權曰："鷙鳥累百，[6]不如一鶚。"[7]復令蒙討之。蒙至，誅其首惡，餘皆釋放，復爲平民。

　　〔一〕《吴書》曰：諸將皆勸作土山，添攻具，蒙趨進曰："治攻具及土山，必歷日乃成，[8]城備既脩，外救必至，不可圖也。且乘雨水以入，若留經日，水必向盡，還道艱難，蒙竊危之。[9]今觀此城，不能甚固，以三軍銳氣，四面並攻，不移時可拔，及水以歸，全勝之道也。"權從之。

[1]收孰：胡三省云："收孰，謂稻成熟而收之也。有糧則可以增衆。孰，古'熟'字通。"（《通鑑》卷六七漢獻帝建安十九年）

[2]升城督：官名。孫吳作戰時置，非常制。

[3]侵晨：拂曉，天快亮時。

[4]夾石：殿本作"夾口"，百衲本、盧弼《集解》本、校點本作"夾石"。今從百衲本等。夾石，地名。在今安徽桐城縣北。

[5]六百户：校點本作"六百人"，百衲本、殿本、盧弼《集解》本皆作"六百户"。今從百衲本等。按，孫權在南方亦實施屯田制，分民屯與軍屯兩類。民屯自然由民户從事屯田勞動，即使軍屯的士兵，其家屬也要隨軍參加屯田勞動。此所賜予吕蒙之尋陽屯田户，屬於民屯。

[6]鷙鳥：凶猛的鳥。如鷹、鷲之類。

[7]鶚（è）：殿本作"鸮"，百衲本、盧弼《集解》本、校點本作"鶚"。今從百衲本等。鶚，鳥名。雕屬。性凶猛，嘴短脚長，趾具銳爪，栖息水邊，捕魚爲食，俗稱魚鷹。《文選》孔融《薦禰衡表》："鷙鳥累百，不如一鶚。"李善注："《史記》趙簡子曰：鷙鳥累百，不如一鶚。"

[8]日：殿本、盧弼《集解》本作"月"，百衲本、校點本作"日"。今從百衲本等。

[9]竊：百衲本作"切"，殿本、盧弼《集解》本、校點本作"竊"。今從殿本等。

是時劉備令關羽鎮守，專有荊土，權命蒙西取長沙、零、桂三郡。蒙移書二郡,望風歸服,惟零陵太守郝普城守不降。而備自蜀親至公安,遣羽爭三郡。權時住陸口,使魯肅將萬人屯益陽拒羽,[1]而飛書召蒙,使捨零陵,急還助肅。初,蒙既定長沙,當之零陵,過酃,[2]載南陽鄧玄之,[3]玄之者郝普之舊也,欲令誘普。及被書當還,蒙祕之,夜召諸將,授以方略,晨當攻城,顧謂玄之曰:"郝子太聞世間有忠義事,[4]亦欲爲之,而不知時也。左將軍在漢中,爲夏侯淵所圍。關羽在南郡,今至尊身自臨之。近者破樊本屯,[5]救酃,逆爲孫規所破。此皆目前之事,君所親見也。彼方首尾倒懸,救死不給,豈有餘力復營此哉?今吾士卒精銳,人思致命,至尊遣兵,相繼於道。今子太以旦夕之命,[6]待不可望之救,猶牛蹄中魚,[7]冀賴江漢,其不可恃亦明矣。若子太必能一士卒之心,保孤城之守,尚能稽延旦夕,以待所歸者,可也。今吾計力度慮,而以攻此,曾不移日,而城必破,城破之後,身死何益於事,而令百歲老母,戴白受誅,[8]豈不痛哉?度此家不得外問,[9]謂援可恃,故至於此耳。君可見之,爲陳禍福。"玄之見普,具宣蒙意,普懼而聽之。玄之先出報蒙,普尋後當至。蒙豫敕四將,各選百人,普出,便入守城門。須臾普出,蒙迎執其手,與俱下船。語畢,出書示之,因拊手大笑,普見書,知備在公安,而羽在益陽,慙恨入地。蒙留(孫河)〔孫皎〕,[10]委以後事,即日引軍赴益陽。劉備請盟,權乃歸普等,[11]割湘水,以零陵還之。以尋陽、陽新爲蒙奉邑。[12]

　　師還，（遂）〔從〕征合肥，[13]既徹兵，爲張遼等所襲，蒙與淩統以死扞衛。後曹公又大出濡須，權以蒙爲督，據前所立塢，置彊弩萬張於其上，以拒曹公。曹公前鋒屯未就，蒙攻破之，曹公引退。拜蒙左護軍、虎威將軍。[14]

　　魯肅卒，蒙西屯陸口，肅軍人馬萬餘盡以屬蒙。又拜漢昌太守，食下雋、劉陽、漢昌、州陵。與關羽分土接境，知羽驍雄，有并兼心，且居國上流，其勢難久。初，魯肅等以爲曹公尚存，禍難始構，宜相輔協，與之同仇，不可失也，蒙乃密陳計策曰[15]："（今）〔令〕征虜守南郡，[16]潘璋住白帝，[17]蔣欽將游兵萬人，循江上下，應敵所在，蒙爲國家前據襄陽，如此，何憂於操，何賴於羽？且羽君臣，矜其詐力，所在反覆，不可以腹心待也。今羽所以未便東向者，以至尊聖明，蒙等尚存也。今不於彊壯時圖之，一旦僵仆，[18]欲復陳力，其可得邪？"權深納其策，又聊復與論取徐州意，[19]蒙對曰："今操遠在河北，新破諸袁，[20]撫集幽、冀，未暇東顧。徐土守兵，聞不足言，[21]往自可克。[22]然地勢陸通，驍騎所騁，至尊今日得徐州，操後旬必來爭，雖以七八萬人守之，猶當懷憂。不如取羽，全據長江，形勢益張。"權尤以此言爲當。及蒙代肅，初至陸口，外倍修恩厚，與羽結好。

　　後羽討樊，留兵將備公安、南郡。蒙上疏曰："羽討樊而多留備兵，必恐蒙圖其後故也。蒙常有病，乞分士衆還建業,[23]以治疾爲名。羽聞之,必撤備兵,盡赴襄陽。大軍浮江,晝夜馳上,襲其空虛,則南郡可下,而羽可禽也。"遂稱病篤,權乃露檄召蒙還,陰與圖計。羽果信之,稍撤兵以赴樊。魏使于禁救樊,羽盡禽禁等,人馬數萬,託以糧乏,擅取湘關米。[24]權聞之,遂行,先遣蒙在前。蒙至尋陽,盡伏其精兵舳艫中,[25]使白衣搖櫓,[26]作商賈(人)服,[27]晝夜兼行,至羽所置江邊屯候,[28]盡收縛之,是故羽不聞知。遂到南郡,士仁、麋芳皆降。〔一〕蒙入據城,盡得羽及將士家屬,皆撫慰,[29]約令軍中不得干歷人家,[30]有所求取。蒙麾下士,是汝南人,取民家一笠,以覆官鎧,官鎧雖公,[31]蒙猶以爲犯軍令,不可以鄉里故而廢法,遂垂涕斬之。於是軍中震慄,道不拾遺。蒙旦暮使親近存恤耆老,問所不足,疾病者給醫藥,飢寒者賜衣糧。羽府藏財寶,皆封閉以待權至。羽還,在道路,數使人與蒙相聞,蒙輒厚遇其使,周游城中,[32]家家致問,或手書示信。羽人還,私相參訊,咸知家門無恙,[33]見待過於平時,故羽吏士無鬬心。會權尋至,羽自知孤窮,乃走麥城,[34]西至漳鄉,[35]衆皆委羽而降。權使朱然、潘璋斷其徑路,即父子俱獲,荊州遂定。

〔一〕《吳書》曰:將軍士仁在公安拒守,蒙令虞翻說之。翻至城門,謂守者曰:"吾欲與汝將軍語。"仁不肯相見。乃爲書曰:"明者防禍於未萌,智者圖患於將來,知得知失,可與爲人,知存知亡,足別吉凶。大軍之行,斥候不及施,烽火不及舉,此非天命，必有内應。將軍不先見時，時至又不應之，獨守煢帶之城而不降，[36]死戰則毀宗滅祀，爲天下譏笑。呂虎威欲徑到南郡，[37]斷絕陸道，生路一塞，案其地形，將軍爲在箕舌上耳，[38]奔走不得免，降則失義，竊爲將軍不安，幸熟思焉。"仁得書，流涕而降。翻謂蒙曰："此譎兵也，當將仁行，留兵備城。"遂將仁至南郡。南郡太守麋芳城守，蒙以仁示之，遂降。

《吳錄》曰：初，南郡城中失火，頗焚燒軍器。羽以責芳，芳内畏懼，權聞而誘之，芳潛相和。及蒙攻之，乃以牛酒出降。

[1] 魯肅將萬人：百衲本"魯"字作"普"，殿本、盧弼《集解》本、校點本作"魯"。今從殿本等。又百衲本、殿本無"將"字，盧弼《集解》本、校點本有。今從盧弼《集解》本等。

[2] 酃（líng）：縣名。治所在今湖南衡陽市東。

[3] 南陽：郡名。治所宛縣，在今河南南陽市。

[4] 郝子太：郝普字子太。

[5] 樊：趙幼文《校箋》謂《冊府元龜》卷三六二引作"焚"。按，宋本《冊府元龜》亦作"樊"。樊，城名。在當時之襄陽縣北，與襄陽隔水相對。在今湖北襄陽市。按，關羽圍曹仁於樊城，乃建安二十四年之事，而劉備率軍至公安，遣關羽爭長沙等三郡、並入益陽與魯肅相持，係建安二十年之事。此數語有誤。

[6] 子太：百衲本作"予"，殿本、盧弼《集解》本作"子"。殿本《考證》陳皓云："'子'下疑脱'太'字。"盧弼《集解》又謂元本作"子太"。校點本正作"子太"。今從之。

[7] 牛蹄中魚：謂牛蹄所踩坑中之魚，水極少，喻危急。《淮南子・氾論訓》："夫牛蹏之涔，不能生鱣鮪。"

[8] 戴白：頭生白髮，形容老。《漢書》卷六四上《嚴助傳》："戴白之老。"顏師古注："戴白，言白髮在首。"

[9] 此家：指郝普。

[10] 孫皎：各本皆作"孫河"。《通鑑》卷六七漢獻帝建安二十年《考異》曰："按孫河已死，或他人同姓名耳。"盧弼《集解》引朱邦衡曰："'河'疑作'皎'，《通鑑考異》不得其人而強爲之說也。"校點本即從朱說改"河"爲"皎"。今從之。

[11] 權乃歸普等：趙一清《注補》云："郝普入吳，仕至廷尉，以隱蕃事見責自殺，見《胡綜傳》；而《楊戲傳》以糜芳、士仁、郝普、潘濬四叛同贊，其不歸蜀可知矣。此云權歸普等，恐未實也。"

[12] 陽新：縣名，治所在今湖北陽新縣西南陽新鎮。

[13] 從征合肥：各本"從"字作"遂"。趙幼文《校箋》謂蕭常《續後漢書》"遂"字作"從"。考張紘、蔣欽、淩統等傳俱云"從征合肥"，《甘寧傳》作"從攻合肥"可證。今從趙說改。合肥，縣名。治所在今安徽合肥市西。

[14] 左護軍：官名。建安中曹操、孫權皆置，統軍。 虎威將軍：官名。建安中曹操置。孫權亦置。魏、晉沿襲，定爲五品。

[15] 蒙乃：殿本"乃"字作"又"，百衲本、盧弼《集解》本、校點本作"乃"。今從百衲本等。

[16] 令：各本皆作"今"，校點本據上下文義改爲"令"。今從之。 征虜：指孫皎。孫皎時爲征虜將軍。

[17] 白帝：城名。在今重慶市奉節縣東白帝山上。

[18] 僵仆：倒下。謂死亡。

[19] 徐州：東漢時刺史治所郯縣，在今山東郯城縣；漢末移治下邳縣，在今江蘇睢寧縣西北。

[20] 新破諸袁：周壽昌《注證遺》云："操之破袁，距此已前十年，何云新破？此時操方駐軍居巢，何云遠在河北？縱敵國傳聞不實，而幽、冀久定，天下皆知，何撫集之有？不知陳氏何忽，有此誤語。"又趙幼文《校箋》謂《太平御覽》卷四五二（當作四五三）、《册府元龜》卷四〇七引"諸"字俱作"二"。

[21] 徐土守兵：趙幼文《校箋》謂《太平御覽》《册府元龜》

引作"今徐州將守"。　聞不足言：趙幼文《校箋》謂《太平御覽》《册府元龜》引作"惡足言也"。

［22］往自可克：趙幼文《校箋》謂《太平御覽》《册府元龜》引作"往必克之"。

［23］建業：縣名。治所在今江蘇南京市。

［24］湘關：趙一清《注補》云："《方輿記要》卷七十五：吳蜀分荆州，以湘水爲界，置關水上，以通商旅，謂之湘關。又八十一卷：湘口關在永州府北十里，瀟、湘二水合流處也。"永州府治即今湖南永州市。

［25］盡：趙幼文《校箋》謂《太平御覽》卷七七〇、卷七七一引俱作"畫"。　購（gōu）艫（lù）：吳地的一種大船。

［26］白衣：穿便衣的士兵。

［27］商賈服：各本作"商賈人服"。趙幼文《校箋》謂《太平御覽》卷七七〇、卷七七一引俱無"人"字。今從趙説删"人"字。

［28］屯候：即斥候。軍事哨所之哨兵。

［29］撫慰：趙幼文《校箋》謂《册府元龜》卷三四三、卷四〇一引"慰"下有"之"字。

［30］干歷：騷擾。

［31］官鎧雖公：趙幼文《校箋》謂《太平御覽》卷二九六、《册府元龜》卷四〇一引作"鎧雖公物"，無"官"字。

［32］周游：趙幼文《校箋》謂《太平御覽》卷三二四引"游"字作"旋"。按，《太平御覽》引題曰《蜀志》。

［33］家門：趙幼文《校箋》謂《太平御覽》卷三二四、《册府元龜》卷三九七引"門"字作"問"。按，宋本《册府元龜》作"間"。

［34］麥城：舊城名。在今湖北當陽市東南沮、漳二水之間。

［35］漳鄉：地名。在今湖北荆門市西。

［36］縈帶：環繞，包圍。

[37] 吕虎威：即吕蒙。吕蒙時爲虎威將軍。

[38] 箕舌：箕，星宿名。二十八宿之一，有星四顆，聯成梯形，形似簸箕，故名。其箕口外伸的部分即稱舌。《詩・小雅・大東》：“維南有箕，載翕其舌。”鄭玄箋：“翕猶引也。引舌者，謂上星相近。”朱熹《集傳》：“箕引其舌，反若有所吞噬。”趙幼文《校箋》則云：“《禮記・曲禮》正義：'箕踞，謂舒展兩足，狀如箕舌也。'則'在箕舌上'猶今所謂在鉗形包圍之中。”按，二說之義同。

以蒙爲南郡太守，封孱陵侯，〔一〕[1]賜錢一億，黃金五百斤。蒙固辭金錢，權不許。封爵未下，會蒙疾發，權時在公安，迎置内殿，[2]所以治護者萬方，募封内有能愈蒙疾者，賜千金。時有鍼加，權爲之慘慼，欲數見其顔色，又恐勞動，[3]常穿壁瞻之，[4]見小能下食則喜，顧左右言笑，不然則咄唶，[5]夜不能寐。病中瘳，[6]爲下赦令，群臣畢賀。後更增篤，權自臨視，命道士於星辰下爲之請命。[7]年四十二，遂卒於内殿。時權哀痛甚，爲之降損。蒙未死時，所得金寶諸賜盡付府藏，敕主者命絶之日皆上還，喪事務約。權聞之，益以悲感。

〔一〕《江表傳》曰：權於公安大會，吕蒙以疾辭，權笑曰：“禽羽之功，子明謀也，今大功已捷，慶賞未行，豈邑邑邪？”[8]乃增給步騎鼓吹，[9]敕選虎威將軍官屬，并南郡、廬江二郡威儀。[10]拜畢還營，兵馬導從，前後鼓吹，光耀于路。

[1] 孱（zhàn）陵：縣名。劉備改名公安。治所在今湖北公

安縣西。

[2] 迎：趙幼文《校箋》謂《太平御覽》卷七三八引作"延"。蕭常《續後漢書》作"輿"。

[3] 又恐勞動：趙幼文《校箋》謂《群書治要》卷二七、《太平御覽》卷四四七及卷七三八引"恐"下俱有"其"字。

[4] 常穿：趙幼文《校箋》謂《文選・辨亡論》李善注引"穿"下有"鑿"字，《太平御覽》卷七三八引同。

[5] 咄（duō）喈（jiè）：嘆息。

[6] 病中瘥：趙幼文《校箋》謂《文選・辨亡論》李善注引"中"字作"小"。《太平御覽》卷六五二引作"有瘥"。按，《太平御覽》引用"病中有瘥"。

[7] 命道士：趙幼文《校箋》謂《册府元龜》卷三七七引"士"下有"壇"字。

[8] 邑邑：憂鬱不樂貌。邑，同"悒"。《說文・心部》："悒，不安也。"段玉裁注："《蒼頡篇》曰：'悒悒，不暢之貌也。'其字古通'邑'。"

[9] 鼓吹：軍樂隊。

[10] 威儀：帝王或大臣的儀仗、扈從。

　　蒙少不脩書傳，每陳大事，常口占爲牋疏。常以部曲事爲江夏太守蔡遺所白，[1]蒙無恨意。及豫章太守顧邵卒，權問所用，蒙因薦遺奉職佳吏，權笑曰："君欲爲祁奚耶？"[2]於是用之。甘寧麤暴好殺，既常失蒙意，[3]又時違權令，權怒之，蒙輒陳請："天下未定，鬥將如寧難得，宜容忍之。"權遂厚寧，卒得其用。

　　蒙子霸襲爵，與守冢三百家，復田五十頃。[4]霸卒，兄琮襲侯。琮卒，弟睦嗣。

　　孫權與陸遜論周瑜、魯肅及蒙曰："公瑾雄烈，膽略兼人，遂破孟德，開拓荆州，邈焉難繼，君今繼之。公瑾昔要子敬來東，致達於孤，孤與宴語，便及大略帝王之業，[5]此一快也。後孟德因獲劉琮之勢，張言方率數十萬衆水步俱下。[6]孤普請諸將，咨問所宜，無適先對，[7]至子布、文表，[8]俱言宜遣使脩檄迎之，子敬即駁言不可，勸孤急呼公瑾，付任以衆，逆而擊之。此二快也。且其決計策，意出張、蘇遠矣；[9]後雖勸吾借玄德地，是其一短，不足以損其二長也。[10]周公不求備於一人，[11]故孤忘其短而貴其長，[12]常以比方鄧禹也。[13]又子明少時，孤謂不辭劇易，果敢有膽而已；及身長大，學問開益，籌略奇至，[14]可以次於公瑾，但言議英發不及之耳。圖取關羽，勝於子敬。子敬答孤書云：'帝王之起，皆有驅除，羽不足忌。'[15]此子敬内不能辨，[16]外爲大言耳，孤亦恕之，不苟責也。[17]然其作軍，屯營不失，令行禁止，部界無廢負，[18]路無拾遺，其法亦美也。"

[1] 常：通"嘗"。《韓非子·外儲説》："主父常遊于此。"陳奇猷《集解》引太田方曰："常、嘗通。" 部曲：本爲漢代軍隊的編制。《續漢書·百官志》云："大將軍營五部，部校尉一人，部下有曲。"因稱軍隊爲部曲。魏、晉以後，又稱私人武裝爲部曲。

[2] 祁奚：春秋晉國大夫。以舉賢不避仇爲世所稱頌。《左傳·襄公三年》："祁奚請老，晉侯問嗣焉。稱解狐，其讎也。"

[3] 常：百衲本、殿本、盧弼《集解》本作"嘗"，校點本作"常"，蕭常《續後漢書》亦作"常"。以下文"又時違權令""蒙輒陳請"看，則非止一次。故從校點本。

[4] 與守冢三百家：趙幼文《校箋》謂《建康實錄》作"置守冢三十家"。　復田：免除國家租稅之田。

[5] 業：趙幼文《校箋》謂《建康實錄》作"策"。

[6] 張言：誇大之言。

[7] 無適（dí）：謂無人言主張。《漢書》卷三一《項籍傳》："欲立長，無適用。"顏師古注："適，主也。音與的同。"

[8] 子布：張昭字子布。　文表：秦松字文表。見本書卷五三《張紘傳》。

[9] 張蘇：指張儀、蘇秦。按，《建康實錄》卷一作"張陳"。張忱石《校勘記》又謂《四庫全書》本作"張蘇"。若作"張陳"，則指張良、陳平。

[10] 損其：趙幼文《校箋》謂《太平御覽》卷四四五引無"其"字，《建康實錄》、蕭常《續後漢書》皆同。

[11] 周公：周公旦，周武王之弟，封於魯。《論語·微子》：周公謂魯公（周公子伯禽）曰："無求備於一人！"求備，求全責備。

[12] 貴其長：趙幼文《校箋》謂《太平御覽》卷四四五引作"不貴其長"。

[13] 鄧禹：漢光武帝劉秀之功臣。劉秀起兵後，鄧禹投歸，建中興漢室之策；與劉秀平河北諸軍皆有功。到赤眉軍入關，鄧禹受命西討，平定河東。而赤眉入長安後，鄧禹不敢直攻長安，光武帝下令進攻，禹猶分兵別攻上郡諸縣，終爲赤眉軍所敗。（見《後漢書》卷一六《鄧禹傳》）

[14] 奇至：趙幼文《校箋》謂《建康實錄》作"奇正"，疑是。按，《通鑑》卷六八及蕭常《續後漢書》皆作"奇至"。

[15] 羽不足忌：胡三省云："謂關羽之强，適足爲吳之驅除也。"（《通鑑》卷六八漢獻帝建安二十四年注）

[16] 辨：百衲本、盧弼《集解》本作"辨"，殿本、校點本作"辦"，《通鑑》及蕭常《續後漢書》亦作"辦"。按，二字可

通。今從百衲本等。

　　[17] 苛責：吳金華《校詁》謂朱起鳳《辭通》謂"'苟'爲'苛'字之訛，形相涉也。""苛責"亦即責備之義。

　　[18] 部界無廢負：胡三省云："謂部界之內無有廢職以爲罪負也。"（《通鑑》卷六八漢獻帝建安二十四年注）

　　評曰："曹公乘漢相之資，挾天子而掃群桀，新盪荊城，仗威東下，[1]于時議者莫不疑貳。周瑜、魯肅建獨斷之明，出衆人之表，實奇才也。呂蒙勇而有謀斷，識軍計，譎郝普，禽關羽，最其妙者。初雖輕果妄殺，終於克己，有國士之量，豈徒武將而已乎！孫權之論，優劣允當，故載錄焉。

　　[1] 東下：百衲本、殿本、標點本作"東夏"，盧弼《集解》本作"東下"。殿本《考證》云："毛本作'東下'。"按史事，作"東下"爲長，今從盧弼《集解》本。

三國志 卷五五

吳書十

程黃韓蔣周陳董甘淩徐潘丁傳第十

程普字德謀，右北平土垠人也。[1]初爲州郡吏，[2]有容貌計略，善於應對。從孫堅征伐，討黃巾於宛、鄧，[3]破董卓於陽人，[4]攻城野戰，身被創夷。

堅薨，復隨孫策在淮南，[5]從攻廬江，[6]拔之，還俱東渡。策到橫江、當利，[7]破張英、于麋等，轉下秣陵、湖孰、句容、曲阿，[8]普皆有功，增兵二千，騎五十匹。[9]進破烏程、石木、波門、陵傳、餘杭，[10]普功爲多。策入會稽，[11]以普爲吳郡都尉，[12]治錢唐。[13]後徙丹楊都尉，居石城。[14]復討宣城、涇、安吳、陵陽、春穀諸賊，[15]皆破之。策嘗攻祖郎，大爲所圍，普與一騎共蔽扞策，驅馬疾呼，以矛突賊，賊披，策因隨出。後拜盪寇中郎將，[16]領零陵太守，[17]從討劉勳於尋陽，[18]進攻黃祖於沙羡，[19]還鎮石城。

策薨，與張昭等共輔孫權，遂周旋三郡，[20]平討不服。又從征江夏,[21]還過豫章,[22]別討樂安。[23]樂安平定,代太史慈備海昏,[24]與周瑜爲左右督,[25]破曹公於烏林,[26]又進攻南郡,[27]走曹仁。拜裨將軍,[28]領江夏太守,治沙羡,食四縣。[29]

先出諸將,普最年長,時人皆呼程公。性好施與,喜士大夫。周瑜卒,代領南郡太守。權分荆州與劉備,普復還領江夏,遷盪寇將軍,[30]卒。〔一〕權稱尊號,追論普功,封子咨爲亭侯。[31]

〔一〕《吳書》曰:普殺叛者數百人,皆使投火,即日病癘,[32]百餘日卒。

[1] 右北平:郡名。治所土垠縣,在今河北豐潤縣東南。
[2] 州郡吏:趙幼文《校箋》謂《册府元龜》卷三四三引無"州"字。
[3] 宛:縣名。治所在今河南南陽市。 鄧:縣名。治所在今湖北襄陽市西北。
[4] 陽人:聚邑名。在今河南汝州市西北。
[5] 淮南:地區名。泛指淮水以南地區。
[6] 廬江:郡名。治所本在舒縣,在今安徽廬江縣西南。建安四年(199)劉勳移於皖縣,在今安徽潛山縣。
[7] 橫江:即今安徽和縣與馬鞍山市之間的長江。 當利:地名。在今安徽和縣東,當利水入江之處。
[8] 秣陵:縣名。治所在今江蘇江寧縣南秣陵鎮。 湖熟:校點本作"湖孰",百衲本、殿本、盧弼《集解》本作"湖熟"。今從百衲本等。湖熟,縣名。治所在今江蘇江寧縣東南湖熟鎮。 句容:縣名。治所在今江蘇句容市。 曲阿:縣名。治所在今江蘇丹

陽市。

　　〔9〕匹：殿本作"四"，百衲本、盧弼《集解》本、校點本作"匹"。今從百衲本等。

　　〔10〕烏程：縣名。治所在今浙江杭州市湖州區南下菰城。石木波門陵傳：皆地名。梁章鉅《旁證》引沈欽韓曰："烏程、餘杭之間，今《湖州府志》無此地名。"　餘杭：縣名。治所在今浙江杭州市餘杭區。

　　〔11〕會稽：郡名。治所山陰縣，在今浙江紹興市。

　　〔12〕吳郡都尉：官名。西漢時郡置都尉，輔佐郡守並掌本郡軍事。東漢廢除，但如有緊急軍事，亦臨時設置。東漢又在邊郡或關塞之地置都尉及屬國都尉，並漸漸分縣治民，職如太守。魏晉時期，每郡又置都尉一人，大郡或置二人，分爲東西部或南北部，典兵禁，備盜賊。此吳郡都尉，乃孫策所置。

　　〔13〕錢唐：縣名。西漢爲縣，東漢廢，漢末靈帝時又復置，治所在今浙江杭州市。

　　〔14〕石城：縣名。治所在今安徽當塗縣東北。

　　〔15〕宣城：縣名。西漢爲縣，東漢廢，後又復置，治所在今安徽南陵縣東青弋鎮。　涇：縣名。治所在今安徽涇縣西。　安吳：縣名。治所在今安徽涇縣西南。　陵陽：縣名。治所在今安徽石臺縣東北廣陽鎮。　春穀：縣名。治所在今安徽繁昌縣西北。

　　〔16〕盪寇中郎將：官名。建安初孫策所置，領兵。

　　〔17〕零陵：郡名。治所泉陵縣，在今湖南永州市。

　　〔18〕尋陽：縣名。治所在今湖北黃梅縣西南。

　　〔19〕沙羨（yí）：縣名。治所在今湖北武昌縣西南金口。

　　〔20〕三郡：指丹楊、吳郡、會稽。丹楊郡治所宛陵縣，在今安徽宣州市。吳郡治所吳縣，在今江蘇蘇州市。

　　〔21〕江夏：郡名。東漢末治所在西陵縣，在今湖北新州縣西。劉表以黃祖爲江夏太守，移治所於沙羨縣。此後治所又多有變動。

　　〔22〕豫章：郡名。治所南昌縣，在今江西南昌市。

［23］樂安：縣名。治所在今江西德興市東北。

［24］海昬：縣名。治所在今江西永修縣西北艾城。

［25］左右督：官名。即左部督與右部督，孫權所置，皆爲統兵將領。

［26］烏林：地名。在今湖北洪湖市鄔林磯。

［27］南郡：治所江陵縣，在今湖北荆州市江陵區。

［28］裨將軍：官名。漢雜號將軍之低級者。

［29］食四縣：即以四縣爲奉邑。亦即收取四縣之賦稅作爲官俸。

［30］盪寇將軍：官名。東漢末置，爲雜號將軍，主統兵出征。

［31］爲亭侯：趙幼文《校箋》謂蕭常《續後漢書》作"岐亭侯"，無"爲"字。按，亭侯，爵名。漢制，列侯大者食縣邑，小者食鄉、亭。東漢後期遂以食鄉、亭者稱爲鄉侯、亭侯。

［32］病瘖：趙幼文《校箋》謂《白孔六帖》卷五六引"瘖"字作"瘖"，《太平御覽》卷七四〇引《兵書》（按，實作《吴書》）同。《説文·疒部》："瘖，不能言也。"

　　黄蓋字公覆，零陵泉陵人也。[一][1]初爲郡吏，察孝廉，[2]辟公府。孫堅舉義兵，蓋從之，堅南破山賊，北走董卓，拜蓋别部司馬。[3]堅薨，蓋隨策及權。擐甲周旋，蹈刃屠城。

　　〔一〕《吴書》曰：故南陽太守黄子廉之後也，[4]枝葉分離，自祖遷于零陵，遂家焉。蓋少孤，嬰丁凶難，[5]辛苦備嘗，然有壯志，雖處貧賤，不自同於凡庸，常以負薪餘閒，學書疏，講兵事。

　　［1］泉陵：縣名。治所在今湖南永州市。

[2]孝廉：漢代選拔官吏的主要科目。孝指孝子，廉指廉潔之士。原本爲二科，後混同爲一科，也不再限於孝子和廉吏。東漢後期，定制爲不滿四十歲者不得察舉；被舉者先詣公府課試，以觀其能。郡國每年要向中央推舉一至二人。
　　[3]別部司馬：官名。東漢時大將軍領營五部，部有軍司馬一人，秩比千石。其別營領屬稱別部司馬。後雖非大將軍者，亦或有置。
　　[4]南陽：郡名。治所宛縣，在今河南南陽市。
　　[5]嬰丁：遭受。

　　諸山越不賓，[1]有寇難之縣，輒用蓋爲守長。石城縣吏，特難檢御，蓋乃署兩掾，[2]分主諸曹。教曰："令長不德，徒以武功爲官，不以文吏爲稱。今賊寇未平，有軍旅之務，一以文書委付兩掾，當檢攝諸曹，糾擿謬誤。兩掾所署，事入諸出，[3]若有姦欺，終不加以鞭杖，宜各盡心，無爲衆先。"初皆怖威，夙夜恭職；久之，吏以蓋不視文書，漸容人事。蓋亦嫌外懈怠，時有所省，各得兩掾不奉法數事。乃悉請諸掾吏，賜酒食，因出事詰問。兩掾辭屈，皆叩頭謝罪。蓋曰："前已相敕，終不以鞭杖相加，非相欺也。"遂殺之。縣中震慄。後轉春穀長，尋陽令。凡守九縣，所在平定。遷丹楊都尉，抑彊扶弱，山越懷附。
　　蓋姿貌嚴毅，善於養衆，每所征討，士卒皆争爲先。建安中，[4]隨周瑜拒曹公於赤壁，[5]建策火攻，語在《瑜傳》。[一]拜武鋒中郎將。[6]武陵蠻夷反亂，[7]攻守城邑，[8]乃以蓋領太守。時郡兵才五百人，自以不敵，因開城門，賊半入，乃擊之，斬首數百，餘皆奔走，盡歸邑落。[9]誅討魁帥，附從者赦之。[10]自春訖夏，寇亂盡平，諸幽邃巴、醴、由、誕邑侯君長，[11]皆改操易節，奉禮請見，郡境遂清。後長沙益陽縣爲山賊所攻，[12]蓋又平討，加偏將軍，[13]病卒于官。[14]

〔一〕《吳書》曰：赤壁之役，蓋爲流矢所中，時寒墮水，爲吳軍人所得，不知其蓋也，置廁牀中。[15]蓋自彊以一聲呼韓當，當聞之，曰："此公覆聲也。"向之垂涕，解易其衣，遂以得生。

[1] 山越：漢末三國時期，居於南方山區的土著人民稱爲山越。因其在秦漢時稱越人，雖經三百餘年已與漢族相融合，但時人仍稱之爲越。（本唐長孺《孫吳建國及漢末江南的宗部與山越》）

[2] 掾：屬官之統稱。漢代三公府及其他重要官府以及郡縣官府皆置掾，分曹治事，掾爲曹長。

[3] 事：周一良《南史札記》謂"事"即文書之意。此"意謂兩掾署名之文書送入立即畫諾，付出實行。下文又云，'因出事詰問，而掾詞屈'，事字意同"（周一良：《魏晉南北朝史札記》，中華書局1985年版，第457頁）。

[4] 建安：漢獻帝年號（196—220）。

[5] 赤壁：山名。在今湖北蒲圻市西北長江邊。詳解見本書卷一《武帝紀》建安十三年注。

[6] 武鋒中郎將：官名。建安中孫權置。領兵。

[7] 武陵：郡名。治所臨沅縣，在今湖南常德市。

[8] 攻守：蕭常《續後漢書》無"守"字。

[9] 邑落：此爲少數民族聚居的村落。

[10] 附從：百衲本"附"前有"從"字，殿本、盧弼《集解》本、校點本無，蕭常及郝經之《續後漢書》亦無。今從殿本等。

[11] 巴醴由誕：趙一清《注補》云："巴、醴、由、誕，四水名。由即油水，誕即澹水也。《水經注》：澧水又東，澹水出焉。"　邑侯：此爲武陵地區少數民族頭領之爵名。

　　[12] 長沙：郡名。治所臨湘縣，在今湖南長沙市。　益陽縣：漢代治所在今湖南益陽市東。孫吳移治於益陽市。

　　[13] 偏將軍：雜號將軍中地位較低者。

　　[14] 卒于官：百衲本無"于"字，殿本、盧弼《集解》本、校點本有，郝經《續後漢書》亦有。今從殿本等。

　　[15] 廁牀：廁所中的坐牀。

　蓋當官決斷，事無留滯，國人思之。[一][1] 及權踐阼，追論其功，賜子柄爵關內侯。[2]

〔一〕《吳書》曰：又圖畫蓋形，四時祠祭。

　　[1] 國人：趙幼文《校箋》謂蕭常《續後漢書》"國"字作"郡"。

　　[2] 關內侯：爵名。漢制二十級爵之十九級，次於列侯，祇有封户收取租税而無封地。魏文帝定爵制爲十等，關內侯在亭侯下，仍爲虚封，無食邑。孫吳亦沿襲。

　韓當字義公，遼西令支人也。[1]令音郎定反。支音巨兒反。以便弓馬，有膂力，幸於孫堅，從征伐周旋，數犯危難，陷敵擒虜，爲別部司馬。[一] 及孫策東渡，從討三郡，[2] 遷先登校尉，[3] 授兵二千，騎五十匹。從征劉勳，破黄祖，還討鄱陽，[4] 領樂安長，山越畏服。後以中郎將與周瑜等拒破曹公，[5] 又與吕蒙襲取南郡，遷偏將軍，領永昌太守。[6]宜都之役，[7]與陸遜、朱然等共攻蜀軍於涿鄉，[8]大破之，徙威烈將軍，[9]封都亭侯。[10]曹真攻南郡，當保東南。（在外爲）帥屬將士同心固守，[11]又敬望督司，[12]奉遵法令，權善之。黃武二年，[13]封石城侯，遷昭武將軍，[14]領冠軍太守，[15]後又加都督之號。[16]將敢死及解煩兵萬人，[17]討丹楊賊，破之。會病卒，子綜襲侯領兵。

〔一〕《吳書》曰：當勤苦有功，以軍旅陪隸，分於英豪，[18]故爵位不加。終於堅世，爲別部司馬。

[1] 遼西：郡名。治所陽樂縣，在今遼寧義縣西偏南古城子溝。　令支：縣名。治所在今河北遷安市西。

[2] 從討：趙幼文《校箋》謂蕭常《續後漢書》"討"字作"定"。

[3] 先登校尉：官名。建安初孫策置，領兵。

[4] 鄱陽：縣名。治所在今江西鄱陽縣東北。

[5] 中郎將：官名。東漢末爲統兵武職，位次將軍，秩比二千石。三國沿置。

[6] 永昌：郡名。治所不韋縣，在今雲南保山市東北金雞村。按，永昌郡爲蜀漢之南中地區，韓當乃空名遙領。

[7] 宜都：郡名。治所夷道縣，在今湖北枝城市。宜都之役，指公元222年的蜀吳虢亭之戰。虢亭即在今枝城市北長江東岸。

[8] 涿鄉：地名。謝鍾英云："涿鄉當在夷陵縣西。"（《補三國疆域志補注》）夷陵縣在今湖北宜昌市東南。

[9] 威烈將軍：官名。孫吳置。領兵。

[10] 都亭侯：爵名。位在鄉侯下，食禄於都亭。都亭，城郭附近之亭。

[11] 帥：各本作"在外爲帥"。趙幼文《校箋》謂《册府元龜》卷三九九引無"在外爲"三字，是也。按，宋本《册府元龜》亦同，今從趙説删"在外爲"三字。

[12] 督司：上級督軍。

[13] 黄武：吴大帝孫權年號（222—229）。

[14] 昭武將軍：官名。曹魏置，爲雜號將軍中權任較重者。第五品。孫吴亦置。

[15] 冠軍：縣名。治所在今河南鄧州市西北。此地爲曹魏據有，吴以之爲郡，僅空名遥領而已。

[16] 都督：此爲統軍將帥之稱號。

[17] 解煩兵：孫權置以侍衛及征戰、直屬最高統治者的精鋭軍隊。

[18] 分：殿本《考證》云："分"疑作"介"。

其年，權征石陽，[1]以綜有憂，[2]使守武昌，[3]而綜淫亂不軌。權雖以父故不問，綜内懷懼，〔一〕載父喪，將母家屬部曲男女數千人奔魏，[4]魏以爲將軍，封廣陽侯。[5]數犯邊境，殺害人民，權常切齒。東興之役，[6]綜爲前鋒，軍敗身死，諸葛恪斬送其首，以白權廟。

〔一〕《吴書》曰：綜欲叛，恐左右不從，因諷使劫略，示欲饒之，轉相放效，[7]爲行旅大患。後因詐言被詔，以部曲爲寇盜見詰讓，[8]云"將吏以下，當並收治"，又言恐罪自及。[9]左右因曰："惟當去耳。"遂共圖計，以當葬父，盡呼親戚姑姊，悉以嫁將吏，所幸婢妾，皆賜與親近，殺牛飲酒歃血，與共盟誓。

[1] 石陽：縣名。治所在今湖北漢川市西北。

[2] 憂：謂父死丁憂。

[3] 武昌：郡名。治所武昌縣，在今湖北鄂州市。
　　[4] 部曲：軍隊。
　　[5] 廣陽：縣名。治所在今北京市西南良鄉鎮東北。
　　[6] 東興：堤名。在今安徽巢湖市東南裕溪河東岸。堤爲吳人所築，以遏巢湖水。東興之役，指公元252年魏吳東關（亦即東興）之戰。
　　[7] 放：通"仿"。
　　[8] 詰讓：百衲本"詰"作"劫"，殿本、盧弼《集解》本、校點本作"詰"。今從殿本等。
　　[9] 自及：及於自己。

　　蔣欽字公奕，九江壽春人也。[1]孫策之襲袁術，[2]欽隨從給事。[3]及策東渡，拜別部司馬，授兵。與策周旋，平定三郡，又從定豫章。調授葛陽尉，[4]歷三縣長，討平盜賊，遷西部都尉。[5]會稽〔東〕冶賊呂合、秦狼等爲亂，[6]欽將兵討擊，遂禽合、狼，五縣平定，徙討越中郎將，[7]以涇拘、昭陽爲奉邑。[8]賀齊討黟賊，[9]欽督萬兵，與齊并力，黟賊平定。從征合肥，[10]魏將張遼襲權於津北，[11]欽力戰有功，遷盪寇將軍，領濡須督。[12]後召還都，拜（津）右護軍，[13]典領辭訟。

　　權嘗入其堂內，母疎帳縹被，[14]妻妾布裙。權歎其在貴守約，即敕御府爲母作錦被，[15]改易帷帳，妻妾衣服悉皆錦繡。

　　初，欽屯宣城，嘗討豫章賊。蕪湖令徐盛收欽屯吏，[16]表斬之，權以欽在遠不許，盛由是自嫌於欽。曹公出濡須，欽與呂蒙持諸軍節度。盛常畏欽因事害

己,而欽每稱其善。盛既服德,論者美焉。〔一〕

〔一〕《江表傳》曰:權謂欽曰:"盛前白卿,卿今舉盛,欲慕祁奚邪?"[17]欽對曰:"臣聞公舉不挾私怨,盛忠而勤彊,有膽略器用,好萬人督也。今大事未定,臣當助國求才,豈敢挾私恨以蔽賢乎!"權嘉之。

[1] 九江:郡名。東漢時治所陰陵縣,在今安徽定遠縣西北;漢末移治壽春縣,在今安徽壽縣。

[2] 孫策之襲袁術:殿本《考證》盧明楷曰:"按《孫策傳》,袁術僭號,策止以書責而絶之,未有襲術之事,疑有誤。"盧弼《集解》引陳景雲曰:"襲字當作'依',或'就'字之誤。"

[3] 給事:辦理事務。

[4] 葛陽:縣名。孫吳分餘汗縣東境置,治所在今江西弋陽縣西。 尉:漢制,大縣置尉二人,小縣一人。掌管軍事,防盜賊。

[5] 西部都尉:官名。指會稽西部都尉,治所長山縣,在今浙江金華市。孫皓寶鼎元年(266),改爲東陽郡。(本《宋書·州郡志》)

[6] 東冶:"冶",盧弼《集解》本作"治",百衲本、殿本、校點本作"冶"。今從百衲本等。而各本皆無"東"字,蕭常《續後漢書》作"東冶",本書卷六〇《呂岱傳》亦作"東冶",今據增"東"字。東冶縣治所在今福建福州市。

[7] 討越中郎將:官名。建安中孫權置,領兵,討伐山越。

[8] 涇拘昭陽:殿本、盧弼《集解》本、校點本"涇"字作"經",百衲本作"涇",郝經《續後漢書》亦作"涇"。今從百衲本。錢大昕云:"經拘、昭陽,漢時無此縣名。《宋志》邵陵郡有邵陽縣,吳立曰昭陽。即欽所食邑矣。經拘未詳。"(《廿二史考異》卷一七)昭陽縣治所在今湖南邵東縣東。而趙一清《注補》

則云："經拘，晉、宋《志》皆不載，疑此文有誤。欽屯宣城，故其子封宣城侯，其食邑當在丹陽，不得遠屆湘鄀也。漢丹陽郡有涇縣、有句容，'經拘、昭陽'或是鄉亭之名，下云以蕪湖田給欽妻子是也。"漢代涇縣治所在今安徽涇縣西。

[9] 黟：百衲本、殿本作"黝"，盧弼《集解》本、校點本作"黟"。殿本《考證》云："黝賊，疑作'黟賊'。"盧弼《集解》云："黟，各本均作'黝'誤，元本作'黟'，是。"今從盧弼《集解》本等。黟縣治所在今安徽黟縣東。

[10] 合肥：縣名。治所在今安徽合肥市西北。

[11] 津：盧弼《集解》云："《水經注》合肥東有逍遙津，水上舊有梁。"

[12] 濡須督：官名。濡須駐軍之長官。濡須在今安徽無為縣東北古濡須水畔。

[13] 右護軍：百衲本、殿本、盧弼《集解》本"右"上有"津"字。盧弼云："'津'字疑衍，吳置中、左、右護軍各一人。"校點本即從盧說刪'津'字，今從之。趙幼文《校箋》謂《太平御覽》卷六九九、卷八一五引無"津"字。《文選》陸士衡《辨亡論》李善注、《通鑑》亦無"津"字。按，右護軍，建安中孫權置。典領辭訟。後沿之。

[14] 縹被：淡青色的被子。

[15] 御府：官署名。東漢時掌使役宮婢製作補浣宮廷所用衣物等事，又置織室丞。三國因之。

[16] 蕪湖：縣名。治所在今安徽蕪湖市。

[17] 祁奚：春秋晉國大夫。以舉賢不避仇為世所稱贊。《左傳·襄公三年》："祁奚請老，晉侯問嗣焉。稱解狐，其讎也。"

權討關羽，欽督水軍入沔，[1]還，道病卒。權素服舉哀，以蕪湖民二百戶、田二百頃，給欽妻子。子壹封宣城侯，領兵拒劉備有功，還赴南郡，與魏交戰，臨陣卒。壹無子，弟休領兵，[2]後有罪失業。

[1] 沔：水名。即漢水。
[2] 領兵：孫吳實行世襲領兵制，父祖所領之兵，子孫得繼承領有。

周泰字幼平，九江下蔡人也。[1]與蔣欽隨孫策爲左右，服事恭敬，數戰有功。策入會稽，署別部司馬，授兵。權愛其爲人，請以自給。策討六縣山賊，權住宣城，使士自衞，不能千人，意尚忽略，不治圍落，[2]而山賊數千人卒至。權始得上馬，而賊鋒刃已交於左右，或斫中馬鞍，衆莫能自定。惟泰奮擊，[3]投身衞權，膽氣倍人，左右由泰並能就戰。賊既解散，身被十二創，良久乃蘇。是日無泰，[4]權幾危殆。策深德之，補春穀長。後從攻皖，[5]及討江夏，還過豫章，復補宜春長，[6]所在皆食其征賦。

從討黃祖有功。後與周瑜、程普拒曹公於赤壁，攻曹仁於南郡。荊州平定，[7]將兵屯岑。[8]曹公出濡須，泰復赴擊，曹公退，留督濡須，拜平虜將軍。[9]時朱然、徐盛等皆在所部，並不伏也，權特爲案行至濡須塢，[10]因會諸將，大爲酣樂，權自行酒到泰前，命泰解衣，權手自指其創痕，問以所起。泰輒記昔戰鬬處以對，畢，使復服，歡讌極夜，其明日，遣使者授以御蓋。〔一〕[11]於是盛等乃伏。

〔一〕《江表傳》曰：權把其臂，因流涕交連，字之曰："幼平，卿爲孤兄弟戰如熊虎，不惜軀命，被創數十，膚如刻畫，孤亦何心不待卿以骨肉之恩，委卿以兵馬之重乎！卿吳之功臣，孤當與卿同榮辱，等休戚。幼平意快爲之，[12]勿以寒門自退也。"即敕以己常所用御幘青縑蓋賜之。坐罷，住駕，使泰以兵馬導從出，鳴鼓角作鼓吹。

［1］下蔡：縣名。治所在今安徽鳳臺縣。
［2］圍落：即藩籬。借指防衛。
［3］奮擊：殿本、盧弼《集解》本作"奮擊"，百衲本、校點本作"奮激"。殿本《考證》云："監本訛作'奮激没身'，今改正。"按，蕭常《續後漢書》亦作"奮擊"。今從殿本等。
［4］無泰：吳金華《〈三國志集解〉校箋》謂《通鑑》卷六八胡三省注引《周泰傳》"無"字作"微"，當是原文。
［5］皖：縣名。治所在今安徽潛山縣。
［6］宜春：縣名。治所在今江西宜春市。
［7］荆州：漢末劉表爲刺史，治所襄陽縣，在今湖北襄陽市襄州區。
［8］岑：趙一清《注補》云："蓋屯戍之名。在今澧州東北。"清代澧州，即今湖南澧縣。
［9］平虜將軍：官名。漢末建安中曹操置，孫權亦置。
［10］濡須塢：在濡須，建安十六年孫權築。因形似偃月，又名偃月塢。
［11］御蓋：帝王儀仗之一的傘蓋。
［12］幼平：百衲本、殿本作"威平"，盧弼《集解》本、校點本作"幼平"。潘眉《考證》云："威平，當爲'幼平'，因'幼'上有'戚'字，遂訛'幼'爲'威'。"今從盧弼《集解》本等。

後權破關羽,欲進圖蜀,拜泰漢中太守、奮威將軍,[1]封陵陽侯。黃武中卒。

子邵以騎都尉領兵。[2]曹仁出濡須,戰有功,又從攻破曹休,進位裨將軍,黃龍二年卒。[3]弟承領兵襲侯。

[1] 漢中:郡名。治所南鄭縣,在今陝西漢中市東。此時漢中爲蜀漢所有,周泰乃空名遥領。　奮威將軍:官名。漢爲雜號將軍。

[2] 騎都尉:官名。孫吳時統羽林兵,宿衛左右。

[3] 黃龍:吳大帝孫權年號(229—231)。

陳武字子烈,廬江松滋人〔也〕。[1]孫策在壽春,[2]武往脩謁,時年十八,長七尺七寸,因從渡江,征討有功,拜別部司馬。[3]策破劉勳,多得廬江人,料其精鋭,乃以武爲督,[4]所向無前,及權統事,轉督五校。[5]仁厚好施,鄉里遠方客多依託之。尤爲權所親愛,數至其家。累有功勞,進位偏將軍。建安二十年,從擊合肥,奮命戰死。權哀之,自臨其葬。〔一〕[6]

〔一〕《江表傳》曰:權命以其愛妾殉葬,復客二百家。[7]

孫盛曰:昔三良從穆,[8]秦師以之不征;魏妾既出,[9]杜回以之僵仆。禍福之報,如此之效也。權仗計任術,以生從死,世祚之促,不亦宜乎!

[1] 松滋:錢大昕《廿二史考異》謂《漢書·地理志》廬江郡有松兹縣,《續漢書·郡國志》無之,則東漢已省此縣,疑漢末

復置也。按，西漢松茲乃侯國，治所在今安徽太湖縣南。　人也：各本無"也"字。盧弼《集解》云："'人'下少'也'字。《董襲傳》同。"趙幼文《校箋》謂《文選》陸士衡《辨亡論》李善注引"人"下有"也"字，此脱。今從趙引補。

　　［2］壽春：縣名。治所在今安徽壽縣。

　　［3］別部司馬：百衲本無"別"字，殿本、盧弼《集解》本、校點本有，蕭常《續後漢書》亦有。今從殿本等。

　　［4］督：官名。此爲統兵武官。

　　［5］五校：東漢時屯騎、越騎、步兵、長水、射聲等五校尉，簡稱五校，皆統宿衛兵。盧弼《集解》云："時權尚未即尊，不得有五校，或亦如無難督、解煩督耳。"則爲孫權所置的警衛部隊。

　　［6］葬：趙幼文《校箋》謂《文選》陸士衡《辨亡論》李善注引作"喪"。

　　［7］復客：亦稱"復人"。孫吳實行復客制度，將屯田客甚至編户農民賜與功臣之家爲客，並免除其賦役，稱爲復客。復客要向私家納課供役，類似於農奴。

　　［8］三良從穆：三良，指春秋秦國子車氏之三子；穆，指秦穆公。殿本、盧弼《集解》本、校點本作"穆秦"，百衲本作"秦穆"。今從殿本等。《左傳·文公六年》："秦伯任好（秦穆公名任好）卒，以子車氏三子奄息、仲行、鍼虎爲殉，皆秦之良也。國人哀之，爲之賦《黄鳥》。君子曰：'秦穆之不爲盟主也宜哉！死而棄民。先王違世，猶詒之法，而況奪之善人乎？'"又云："君子是以知秦之不復東征也。"《史記》卷五《秦本紀》亦引君子曰："秦繆公廣地益國，東服强晋，西霸戎夷，然不爲諸侯盟主，亦宜哉。死而棄民，收其良臣而從死。且先王崩，尚猶遺德垂法，況奪之善人良臣百姓所哀者乎？是以知秦不能復東征也。"

　　［9］魏妾：指春秋晉國魏武子之妾。《左傳·宣公十五年》載，魏武子疾病，命其子魏顆說："一定把她嫁了。"至魏武子病危時，又命魏顆說："一定把她殉葬。"魏武子死後，魏顆把婦人嫁

了，説："人病危則昏亂，我從其清醒時之言。"及秦晉輔氏之戰，魏顆擊敗秦軍，並見一老人結草絆倒秦力士杜回，因而俘獲杜回。夜間，魏顆夢見老人説："我是你所嫁婦人之父，你用你父清醒時之言，故來報答，結草絆倒杜回。"

子脩有武風，年十九，權召見獎屬，拜別部司馬，授兵五百人。時諸將新兵多有逃叛，[1]而脩撫循得意，不失一人。權奇之，拜爲校尉。[2]建安末，追錄功臣後，封脩都亭侯，爲解煩督。[3]黃龍元年卒。

弟表，字文奧，武庶子也，少知名，與諸葛恪、顧譚、張休等並侍東宮，[4]皆共親友。尚書暨豔亦與表善，[5]後豔遇罪，時人咸自營護，信厚言薄，表獨不然，士以此重之。(徙)〔從〕太子中庶子，[6]拜翼正都尉。[7]兄脩亡後，表母不肯事脩母，表謂其母曰："兄不幸早亡，表統家事，當奉嫡母。母若能爲表屈情，承順嫡母者，是至願也；若母不能，直當出別居耳。"表於大義公正如此。由是二母感寤雍穆。[8]表以父死敵場，求用爲將，領兵五百人。表欲得戰士之力，傾意接待，士皆愛附，樂爲用命。時有盜官物者，疑無難士施明。[9]明素壯悍，收考極毒，惟死無辭，[10]廷尉以聞。[11]權以表能得健兒之心，詔以明付表，使自以意求其情實。表便破械沐浴，易其衣服，厚設酒食，歡以誘之。明乃首服，具列支黨。表以狀聞。權奇之，欲全其名，特爲赦明，誅戮其黨。遷表爲無難右部督，[12]封都亭侯，以繼舊爵。表皆陳讓，乞以傳脩子延，權不許。嘉禾三年，[13]諸葛恪領丹楊太守，討平山越，以表領新（安）〔都〕都尉，[14]與恪參勢。初，表所受賜復人得二百家，[15]在會稽新安縣。[16]表簡視其人，皆堪好兵，乃上疏陳讓，乞以還官，充足精銳。詔曰："先將軍有功於國，國家以此報之，卿何得辭焉？"表乃稱曰："今除國賊，報父之仇，以人爲本。空枉此勁銳以爲僮僕，非表志也。"皆輒料取以充部伍。所在以聞，權甚嘉之。下郡縣，料正户羸民以補其處。[17]表在官三年，廣開降納，得兵萬餘人。事捷當出，會鄱陽民吳遽等爲亂，攻没城郭，屬縣搖動，表便越界赴討，遽以破敗，遂降。陸遜拜表偏將軍，進封都鄉侯，[18]北屯章阬。[19]年三十四卒。家財盡於養士，死之日，妻子露立，太子登爲起屋宅。子敖年十七，拜別部司馬，授兵四百人。敖卒，脩子延復爲司馬代敖。延弟永，將軍，封侯。始施明感表，自變行爲善，遂成健將，致位將軍。

[1] 諸將：百衲本、殿本、盧弼《集解》本皆作"諸將"，校點本無"將"字。今從百衲本等。

[2] 校尉：官名。漢代軍職之稱。東漢末位次中郎將。三國沿置而名號繁多，品秩亦高低不等。

[3] 解煩督：官名。孫權所置解煩兵，分爲左右二部，皆置督以統之。

[4] 東宫：指太子孫登。

[5] 尚書：官名。東漢有六曹尚書，即三公曹、民曹、客曹、二千石曹、吏曹、中都官曹等。秩皆六百石，皆稱尚書，不加曹號。（本《晉書·職官志》）三國沿置，員數不等。

[6] 從：各本皆作"徙"。陳景雲《辨誤》云："'徙'字當

作‘從’。中庶子乃表初除之官，非遷改也。與張休從中庶子轉右弼都尉同。"校點本即從陳說改，今從之。　太子中庶子：官名。東漢時屬太子少傅，秩六百石，置五員。職如侍中。三國沿置，掌侍從、奏事、諫議等。

［7］翼正都尉：官名。孫吳置。孫權黃龍元年（229）立孫登爲太子，置左輔、右弼、輔正、翼正都尉，以輔佐太子，稱太子四友。

［8］雍穆：和睦融洽。

［9］無難士：孫吳置無難士，以侍衛帝王及征戰。

［10］惟：殿本《考證》云："元本作‘雖’。"趙幼文《校箋》謂《白孔六帖》卷四五、《册府元龜》卷四一二引"惟"字俱作"雖"，作"雖"字是。按，宋本《册府元龜》亦作"惟"。又按，二字義同。楊樹達《詞詮》卷八："惟，推拓連詞，用與‘雖’同。"

［11］廷尉：官名。東漢時爲列卿之一，秩中二千石，掌司法刑獄。三國沿置。

［12］無難右部督：官名。孫吳所置無難士，分爲左、右二部，皆由督統之。

［13］嘉禾：吳大帝孫權年號（232—238）。

［14］新都：各本皆作"新安"。陳景雲《辨誤》云："‘安’當作‘都’，是時新都猶未改新安，又《諸葛瑾傳》注引《吳書》亦云‘新都都尉陳表’，尤明證也。"錢大昕亦云："孫權於建安十三年立新都郡，晉太康平吳，始改新安。此云新安，蓋新都之訛。"（《廿二史考異》卷一七）今從陳、錢説改。趙幼文《校箋》謂《册府元龜》卷五〇三引"安"字正作"都"。按，新都郡治所始新縣，在今浙江淳安縣西北。

［15］復人：免除賦役之人。

［16］新安縣：治所在今浙江衢縣。

［17］料：挑選。　正户：即郡縣編户民，亦即在郡縣有正式

户籍之民。

[18] 都鄉侯：爵名。列侯食邑爲都鄉者，稱都鄉侯。位次於縣侯，高於鄉侯。

[19] 章阬：地名。盧弼《集解》謂當在新都郡之北，丹楊郡之南。

董襲字元（代）〔世〕，[1]會稽餘姚人〔也〕，[2]長八尺，武力過人。[一]孫策入郡，襲迎於高遷亭，[3]策見而偉之，到署門下賊曹。[4]時山陰宿賊黃龍羅、周勃聚黨數千人，[5]策自出討，襲身斬羅、勃首，還拜別部司馬，授兵數千，遷揚武都尉。[6]從策攻皖，又討劉勳於尋陽，伐黃祖於江夏。

〔一〕謝承《後漢書》稱襲志節慷慨，[7]武毅英烈。

[1] 元世：各本皆作"元代"。吳金華《校詁》云："《文選》卷五十三陸機《辨亡論》李善注引《吳志》曰：'董襲，字元世。'李善所據必唐以前古本。今諸本作'元代'者，均承唐人避諱之文，當回改。"按，吳説有理有據，今從改。

[2] 餘姚：縣名。治所在今浙江餘姚市。　人也：各本無"也"字。趙幼文《校箋》謂《文選》陸士衡《辨亡論》李善注引"人"下有"也"字。今從趙引補。

[3] 高遷亭：在今浙江蕭山市東北長山鎮附近。

[4] 門下賊曹：官名。漢朝郡縣皆置賊曹，門下賊曹即賊曹長官，因與郡守縣令長關係親近，故冠以"門下"之稱。掌盜賊警衛事。東漢末將軍府亦有置者。

[5] 山陰：縣名。治所在今浙江紹興市。

[6] 揚武都尉：官名。爲領兵武職，稍低于校尉，東漢末置。

[7] 後漢書：百衲本、殿本、盧弼《集解》本無"後"字，校點本有。今從校點本。

　　策薨，權年少，初統事，太妃憂之，引見張昭及襲等，問江東可保安否，[1]襲對曰："江東地勢，有山川之固，而討逆明府，[2]恩德在民。討虜承基，[3]大小用命，張昭秉衆事，襲等爲爪牙，此地利人和之時也，萬無所憂。"衆皆壯其言。

　　鄱陽賊彭虎等衆數萬人[4]，襲與淩統、步騭、蔣欽各別分討。襲所向輒破，虎等望見旌旗，便散走，旬日盡平，拜威越校尉，[5]遷偏將軍。

　　建安十三年，權討黃祖，祖橫兩蒙衝挾守沔口，[6]以栟閭大紲繫石爲矴，[7]上有千人，以弩交射，飛矢雨下，軍不得前。襲與淩統俱爲前部，各將敢死百人，人被兩鎧，乘大舸船，突入蒙衝裏。襲身以刀斷兩紲，蒙衝乃橫流，大兵遂進。祖便開門走，兵追斬之。明日大會，權舉觴屬襲曰："今日之會，斷紲之功也。"

　　曹公出濡須，[8]襲從權赴之，使襲督五樓船住濡須口。[9]夜卒暴風，五樓船傾覆，左右散走舸，[10]乞使襲出。[11]襲怒曰："受將軍任，在此備賊，何等委去也。敢復言此者斬！"於是莫敢干。其夜船敗，襲死。權改服臨殯，[12]供給甚厚。

　　[1] 江東：地區名。長江自西向東流，流至今安徽境內，則偏北斜流，至今江蘇省鎮江市又東流而下，古稱這段江路東岸之地爲江東（今長江以南的蘇、浙、皖一帶），西岸之地爲江西（今皖北

和淮河下游一帶）。　否：百衲本、殿本、盧弼《集解》本作"不"，校點本作"否"，蕭常《續後漢書》亦作"否"。按，二字通，今從校點本。《正字通·一部》："不，與可否之否通。"

　　[2] 討逆：指孫策。孫策爲討逆將軍。　明府：亦指孫策。漢代人敬稱郡太守爲明府君，簡稱明府。因孫策曾自領會稽太守，故可稱之明府。

　　[3] 討虜：指孫權。建安五年曹操薦孫權爲討虜將軍。

　　[4] 數萬人：趙幼文《校箋》謂《册府元龜》卷三四三引"萬"字作"千"。按，宋本《册府元龜》亦作"萬"。

　　[5] 威越校尉：官名。建安中孫權置。領兵。

　　[6] 蒙衝：戰船。詳解見本書卷五四《周瑜傳》注。　沔口：地名。亦名夏口。在今湖北武漢市原漢水入長江處。

　　[7] 栟（bīng）閭（lǘ）：又作"栟櫚"。木名，即棕櫚樹，樹幹上包裹着一層由葉鞘形成的纖維狀物，稱爲棕皮，可用以制作繩索等。此"栟閭"即指棕皮。　大絏（xiè）：大繩索。　矴（dìng）：繫船的石礎。

　　[8] 濡須：趙幼文《校箋》謂《文選·辨亡論》李善注引"須"下有"口"字。

　　[9] 樓船：有樓的大戰船。　住濡須口：趙幼文《校箋》謂《册府元龜》卷三七〇引"住"字作"往"，《文選·辨亡論》李善注引同。

　　[10] 走舸：輕便快速的戰船。

　　[11] 乞使：吴金華《〈三國志〉待質録》謂宋本《册府元龜》卷三七〇"乞"字作"師"，師即船師，今本之"乞"是後人改動的。

　　[12] 臨殯：殿本、盧弼《集解》本作"臨喪"，百衲本、校點本作"臨殯"。今從百衲本等。

甘寧字興霸，巴郡臨江人也。〔一〕[1]少有氣力，好游俠，招合輕薄少年，爲之渠帥；羣聚相隨，[2]挾持弓弩，負毦帶鈴，[3]民聞鈴聲，即知是寧。〔二〕人與相逢，及屬城長吏，[4]接待隆厚者乃與交歡；不爾，即放所將奪其資貨，於長吏界中有所賊害，作其發負，[5]至二十餘年。止不攻劫，頗讀諸子，乃往依劉表，因居南陽，不見進用，後轉託黄祖，祖又以凡人畜之。〔三〕

〔一〕《吴書》曰：寧本南陽人，其先客於巴郡。[6]寧爲吏舉計掾，[7]補蜀郡丞，[8]頃之，棄官歸家。

〔二〕《吴書》曰：寧輕俠殺人，藏舍亡命，聞於郡中。其出入，步則陳車騎，水則連輕舟，侍從被文繡，所如光道路，住止常以繒錦維舟，去或割棄，[9]以示奢也。

〔三〕《吴書》曰：寧將僮客八百人就劉表。[10]表儒人，不習軍事。時諸英豪各各起兵，寧觀表事勢，終必無成，恐一朝土崩，并受其禍，欲東入吴。黄祖在夏口，軍不得過，乃留依祖，三年，祖不禮之。[11]權討祖，祖軍敗奔走，追兵急，寧以善射，將兵在後，射殺校尉淩操。祖既得免，軍罷還營，待寧如初。祖都督蘇飛數薦寧，祖不用，令人化誘其客，客稍亡。寧欲去，恐不獲免，獨憂悶不知所出。飛知其意，[12]乃要寧，爲之置酒，謂曰："吾薦子者數矣，主不能用。日月逾邁，人生幾何，宜自遠圖，庶遇知己。"寧良久乃曰："雖有其志，未知所由。"飛曰："吾欲白子爲邾長，[13]於是去就，孰與臨阪轉丸乎?"[14]寧曰："幸甚。"飛白祖，聽寧之縣。招懷亡客并義從者，得數百人。

[1] 巴郡：治所江州縣，在今重慶市渝中區。　臨江：縣名。治所在今重慶市忠縣。

〔2〕羣聚：趙幼文《校箋》謂《册府元龜》卷八九一引"聚"字作"衆"。按，宋本《册府元龜》亦作"聚"。

〔3〕毦（ěr）：以鳥羽或獸毛製成的裝飾物。

〔4〕長吏：指縣令長。

〔5〕作其發負：盧弼《集解》云："或曰'發'疑作'廢'。廢負，見《吕蒙傳》。胡三省謂廢是廢職事，負是罪負。"按，發古通廢，不須改字。朱駿聲《説文通訓定聲·泰部》："發，叚借爲廢。"又《莊子·列禦寇》："先生既來，曾不發藥乎！"郭慶藩《集解》："發、廢古同聲通用字。"

〔6〕其先客於巴郡：百衲本"客"字作"先"，殿本、盧弼《集解》本、校點本作"客"。今從殿本等。

〔7〕計掾：官名。即上計掾，漢代的郡國在年終遣官吏至京都向朝廷呈上計簿，彙報本郡國的户口、錢糧、獄訟、盜賊等情況，稱爲上計。所遣之官吏稱爲上計掾或上計吏。

〔8〕蜀郡：治所成都縣，在今四川成都市舊東西城區。　丞：官名。郡丞爲太守之副，佐掌衆事，秩六百石。

〔9〕或：趙幼文《校箋》謂《初學記》卷二五、卷二七及《事類賦》卷一〇、卷一六引俱作"輒"。

〔10〕僮客：即奴客。

〔11〕三年祖不禮之：百衲本、殿本作"祖三年不禮之"，盧弼《集解》本、校點本作"三年祖不禮之"。今從《集解》本等。

〔12〕其意：百衲本"其"字作"所"，殿本、盧弼《集解》本、校點本作"其"。今從殿本等。

〔13〕邾：百衲本作"祁"，殿本、盧弼《集解》本、校點本作"邾"，蕭常《續後漢書》亦作"邾"。今從殿本等。邾，縣名。治所在今湖北黃州市西北。

〔14〕臨阪轉丸：殿本、盧弼《集解》本、校點本"阪"字作"版"，百衲本作"阪"。按，"阪上走丸"爲古成語。此亦應作"阪"，今從百衲本。臨阪走丸，謂受到限制轉走不開。

於是歸吳。周瑜、吕蒙皆共薦達，孫權加異，同於舊臣。寧陳計曰：“今漢祚日微，曹操彌憍，[1]終爲篡盗。南荆之地，[2]山陵形便，江川流通，誠是國之西勢也。寧已觀劉表，慮既不遠，兒子又劣，非能承業傳基者也。至尊當早規之，不可後操圖之。[3]圖之之計，宜先取黄祖。祖今年老，昏耄已甚，財穀並乏，左右欺弄，務於貨利，侵求吏士，吏士心怨，舟船戰具，頓廢不脩，怠於耕農，軍無法伍。至尊今往，其破可必。一破祖軍，鼓行而西，西據楚關，[4]大勢彌廣，即可漸規巴蜀。”權深納之。張昭時在坐，難曰：“吴下業業，[5]若軍果行，恐必致亂。”寧謂昭曰：“國家以蕭何之任付君，[6]君居守而憂亂，奚以希慕古人乎？”權舉酒屬寧曰：“興霸，今年行討，如此酒矣，決以付卿。卿但當勉建方略，令必克祖，則卿之功，何嫌張長史之言乎！”[7]權遂西，果禽祖，盡獲其士衆。遂授寧兵，屯當口。〔一〕[8]

〔一〕《吴書》曰：初，權破祖，[9]先作兩函，欲以盛祖及蘇飛首。飛令人告急於寧，寧曰：“飛若不言，吾豈忘之？”權諸將置酒，寧下席叩頭，血涕交流，爲權言：“飛疇昔舊恩，寧不值飛，固已殞骸於溝壑，[10]不得致命於麾下。今飛罪當夷戮，特從將軍乞其首領。”權感其言，謂曰：“今爲君致之，若走去何？”[11]寧曰：“飛免分裂之禍，受更生之恩，逐之尚必不走，豈圖亡哉！[12]若爾，寧頭當代入函。”權乃赦之。

[1] 憍：同“驕”。《廣韻·宵韻》：“憍，憐也，恣也。本亦作驕。”

[2] 南荆：指荆州。

　　[3] 後操圖之：校點本無"圖之"二字，百衲本、殿本、盧弼《集解》本有，蕭常《續後漢書》亦有。今從百衲本等。

　　[4] 楚關：胡三省云："楚關，扞關也。蜀伐楚，楚爲扞關以拒之，故曰楚關。"（《通鑑》卷六五漢獻帝建安十三年注）扞關，在今湖北長陽縣西。

　　[5] 吴：縣名。治所在今江蘇蘇州市。當時孫權治所在吴。業業：形容危懼。《尚書·皋陶謨》："兢兢業業，一日二日萬幾。"孔安國傳："業業，危懼。"

　　[6] 蕭何之任：謂居守之任。蕭何佐劉邦起兵後，專督衆務。楚漢戰争中，他留守關中，輸送士卒糧餉，爲劉邦之勝利立了大功。（見《史記》卷三五《蕭相國世家》）

　　[7] 張長史：張昭爲孫權長史。

　　[8] 當口：地名。趙一清《注補》云："寧屯始屬孫皎，皎督夏口，後因酒失，求屬吕蒙，蒙督濡須，觀本傳後文知之。當口必在夏口相近。"盧弼《集解》又云："或曰當口或即當利口。"當利口則在今安徽和縣東當利水入長江處。

　　[9] 破：趙幼文《校箋》謂蕭常《續後漢書》作"攻"。

　　[10] 殞：百衲本作"殞"，殿本、盧弼《集解》本、校點本作"損"。按，"殞骸"猶"殞身"，謂喪命。今從百衲本。

　　[11] 今爲君致之若走去何：殿本《考證》云："'致'疑作'置'，陳、范二史此二字多通用。'若走去何'，監本訛作'若走云何'，今改正。"按，百衲本正作"若走去何"，盧弼《集解》本、校點本亦同。今從百衲本等。

　　[12] 豈圖：殿本、盧弼《集解》本、校點本"豈"下有"當"字，百衲本無。今從百衲本。趙幼文《校箋》謂《太平御覽》卷四七九引《吴録》亦無"當"字。

　　　　後隨周瑜拒破曹公於烏林。攻曹仁於南郡，未拔，寧建計先徑進取夷陵，[1]往即得其城，因入守之。時手下有數百兵，并所新得，僅滿千人。曹仁乃令五六千人圍寧。寧受攻累日，敵設高樓，雨射城中，士衆皆懼，惟寧談笑自若。遣使報瑜，瑜用呂蒙計，帥諸將解圍。後隨魯肅鎮益陽，拒關羽。羽號有三萬人，自擇選銳士五千人，投縣上流十餘里淺瀨，[2]云欲夜涉渡。肅與諸將議。寧時有三百兵，乃曰："可復以五百人益吾，吾往對之，保羽聞吾欬唾，[3]不敢涉水，涉水即是吾禽。"[4]肅便選千兵益寧，寧乃夜往。羽聞之，住不渡，而結柴營，[5]今遂名此處爲關羽瀨。[6]權嘉寧功，拜西陵太守，[7]領陽新、下雉兩縣。[8]

後從攻皖，爲升城督。[9]寧手持練，身緣城，爲吏士先，卒破獲朱光。計功，呂蒙爲最，寧次之，拜折衝將軍。[10]

後曹公出濡須，寧爲前部督，[11]受敕出斫敵前營。權特賜米酒衆肴，[12]寧乃料賜手下百餘人食。[13]食畢。寧先以銀碗酌酒，自飲兩碗，乃酌與其都督。都督伏，不肯時持。寧引白削置膝上，[14]呵謂之曰："卿見知於至尊，孰與甘寧。甘寧尚不惜死，卿何以獨惜死乎？"都督見寧色厲，即起拜持酒，次通酌兵各一銀盌。[15]至二更時，[16]銜枚出斫敵。[17]敵驚動，遂退。寧益貴重，增兵二千人。〔一〕

〔一〕《江表傳》曰：曹公出濡須，號步騎四十萬，臨江飲馬。[18]權率衆七萬應之，使寧領三千人爲前部督。[19]權密敕寧，使夜入魏軍。寧乃選手下健兒百餘人，徑詣曹公營下，使拔鹿角,[20]踰壘入營,斬得數十級。北軍驚駭鼓譟,舉火如星,寧已還入營,作鼓吹,[21]稱萬歲。因夜見權,權喜曰:"足以驚駭老子否?聊以觀卿膽耳。"即賜絹千疋,刀百口。權曰:"孟德有張遼,孤有興霸,足相敵也。"停住月餘,北軍便退。

[1] 夷陵:縣名。治所在今湖北宜昌市東南。

[2] 投縣上流:趙幼文《校箋》謂《太平御覽》卷四二五(當作四三五)引"投"字作"從"。 淺瀨:淺水沙石灘。

[3] 欸唾:蕭常《續後漢書》"唾"下有"聲"字。趙幼文《校箋》謂《太平御覽》引"唾"下有"聲必"二字。

[4] 是:盧弼《集解》本作"爲",百衲本、殿本、校點本作"是"。今從百衲本等。

[5] 柴(zhài):通"寨"。《集韻·卦韻》:"柴,藩落也。或作砦。""砦"即"寨"之異體字。

[6] 關羽瀨:趙一清《注補》云:"《水經·資水注》云益陽縣有關羽瀨,所謂關羽灘也。"盧弼《集解》又云:"按《孫權傳》《呂蒙傳》皆云破朱光在前,拒關羽在後,與此傳異。"

[7] 西陵:郡名。錢大昕云:"此西陵郡,蓋分漢江夏郡之地。陽新縣亦吳置。"(《廿二史考異》卷一七)按,陽新縣當即西陵郡治所,在今湖北陽新縣西南陽新鎮。

[8] 下雉:縣名。治所在今湖北陽新縣東。

[9] 升城督:官名。孫吳作戰時置,非常制。

[10] 折衝將軍:官名。新莽時曾置,建安中曹操又置,孫吳亦置。

[11] 前部督:官名。建安中孫權置。爲出征軍隊之前部將領。

[12] 肴:殿本、盧弼《集解》本、校點本作"殽",百衲本作"肴"。二字雖通,今仍從百衲本。

[13] 乃:盧弼《集解》本作"以",百衲本、殿本、校點本

作"乃"。今從百衲本等。　料：《説文·斗部》："料，量也。"段玉裁注："量者，稱輕重也。稱其輕重曰量，稱其多少曰料，其義一也。"

〔14〕白削：猶白刃。削爲一種有柄而微彎曲的兩刃小刀，漢代多用以刮削簡牘上的文字。《禮記·少儀》："刀卻刃授穎，削授柎。"孔穎達疏："削，謂曲刀。"

〔15〕持酒：百衲本作"待酒"，殿本作"時酒"，盧弼《集解》本、校點本作"持酒"。今從《集解》本等。　次通酌：殿本、盧弼《集解》本、校點本無"次"字，百衲本有，蕭常《續後漢書》亦同。今從百衲本。趙幼文《校箋》亦謂《太平御覽》卷四三五、卷七六〇引"通"上俱有"次"字。

〔16〕更：古代夜間的計時單位，一更約兩小時，一夜分爲五更。

〔17〕銜枚：古代夜間秘密行軍，爲防止聲音，每個士兵口裏銜一根小木棍，稱爲銜枚。

〔18〕臨江飲馬：在長江邊給馬喝水。謂將準備戰鬥的軍隊集中到長江邊。

〔19〕三千：趙幼文《校箋》謂《太平御覽》卷四三六引作"二千"，蕭常《續後漢書》同。　前部督：殿本"部"字作"都"，百衲本、盧弼《集解》本、校點本作"部"。今從百衲本等。

〔20〕鹿角：古代軍隊在野外扎營，爲防止敵人進攻，在營寨周圍埋以帶枝的樹木，因形如鹿角，故名。

〔21〕鼓吹：軍樂。

　　寧雖麤猛好殺，然開爽有計略，輕財敬士，能厚養健兒，健兒亦樂爲用命。建安二十年，從攻合肥，會疫疾，軍旅皆已引出，唯車下虎士千餘人，并吕蒙、蔣欽、淩統及寧，從權逍遙津北。[1]張遼覘望知之，即將步騎奄至。寧引弓射敵，與統等死戰。寧厲聲問鼓吹何以不作，壯氣毅然，權尤嘉之。〔一〕

〔一〕《吳書》曰：淩統怨寧殺其父操，寧常備統，[2]不與相見。權亦命統不得讎之。嘗於呂蒙舍會，酒酣，統乃以刀舞。寧起曰："寧能雙戟舞。"蒙曰："寧雖能，未若蒙之巧也。"因操刀持楯，以身分之。[3]後權知統意，因令寧將兵，遂徙屯於半州。[4]

[1] 逍遙津：津渡名。在今安徽合肥市東北肥水上。
[2] 備：趙幼文《校箋》謂《太平御覽》卷四八一、卷五七四引作"避"。
[3] 分之：趙幼文《校箋》謂《太平御覽》卷五七四、《事類賦》卷一一引"分"字俱作"蔽"。
[4] 半州：地名。在今江西九江市西。孫吳曾於此築城。趙幼文《校箋》則謂《太平御覽》卷五七四引作"中州"。按，《太平御覽》實作"中洲"。中洲在今湖北枝江市南長江中，非屯兵之所。

寧厨下兒曾有過，走投呂蒙。蒙恐寧殺之，故不即還。後寧齎禮禮蒙母，[1]臨當與升堂，乃出厨下兒還寧。寧許蒙不殺。斯須還船，縛置桑樹，自挽弓射殺之。畢，敕船人更增舸纜，解衣臥船中。蒙大怒，擊鼓會兵，欲就船攻寧。寧聞之，故臥不起。蒙母徒跣出諫蒙曰："至尊待汝如骨肉，屬汝以大事，何有以私怒而欲攻殺甘寧？寧死之日，縱至尊不問，汝是爲臣下非法。"蒙素至孝，聞母言，即豁然意釋，自至寧船，笑呼之曰："興霸，老母待卿食，急上！"寧涕泣歔欷曰："負卿。"與蒙俱還見母，歡宴竟日。

[1]齋禮：趙幼文《校箋》謂《白孔六帖》卷五三（當作五四）引"禮"字作"酒"。

寧卒，權痛惜之。子環，以罪徙會稽，無幾死。

淩統字公績，吳郡餘杭人也。[1]父操，輕俠有膽氣，孫策初興，每從征伐，常冠軍履鋒。守永平長，[2]平治山越，奸猾斂手，遷破賊校尉。[3]及權統事，[4]從討江夏。入夏口，先登，破其前鋒，輕舟獨進，中流矢死。

統年十五，左右多稱述者，權亦以操死國事，拜統別部司馬，行破賊都尉，使攝父兵。後從擊山賊，權破保屯先還，[5]餘麻屯萬人，[6]統與督張異等留攻圍之，克日當攻。先期，統與督陳勤會飲酒，勤剛勇任氣，因督祭酒，[7]陵轢一坐，舉罰不以其道。統疾其侮慢，面折不爲用。[8]勤怒詈統，及其父操，統流涕不答，衆因罷出。勤乘酒凶悖，又於道路辱統。統不忍，引刀斫勤，數日乃死。及當攻屯，統曰："非死無以謝罪。"乃率厲士卒，身當矢石，所攻一面，[9]應時披壞，諸將乘勝，遂大破之。還，自拘於軍正。[10]權壯其果毅，使得以功贖罪。

後權復征江夏，統爲前鋒，與所厚健兒數十人共乘一船，常去大兵數十里。行入右江，斬黃祖將張碩，盡獲船人。[11]還以白權，引軍兼道，水陸並集。時呂蒙敗其水軍，而統先搏其城，[12]於是大獲。權以統爲承烈都尉，[13]與周瑜等拒破曹公於烏林，遂攻曹仁，遷爲校尉。[14]雖在軍旅，親賢接士，輕財重義，有國士之風。

又從破皖，拜盪寇中郎將，領沛相。[15]與呂蒙等西取三郡，[16]反自益陽，從（往）〔征〕合肥，[17]爲右部督。時權徹軍，[18]前部已發，魏將張遼等奄至津北。[19]權使追還前兵，兵去已遠，勢不相及，統率親近三百人陷圍，扶扞權出。敵已毀橋，橋之屬者兩版，權策馬驅馳，統復還戰，左右盡死，身亦被創，所殺數十人，度權已免，乃還。橋敗路絕，統被甲潛行。權既御船，見之驚喜。統痛親近無反者，悲不自勝。權引袂拭之，謂曰：[20]"公績，亡者已矣，苟使卿在，何患無人？"〔一〕拜偏將軍，倍給本兵。

〔一〕《吳書》曰：統創甚，權遂留統於舟，盡易其衣服。其創賴得卓氏良藥，故得不死。

［1］餘杭：縣名。治所在今浙江杭州市西南餘杭鎮。
［2］永平：縣名。治所在今江蘇溧陽市南古縣橋。
［3］破賊校尉：官名。建安中孫權置。領兵，隨從征伐。
［4］統事：殿本、盧弼《集解》本、校點本"事"字作"軍"，百衲本作"事"，郝經《續後漢書》亦作"事"。今從百衲本。
［5］保屯：地名。當在今湖北洪湖市與嘉魚縣間。
［6］麻屯：地名。在今湖北洪湖市東長江北岸。

[7] 督祭酒：即督察酒。《春秋繁露·祭義》："祭者，察也。"《廣韻·祭韻》亦云："祭，察也。"督察酒，謂以一定的規則監督衆人飲酒，違者罰酒。

　　[8] 面折不爲用：趙幼文《校箋》謂《太平御覽》卷八四六引作"面折不爲具酒"。

　　[9] 所攻：百衲本"攻"字作"次"，殿本、盧弼《集解》本、校點本作"攻"，郝經《續後漢書》亦作"攻"。今從殿本等。

　　[10] 軍正：官名。軍中司法官。

　　[11] 獲：殿本、盧弼《集解》本作"復"，百衲本、校點本作"獲"。今從百衲本等。

　　[12] 搏其城：吳金華《〈三國志集解〉箋記》謂"搏"作搏鬥、搏戰講，其對象是人或禽獸。疑本文原作"薄"。"薄"是軍事術語，指迫近敵陣或城壘而攻之。

　　[13] 承烈都尉：官名。建安中孫權置。領兵。

　　[14] 校尉：指承烈校尉。亦孫權置。領兵。

　　[15] 沛：侯國名。治所在今江蘇沛縣。　相：官名。侯國相執掌侯國的行政權，相當於縣令、長。

　　[16] 三郡：指長沙、零陵、桂陽三郡。

　　[17] 征：各本皆作"往"。陳景雲《辨誤》謂"往"當作"征"。盧弼《集解》亦謂何焯校改"往"作"征"。今從陳、何之説改。趙幼文《校箋》又謂《太平御覽》卷七三、《册府元龜》卷三九四引俱作"征"。

　　[18] 徹：撤去。《左傳·宣公十二年》："諸侯相見，軍衛不徹，警也。"杜預注："徹，去也。"

　　[19] 津北：指逍遙津北。

　　[20] 謂曰：趙幼文《校箋》謂《册府元龜》卷三九四引作"呼其字曰"。

時有薦同郡盛暹於權者，以爲梗槩大節，[1]有過於統，權曰：「且令如統足矣。」[2]後召暹夜至，時統已臥，聞之，攝衣出門，執其手以入。其愛善不害如此。

統以山中人尚多壯悍，可以威恩誘也，權令東占且討之，命敕屬城，凡統所求，皆先給後聞。統素愛士，士亦慕焉。得精兵萬餘人，過本縣，[3]步入寺門，[4]見長吏懷三版，[5]恭敬盡禮，親舊故人，恩意益隆。事畢當出，會病卒，時年（四）〔二〕十九。[6]權聞之，拊牀起坐，[7]哀不能自止，數日減膳，言及流涕，使張承爲作銘誄。

二子烈、封，[8]年各數歲，權内養於宮，愛待與諸子同，賓客進見，呼示之曰：「此吾虎子也。」及八九歲，令葛光教之讀書，[9]十日一令乘馬，[10]追錄統功，[11]封烈亭侯，還其故兵。後烈有罪免，封復襲爵領兵。〔一〕

〔一〕孫盛曰：觀孫權之養士也，傾心竭思，[12]以求其死力，泣周泰之夷，殉陳武之妾，請呂蒙之命，育淩統之孤，卑曲苦志，如此之勤也。是故雖令德無聞，仁澤（內）〔罔〕著，[13]而能屈彊荊吳，僭擬年歲者，抑有由也。然霸王之道，期於大者遠者，是以先王建德義之基，恢信順之宇，制經略之綱，明貴賤之序，易簡而其親可久，體全而其功可大，豈委瑣近務，[14]邀利於當年哉？《語》曰「雖小道，必有可觀者焉，致遠恐泥」，[15]其是之謂乎！

[1] 梗槩：慷慨，剛直的氣概。

[2] 且令如統：趙幼文《校箋》謂《太平御覽》卷六三一引"且"字作"但"，"統"字作"公績"。

[3] 本縣：指餘杭縣。

[4] 寺：官寺，官府。趙幼文《校箋》云："《後漢書·張堪傳》'告歸平陵，望寺門而步'章懷注：'寺門即馮陵縣門也。'則此之寺門謂餘杭縣門也。"按，此段引文不見《後漢書》卷三一《張堪傳》，見《後漢書》卷二七《張湛傳》；李賢注云："寺門即平陵縣門也。《風俗通》曰：'寺者，嗣也。理事之吏，嗣續於其中也。'"很明顯，"理事之吏嗣續"之所，是官府，不是城。李賢所說的平陵縣門，即平陵縣衙門，不是平陵縣城門。同樣，此之寺門，亦指餘杭縣衙門。

[5] 懷三版：版，即手版，古代大臣見君，或下級見上級用以紀事的狹長板子。後亦作禮節之用。懷三版，謂把手板舉到胸前三次，表示深深之敬意。《文選》班婕妤《怨歌行》"出入君懷袖"，李善注引《蒼頡篇》曰："懷，抱也。"又《廣韻·晧韻》："抱，持也。"

[6] 二十九：各本皆作"四十九"。陳景雲《辨誤》云："統父操以漢建安八年從征黃祖戰没，統時年十五。及十一年，即預討麻屯之捷。後至四十九而卒，則吳之赤烏中也。統自攝領父兵，屢立戰功，爲時名將，若赤烏中尚在，則從征合肥還二十年間，統之宣力戎行多矣，何更無功可錄乎？據《駱統傳》，淩統死復領其兵，在隨陸遜破蜀軍之前。然則統之年當在三十左右。本傳所云，乃傳錄之誤。"按，《辨誤》之説甚有理，《建康實錄》卷一即謂淩統"年二十九卒"。趙幼文《校箋》亦謂《太平御覽》卷四八八引作"二十九"。今從陳說據《建康實錄》改。

[7] 拊牀起坐：趙幼文《校箋》謂《太平御覽》卷四八八引作"拊牀而起"。

[8] 烈封：趙幼文《校箋》謂《文選》陸士衡《辨亡論》李善注引"烈"字作"列"，《建康實錄》、郝經《續後漢書》同。

按，中華書局張忱石點校本《建康實錄》已據《四庫全書》本與徐行可藏鈔本改"列"字爲"烈"。又郝經《續後漢書》實作"烈"。

[9] 葛光：趙幼文《校箋》謂《建康實錄》作"葛先"。按，郝經《續後漢書》亦作"葛光"。

[10] 乘馬：盧弼《集解》本作"騎馬"，百衲本、殿本、校點本作"乘馬"。今從百衲本等。

[11] 追録：趙幼文《校箋》謂《白孔六帖》卷一八引"追"上有"及長"二字。

[12] 傾心：百衲本"傾"字作"便"，殿本、盧弼《集解》本、校點本作"傾"。今從殿本等。

[13] 罔：各本皆作"内"。盧弼《集解》云："何焯校改'内'作'罔'。"校點本則從李光地説改"内"爲"罔"，今從之。

[14] 委瑣：百衲本作"蹺璅"，殿本、盧弼《集解》本、校點本作"委瑣"。殿本《考證》李龍官曰："按蹺，音窩，訓折足也。於璅義無涉，當作'委瑣'，今改正。"今從殿本等。委瑣，又作"委瑣"，謂拘泥於小節，注重瑣碎之事。《史記》卷一一七《司馬相如列傳》"豈特委瑣握齪"，司馬貞《索隱》引孔文祥云："委瑣，細碎。"

[15] "雖小道"三句：爲《論語·子張》子夏語。

徐盛字文嚮，琅邪莒人也。[1]遭亂，客居吳，以勇氣聞。孫權統事，以爲別部司馬，授兵五百人，守柴桑長，[2]拒黃祖。祖子射，嘗率數千人下攻盛。盛時吏士不滿二百，與相拒擊，傷射吏士千餘人。已乃開門出戰，大破之。射遂絶迹不復爲寇。[3]權以爲校尉、蕪湖令。[4]復討臨城南阿山賊有功，[5]徙中郎將，督校兵。[6]

曹公出濡須,從權禦之。魏嘗大出橫江,盛與諸將俱赴討。時乘蒙衝,遇迅風,船落敵岸下,諸將恐懼,未有出者,盛獨將兵,上突斫敵,敵披退走,有所傷殺,[7]風止便還,權大壯之。

及權爲魏稱藩,魏使邢貞拜權爲吳王。權出都亭候貞,貞有驕色,張昭既怒,而盛忿憤,顧謂同列曰:"盛等不能奮身出命,爲國家并許、洛,[8]吞巴、蜀,[9]而令吾君與貞盟,不亦辱乎!"因涕泣橫流。貞聞之,謂其旅曰:"江東將相如此,非久下人者也。"

後遷建武將軍,[10]封都亭侯,領廬江太守,[11]賜臨城縣爲奉邑。劉備次西陵,[12]盛攻取諸屯,所向有功。曹休出洞口,[13]盛與呂範、全琮渡江拒守。遭大風,船人多喪,盛收餘兵,與休夾江。休使兵將就船攻盛,盛以少禦多,敵不能克,各引軍退。遷安東將軍,[14]封蕪湖侯。

後魏文帝大出,有渡江之志,盛建計從建業築圍,[15]作薄落,[16]圍上設假樓,江中浮船。諸將以爲無益,盛不聽,固立之。文帝到廣陵,[17]望圍愕然,彌漫數百里,而江水盛長,便引軍退。諸將乃伏。〔一〕[18]

〔一〕干寶《晉紀》所云疑城,已注《孫權傳》。
《魏氏春秋》云:文帝歎曰:"魏雖有武騎千羣,無所用也。"

[1] 琅邪:王國名。治所開陽縣,在今山東臨沂市北。 莒:

縣名。治所在今山東莒縣。

［2］柴桑：縣名。治所在今江西九江市西南。

［3］不復爲寇：殿本《考證》云："元本作'不敢爲寇'。"

［4］校尉：趙幼文《校箋》謂蕭常《續後漢書》"尉"下有"領"字。

［5］臨城：百衲本、殿本、盧弼《集解》本作"臨成"。趙一清《注補》云："'成'當作'城'。《宋書·州郡志》宣城太守領縣有臨城，吳立。"校點本即作"臨城"。今從之。臨城縣治所在今安徽青陽縣南。

［6］校兵：指五校兵。

［7］有所殺傷：趙幼文《校箋》謂蕭常《續後漢書》作"多所殺傷"。考《太平御覽》卷四三七引《徐州先賢贊》作"所傷殺甚衆"，則"有"字或爲"多"字之誤。

［8］許洛：即許昌、洛陽。概指曹魏地。許昌縣治所在今河南許昌縣東。洛陽縣治所在今河南洛陽市東北白馬寺東。

［9］巴蜀：即巴郡、蜀郡。概指蜀漢地。

［10］建武將軍：官名。東漢末曹操置。曹魏、孫吳亦置。

［11］廬江：郡名。孫吳時治所皖縣，在今安徽潛山縣。

［12］西陵：縣名。孫權黃武元年（222）改夷陵置，治所在今湖北宜昌市東南。

［13］洞口：地名。在今安徽和縣東南長江邊。

［14］安東將軍：官名。漢獻帝時置。爲出鎮某一地區的軍事長官，或作爲州刺史兼理軍務的加官。三國魏、吳亦置。

［15］建業：縣名。治所在今江蘇南京市。

［16］薄落：藩籬。

［17］廣陵：縣名。治所在今江蘇揚州市西北蜀岡上。

［18］伏：通"服"。朱駿聲《説文通訓定聲·頤部》："伏，假借爲服。"

黄武中卒。子楷，襲爵領兵。

潘璋字文珪，東郡發干人也。[1]孫權爲陽羨長，[2]始往隨權。性博蕩嗜酒，居貧，好賒酤，債家至門，輒言後豪富相還。權奇愛之，因使召募，得百餘人，遂以爲將。討山賊有功，署別部司馬。後爲吳大市刺奸，[3]盜賊斷絕，由是知名，遷豫章西安長。[4]劉表在荊州，民數被寇，自璋在事，寇不入境。比縣建昌起爲賊亂，[5]轉領建昌，加武猛校尉，[6]討治惡民，旬月盡平，召合遺散，得八百人，將還建業。

合肥之役，張遼奄至，諸將不備，陳武鬬死，宋謙、徐盛皆披走，璋身次在後，便馳進，橫馬斬謙、盛兵走者二人，兵皆還戰。權甚壯之，拜偏將軍，遂領（百）〔五〕校，[7]屯半州。

權征關羽，璋與朱然斷羽走道，到臨沮，[8]住夾石。[9]璋部下司馬馬忠禽羽，[10]并羽子平、都督趙累等。權即分宜都（至）〔巫〕、秭歸二縣爲固陵郡，[11]拜璋爲太守、振威將軍，[12]封溧陽侯。[13]甘寧卒，又并其軍。劉備出夷陵，璋與陸遜并力拒之，璋部下斬備護軍馮習等，[14]所殺傷甚衆，拜平北將軍、襄陽太守。[15]

魏將夏侯尚等圍南郡，分前部三萬人作浮橋，渡百里洲上，[16]諸葛瑾、楊粲並會兵赴救，未知所出，而魏兵日渡不絕。璋曰："魏勢始盛，江水又淺，未可與戰。"便將所領，到魏上流五十里，伐葦數百萬束，縛作大筏，欲順流放火，燒敗浮橋。作筏適畢，伺水長當下，尚便引退。璋下備陸口。[17]權稱尊號，拜右將軍。[18]

璋爲人巖猛，禁令肅然，好立功夫，[19]所領兵馬不過數千，而其所在常如萬人，征伐止頓，便立軍市，他軍所無，皆仰取足。然性奢泰，末年彌甚，服物僭擬。吏兵富者，或殺取其財物，數不奉法。監司舉奏，權惜其功而輒原不問。嘉禾三年卒。子平，以無行徙會稽。璋妻居建業，賜田宅，復客五十家。

[1] 東郡：治所濮陽縣，在今河南濮陽縣西南。　發干：縣名。治所在今山東冠縣東南。

[2] 陽羨：縣名。治所在今江蘇宜興市荊溪南岸。

[3] 刺奸：官名。此當爲督察市場非法，管理市場治安的官員。

[4] 西安：縣名。建安中分海昏縣置，治所在今江西武寧縣西。

[5] 建昌：縣名。治所在今江西奉新縣西。

[6] 武猛校尉：官名。東漢末曹操、孫權皆置。領兵。

[7] 五校：各本皆作"百校"。潘眉《考證》云："'百校'當作'五校'。"今從潘說改。

[8] 臨沮：縣名。治所在今湖北遠安縣西北。

[9] 夾石：地名。在今湖北遠安縣境。

[10] 司馬：官名。掌參贊軍務。

[11] 巫：各本皆作"至"。盧弼《集解》引錢大昕云："'至'當作'巫'。《魏氏春秋》云'建安二十四年，吳分巫、秭歸爲固陵郡'是也。"校點本即從錢說改。今從之。巫縣，蓋爲固

陵郡治所。在今重慶市巫山縣。　秭歸：縣名。治所在今湖北秭歸縣。又按，百衲本無"歸"字及"歸"下"二"字，殿本、盧弼《集解》本、校點本皆有，今從殿本等。

　　[12] 振威將軍：官名。東漢置，爲雜號將軍，統兵出征。曹魏、孫吳皆沿置。

　　[13] 溧陽：縣名。治所在今江蘇高淳縣東固城鎮。

　　[14] 護軍：官名。統兵武職，職如將軍，地位稍遜。本書卷三二《先主傳》作"將軍馮習"。

　　[15] 平北將軍：官名。建安中曹操置。魏晉時與平東、平西、平南將軍合稱四平將軍，地位較高。孫吳亦置。　襄陽：郡名。治所襄陽縣，在今湖北襄陽市。

　　[16] 百里洲：長江中島名。在今湖北枝江市南長江中。

　　[17] 陸口：地名。即今湖北蒲圻市西北之陸溪口，亦即陸水入長江處。

　　[18] 右將軍：官名。東漢時位如上卿，與前、後、左將軍掌京師兵衛和邊防屯警。魏晉亦置，第三品。權位漸低，略高於一般雜號將軍，不典禁兵，不與朝政，僅領兵征戰。孫吳亦置。

　　[19] 功夫：百衲本、盧弼《集解》本作"功夫"，殿本、校點本作"功業"。殿本《考證》云："'功業'各本俱訛作'功夫'，今改正。"吳金華《校詁》列舉漢晉間碑刻典籍數例，謂漢晉間"功夫"一詞指興造、建築之事，"與《潘璋傳》義合。璋領兵不過數千，然屯營張飾，常如萬人，足見'好立功夫'者，非喜建戰功之謂，但言其奢泰耳"。按，吳說有理，今從百衲本等。

　　丁奉字承淵，廬江安豐人也。[1]少以驍勇爲小將，屬甘寧、陸遜、潘璋等。數隨征伐，戰鬭常冠軍。每斬將搴旗，身被創夷。稍遷偏將軍。孫亮即位，爲冠軍將軍，[2]封都亭侯。

魏遣諸葛誕、胡遵等攻東興，諸葛恪率軍拒之。諸將皆曰：“敵聞太傅自來，[3]上岸必遁走。”[4]奉獨曰：“不然。彼動其境內，悉許、洛兵大舉而來，必有成規，豈虛還哉！無恃敵之不至，恃吾有以勝之。”及恪上岸，奉與將軍唐咨、呂據、留贊等，俱從山西上。奉曰：“今諸軍行遲，若敵據便地，[5]則難與爭鋒矣。”乃辟諸軍使下道，帥麾下三千人徑進。時北風，[6]奉舉帆二日至，遂據徐塘。[7]天寒雪，[8]敵諸將置酒高會，[9]奉見其前部兵少，相謂曰：“取封侯爵賞，正在今日！”乃使兵解鎧著胄，[10]持短兵。敵人從而笑焉，不爲設備。奉縱兵斫之，大破敵前屯。會據等至，魏軍遂潰。遷滅寇將軍，[11]進封都（亭）〔鄉〕侯。[12]

　　魏將文欽來降，以奉爲虎威將軍，[13]從孫峻至壽春迎之。與敵追軍戰於高亭。[14]奉跨馬持矛，突入其陣中，斬首數百，獲其軍器。進封安豐侯。

　　太平二年，[15]魏大將（軍）諸葛誕據壽春來降，[16]魏人圍之。遣朱異、唐咨等往救，復使奉與黎斐解圍。奉爲先登，屯於黎漿，[17]力戰有功，拜左將軍。[18]

　　孫休即位，與張布謀，欲誅孫綝，布曰：“丁奉雖不能吏書，[19]而計略過人，能斷大事。”休召奉告曰：“綝秉國威，將行不軌，欲與將軍誅之。”奉曰：“丞相兄弟友黨甚盛，[20]恐人心不同，不可卒制，可因臘會，[21]有陛下兵以誅之也。”休納其計，因會請綝，[22]奉與張布目左右斬之。遷大將軍，[23]加左、右都護。[24]永安二年,[25]假節領徐州牧。[26]六年,魏伐蜀,奉率諸軍向壽春,爲救蜀之勢。蜀亡,軍還。

休薨,奉與丞相濮陽興等從萬彧之言,共迎立孫皓,遷右大司馬左軍師。[27]寶鼎三年,[28]皓命奉與諸葛靚攻合肥。奉與晉大將石苞書,[29]構而間之,苞以徵還。建衡元年,[30]奉復帥衆治徐塘,因攻晉穀陽,[31]穀陽民知之,引去,奉無所獲。皓怒,斬奉導軍。三年,卒。[32]奉貴而有功,漸以驕矜,或有毀之者,皓追以前出軍事,徙奉家於臨川。[33]奉弟封,官至後將軍,[34]先奉死。

[1] 安豐:縣名。治所在今河南固始縣東南。

[2] 冠軍將軍:官名。漢獻帝建安中置,曹魏、孫吳皆沿置。

[3] 太傅:指諸葛恪。恪時爲太傅。

[4] 上岸必遁走:趙幼文《校箋》謂蕭常《續後漢書》作"必遁走"(按,實作"必走"),當從之。疑"上岸"二字涉下文"及恪上岸"而衍。

[5] 便地:形勢有利之地。

[6] 北風:趙幼文《校箋》謂《册府元龜》卷三九八引無"北"字,"風"下有"便"字

[7] 徐塘:地名。在今安徽巢湖市東南。趙幼文《校箋》謂《册府元龜》引無"徐"字,考"徐"爲"涂"字之誤,《通典·兵十》作"涂塘"。按,中華書局1988年點校本《通典·兵十》已據《三國志·丁奉傳》及明刻本、王吳本改"涂塘"爲"徐塘"。

[8] 天寒雪:趙幼文《校箋》謂《通典·兵十》"雪"上有"大"字。

[9]敵諸將：趙幼文《校箋》謂《册府元龜》卷三九八引"敵"字作"魏"，上有"時"字，《通典·兵十》同。

[10]胄：頭盔。

[11]滅寇將軍：官名。孫吳置。領兵。

[12]都鄉侯：各本皆作"都亭侯"。陳景雲《辨誤》云："'亭'當作'鄉'。奉已封亭侯，更封鄉侯，斯爲進爵耳。如陳武、是儀皆由都亭侯進封都鄉侯是也。"校點本即從陳説改。今從之。

[13]虎威將軍：官名。建安中曹操置，孫權亦置。魏、吳皆沿置。

[14]高亭：地名。謝鍾英云："當與橐皋相近。"（《補三國疆域志補注》）

[15]太平：吳會稽王孫亮年號（256—258）。

[16]魏大將：盧弼《集解》云："各本皆脱'將軍諸葛誕據壽春來降魏人'十二字，惟元本有之。"按，百衲本、殿本實無此十二字，盧弼《集解》本有此十二字，校點本亦有。而本書卷二八《諸葛誕傳》誕未爲大將軍，祇做過征東大將軍。今從盧弼《集解》本，並删"軍"字。趙幼文《校箋》謂《册府元龜》卷三四九引有此十二字，蕭常《續後漢書》同（蕭氏改"魏人"爲"敵兵"），是其所見本尚未佚也。按，蕭常《續後漢書》實無"將軍"二字，僅有十字。

[17]黎漿：地名。在今安徽壽縣東南。

[18]左將軍：官名。東漢時位如上卿，與前、後、右將軍掌京師兵衛和邊防屯警。魏、晉亦置，第三品。權位漸低，略高於一般雜號將軍，不典禁兵，不與朝政，僅領兵征戰。孫吳亦置。

[19]吏書：趙幼文《校箋》謂《册府元龜》卷六二七引"吏"字作"史"。

[20]友黨甚盛：趙幼文《校箋》謂《册府元龜》卷六二七引"友"字作"支"，"盛"字作"衆"。蕭常《續後漢書》"友"字

亦作"支"。按，宋本《册府元龜》"盛"字亦作"盛"，蕭常《續後漢書》"盛"字纔作"枽"。

［21］臘會：古代以十二月八日爲臘日，爲歲終祭祀衆神之日，此祭神之會即稱臘會。

［22］請絉：趙幼文《校箋》謂蕭常《續後漢書》"絉"下有"即至"二字。按，蕭常《續後漢書》"請"字作"召"。

［23］大將軍：官名。東漢時常兼録尚書事，與太傅、太尉等共同主持政務。漢末位在三公上。三國時權任稍減。吳又別置上大將軍居其上。

［24］左右都護：官名。孫權黄龍元年（229）置左、右都護，分別以大將軍諸葛瑾、上大將軍陸遜兼任，權位極重。後世亦然。

［25］永安：吳景帝孫休年號（258—264）。 二年：百衲本作"二年"，殿本、盧弼《集解》本、校點本作"三年"。中華再造善本影宋本作"二年"，今從百衲本。

［26］假節：漢末三國時期，皇帝賜予臣下的一種權力。至晋代，此種權力明確爲因軍事可殺犯軍令者。 徐州：魏刺史治所彭城縣，在今江蘇徐州市。按，徐州爲魏地，此乃空名遥領。

［27］右大司馬：官名。東漢初改大司馬爲太尉，爲三公之一。漢靈帝時，又與太尉並置，而位在三公上。三國因之，號上公，皆爲高級將帥，不預政務。吳一度分置左右。按，本書卷四八《孫晧傳》元興元年（264）施績、丁奉爲左右大司馬。 左軍師：官名。掌軍務，地位較高，不屬丞相府。

［28］寶鼎：吳末帝孫晧年號（266—269）。

［29］石苞：時石苞以大司馬鎮淮南，駐壽春。（見《晋書》卷三三《石苞傳》）

［30］建衡：吳末帝孫晧年號（269—271）。

［31］穀陽：縣名。治所在今安徽固鎮縣西北。

［32］卒：百衲本、殿本無"卒"字。陳景雲《辨誤》云："'三年'下脱一'卒'字，奉卒於建衡三年，別見《孫晧傳》。"

盧弼《集解》本、校點本有"卒"字。今從之。

[33] 臨川：郡名。治所臨汝縣，在今江西臨川市西。

[34] 後將軍：官名。東漢時位如上卿，與前、左、右將軍掌京師兵衛與邊防屯警。魏晉亦置，權位漸低。略高於一般雜號將軍，不典禁兵，不與朝政，僅領兵征戰。孫吳亦置。

評曰：凡此諸將，皆江表之虎臣，孫氏之所厚待也。以潘璋之不脩，[1]權能忘過記功，其保據東南，宜哉！陳表將家支庶，而與胄子名人比翼齊衡，[2]拔萃出類，不亦美乎！

[1]不脩：不善。指潘璋"性奢泰""服物僭擬""數不奉法"，等等。

[2]胄子：此指權貴之子，即諸葛恪、顧譚、張休等。

三國志 卷五六

吳書十一

朱治朱然呂範朱桓傳第十一

朱治字君理，丹楊故鄣人也。[1]初爲縣吏，後察孝廉，[2]州辟從事，[3]隨孫堅征伐。中平五年，[4]拜司馬，[5]從討長沙、零、桂等三郡賊周朝、蘇馬等，[6]有功，堅表治行都尉。[7]從破董卓於陽人，[8]入洛陽。[9]表治行督軍校尉，[10]特將步騎，東助徐州牧陶謙討黃巾。[11]

會堅薨，治扶翼策，依就袁術。後知術政德不立，乃勸策還平江東。[12]時太傅馬日磾在壽春，[13]辟治爲掾，[14]遷吳郡都尉。[15]是時吳景已在丹楊，而策爲術攻廬江，[16]於是劉繇恐爲袁、孫所并，遂構嫌隙。而策家門盡在州下，[17]治乃使人於曲阿迎太妃及權兄弟，所以供奉輔護，甚有恩紀。治從錢唐欲進到吳，[18]吳郡太守許貢拒之於由拳，[19]治與戰，大破之。貢南就山賊嚴白虎，治遂入郡，領太守事。策既走劉繇，東定會稽。[20]

權年十五，治舉爲孝廉。[21]後策薨，治與張昭等共尊奉權。建安七年，[22]權表治爲（九真）〔吳郡〕太守，[23]行扶義將軍，[24]割婁、由拳、無錫、毗陵爲奉邑，[25]置長吏。[26]征討夷越，[27]佐定東南，禽截黃巾餘類陳敗、萬秉等。黃武元年，[28]封毗陵侯，領郡如故。二年，拜安國將軍，[29]金印紫綬，徙封故鄣。

權歷位上將，[30]及爲吳王，治每進見，權常親迎，執版交拜，[31]饗宴贈賜，恩敬特隆，至從行吏，皆得奉贄私覿，其見異如此。

初，權弟翊，性峭急，喜怒快意，治數責數，[32]諭以道義。權從兄豫章太守賁，[33]女爲曹公子婦，[34]及曹公破荆州，[35]威震南土，賁畏懼，欲遣子入質。治聞之，求往見賁，爲陳安危，〔一〕賁由此遂止。

〔一〕《江表傳》載治說賁曰：“破虜將軍昔率義兵入討董卓，[36]聲冠中夏，義士壯之。討逆繼世，[37]廓定六郡，[38]特以君侯骨肉至親，[39]器爲時生，故表漢朝，剖符大郡，[40]兼建將校，仍關綜兩府，[41]榮冠宗室，爲遠近所瞻。加討虜聰明神武，[42]繼承洪業，[43]攬結英雄，周濟世務，軍衆日盛，事業日隆，雖昔蕭王之在河北，[44]無以加也，必克成王基，應運東南。[45]故劉玄德遠布腹心，求見拯救，此天下所共知也。前在東聞道路之言，云將軍有異趣，良用憮然。今曹公阻兵，[46]傾覆漢室，幼帝流離，百姓元元未知所歸。[47]而中國蕭條，或百里無煙，城邑空虛，道殣相望，[48]士歎於外，婦怨乎室，加之以師旅，因之以饑饉，以此料之，豈能越長江與我爭利哉？將軍當斯時也，而欲背骨肉之親，違萬安之計，割同氣之膚，啖虎狼之口，爲一女子，改慮易圖，失機毫釐，差以千里，豈不惜哉！"

[1] 丹楊：郡名。治所宛陵縣，在今安徽宣州市。　故鄣：縣名。治所在今浙江安吉縣北安城鎮西北。

[2] 孝廉：漢代選拔官吏的主要科目。孝指孝子，廉指廉潔之士。原本爲二科，後混同爲一科，也不再限於孝子和廉吏。東漢後期，定制爲不滿四十歲者不得察舉；（後來年齡或不受限）被舉者先詣公府課試，以觀其能。郡國每年要向中央推舉一至二人。

[3] 從事：官名。漢代州牧刺史的佐吏，有別駕從事史、治中從事史、兵曹從事史、部從事史等，均可簡稱爲從事。

[4] 中平：漢靈帝劉宏年號（184—189）。

[5] 司馬：官名。將軍軍府之屬官，掌參贊軍務，管理府內武職，位僅次於長史。

[6] 長沙：郡名。治所臨湘縣，在今湖南長沙市。　零：即零陵。郡名。治所泉陵縣，在今湖南永州市。　桂：即桂陽。郡名。治所郴縣，在今湖南郴州市。

[7] 都尉：官名。略低於校尉的領兵武官。

[8] 陽人：聚邑名。在今河南汝州市西北。

[9] 洛陽：縣名。治所在今河南洛陽市東北白馬寺東。

[10] 督軍校尉：官名。漢獻帝時孫堅、曹操皆置。統兵出征。

[11] 徐州：東漢時刺史治所郯縣，在今山東郯城縣；漢末移治下邳縣，在今江蘇睢寧縣西北。

[12] 江東：地區名。長江自西向東流，流至今安徽境，則偏北斜流，至今江蘇省鎮江市又東流而下，古稱這段江路東岸之地爲江東（今長江以南的蘇、浙、皖一帶），西岸之地爲江西（今皖北和淮河下游一帶）。

[13] 太傅：官名。東漢時位上公，掌善導，無常職，多爲加銜。　壽春：縣名。治所在今安徽壽縣。

[14] 掾：屬官之統稱。漢代三公府及其他重要官府皆置掾、

屬，分曹治事。掾爲曹長，屬爲副貳。

　　[15] 吳郡：治所吳縣，在今江蘇蘇州市。　都尉：官名。此爲郡都尉。西漢時郡置都尉，輔佐郡守並掌本郡軍事。東漢廢除，但有緊急軍事亦臨時設置。

　　[16] 廬江：郡名。治所本在舒縣，在今安徽廬江縣西南。建安四年（199）劉勳移於皖縣，在今安徽潛山縣。

　　[17] 州下：指揚州治所。劉繇爲揚州刺史，治所在曲阿縣，在今江蘇丹陽市。

　　[18] 錢唐：縣名。東漢時又作"錢塘"。謝鍾英《補三國疆域志補注》謂錢唐西漢爲縣，東漢省，蓋漢末靈帝時又復置。西漢時治所在今浙江杭州市西靈隱山下，東漢末復置後治所在今杭州市。

　　[19] 由拳：縣名。治所在今浙江嘉興市南。

　　[20] 會稽：郡名。治所山陰縣，在今浙江紹興市。

　　[21] 舉爲孝廉：朱治領吳郡太守，而孫權爲吳郡富春人，故得舉爲孝廉。

　　[22] 建安：漢獻帝劉協年號（196—220）。

　　[23] 吳郡：各本皆作"九真"。潘眉《考證》列舉五大證據，謂"九真"當作"吳郡"（因其文長，不抄錄）。校點本即從潘說改，今從之。

　　[24] 扶義將軍：官名。建安中孫權置。

　　[25] 婁：縣名。治所在今江蘇昆山市東北。　無錫：縣名。治所在今江蘇無錫市。　毗陵：縣名。治所在今江蘇常州市。　奉邑：謂以縣之賦稅作爲官俸。潘眉《考證》云："奉邑，字見《史記·河渠書》，謂官所食，與封邑異。"

　　[26] 長吏：指縣令、長。

　　[27] 夷越：即山越，爲漢末三國時期居於南方山區的土著人民。因他們在秦漢時尚稱越人，雖經漢代三百餘年已與漢族相融合，時人仍稱之爲越人。

［28］黃武：吳大帝孫權年號（222—229）。

［29］安國將軍：官名。漢獻帝興平中曾置，爲雜號將軍。而孫權置此官，乃金印紫綬，地位和權力都大有提高。

［30］上將：建安二十四年曹操表孫權爲驃騎將軍，是爲上將。

［31］執版交拜：執手版互拜。執手版拜，是下級見上屬之禮，而朱治曾舉孫權爲孝廉，爲舉主，故孫權亦執版答拜。

［32］治數責數：朱治亦曾舉孫翊爲孝廉，爲舉主，故能如此。

［33］豫章：郡名。治所南昌縣，在今江西南昌市。

［34］曹公子：指曹操之子曹彰。

［35］荆州：漢末刺史治所襄陽縣，在今湖北襄陽市襄州區。

［36］破虜將軍：指孫堅。孫堅爲破虜將軍。

［37］討逆：指孫策。孫策爲討逆將軍。 繼世：百衲本作"係世"，殿本、盧弼《集解》本、校點本作"繼世"。今從殿本等。

［38］六郡：盧弼《集解》云："會稽、吳郡、丹楊、豫章、廬陵及九江、廬江之半。"

［39］君侯：對封侯者之敬稱。孫賁受封爲都亭侯。

［40］剖符：古代帝王分封諸侯、功臣時，以竹符爲信證，剖分爲二，君臣各執其一。後因以"剖符"爲分封、授官之稱。 大郡：指豫章郡。孫賁時領豫章太守。

［41］兩府：建安十三年朝廷以孫賁爲征虜將軍，領豫章太守如故。兩府即指將軍府與郡府。

［42］討虜：指孫權。建安五年曹操表孫權爲爲討虜將軍。

［43］繼承：百衲本作"係承"，殿本、盧弼《集解》本、校點本作"繼承"。今從殿本等。

［44］蕭王：指漢光武帝劉秀。當劉秀正在河北節節勝利並擊滅王郎後，更始帝劉玄乃遣使持節立劉秀爲蕭王，並令其罷兵撤回。劉秀以河北未平，辭不受命。（見《後漢書》卷一《光武帝紀》）

[45] 運：期運，氣數。

[46] 阻兵：仗恃軍隊。

[47] 百姓：百官。《尚書·堯典》："九族既睦，平章百姓。"孔安國傳："百姓，百官。"　元元：庶民。《後漢書·光武帝紀》："上當天地之心，下爲元元所歸。"李賢注："元元，謂黎庶也。"

[48] 殣：此指餓死之人。

權常歎治憂勤王事。性儉約，雖在富貴，車服惟供事。[1]權優異之，自令督軍御史典屬城文書，[2]治領四縣租税而已。[3]然公族子弟及吳四姓多出仕郡，[4]郡吏常以千數，治率數年一遣詣王府，所遣數百人，每歲時獻御，權答報過厚。是時丹楊深地，頻有姦叛，[5]亦以年向老，思戀土風，自表屯故鄣，鎮撫山越。諸父老故人，莫不詣門，治皆引進，與共飲宴，鄉黨以爲榮。在故鄣歲餘，還吳。黃武三年卒，在郡三十一年，年六十九。

子才，素爲校尉領兵，[6]既嗣父爵，遷偏將軍。〔一〕[7]才弟紀，權以策女妻之，亦以校尉領兵。紀弟緯、萬歲，皆早夭。才子琬，襲爵爲將，至鎮西將軍。[8]

〔一〕《吳書》曰：才字君業，爲人精敏，善騎射，權愛異之，常侍從游戲。少以父任爲武衞校尉，[9]領兵隨從征伐，屢有功捷。本郡議者以才少處榮貴，未留意於鄉黨，才乃歎曰："我初爲將，謂跨馬蹈敵，當身履鋒，足以揚名，不知鄉黨復追迹其舉措乎！"於是更折節爲恭，留意於賓客，輕財尚義，施不望報，又學兵法，名聲始聞於遠近。會疾卒。

[1] 供事：盧弼《集解》云："'供'字下疑有脫字。"趙幼文《校箋》謂本書卷四四《姜維傳》有"衣服取供，輿馬取備"，疑"供"上脫"取"字。按，"供事"上之"惟"，乃僅僅之義。楊樹達《詞詮》卷八："惟，副詞。獨也，僅也。"謂車服等物僅夠供事而已。

[2] 督軍御史：官名。即侍御史奉命督軍者。

[3] 四縣：指婁、由拳、無錫、毗陵四縣。

[4] 吳四姓：指吳郡吳縣的顧、陸、朱、張四姓。其頭面人物是顧雍、陸遜、朱桓、張溫。本書皆有傳。

[5] 頻：校點本1982年7月第2版作"頗"，百衲本、殿本、盧弼《集解》本、校點本1959年12月1版皆作"頻"。今從百衲本等。

[6] 校尉：官名。漢代軍職之稱。東漢末位次中郎將。三國沿置而名號繁多，品秩亦高低不等。　領兵：孫吳實行世襲領兵制，父祖所領之兵，子孫得繼承領有。

[7] 偏將軍：官名。雜號中地位較低者。

[8] 鎮西將軍：官名。東漢末置。曹魏沿置，與鎮東、鎮南、鎮北將軍合稱四鎮將軍，位次四征將軍。多爲持節都督，出鎮方面。蜀漢、孫吳亦置。

[9] 武衛校尉：官名。漢末孫權置。領兵。

朱然字義封，治姊子也，本姓施氏。初治未有子，然年十三，乃啓策乞以爲嗣。策命丹楊郡以羊酒召然，[1]然到吳，策優以禮賀。

然嘗與權同書學，[2]結恩愛。至權統事，以然爲餘姚長，[3]時年十九。後遷山陰令，[4]加折衝校尉，[5]督五縣。權奇其能，分丹楊爲臨川郡，[6]然爲太守，[一]授兵二千人。[7]會山賊盛起，然平討，旬月而定。曹公出濡須，[8]然備大塢及三關屯，[9]拜偏將軍。建安二十四年，從討關羽，別與潘璋到臨沮禽羽，[10]遷昭武將軍，[11]封西安鄉侯。[12]

〔一〕臣松之案：此郡尋罷，非今臨川郡。[13]

[1] 羊酒：羊和酒。饋贈的禮物。亦泛指饋贈或賞賜的禮物。

[2] 書學：百衲本、殿本作"書學"，盧弼《集解》本、校點本作"學書"，宋本《册府元龜》卷三四三亦作"書學"。今從百衲本等。書學，謂寫字讀書。

[3] 餘姚：縣名。治所在今浙江餘姚市。

[4] 山陰：縣名。治所在今浙江紹興市。

[5] 折衝校尉：官名。東漢末置，爲領兵武職。孫權亦置。

[6] 臨川郡：吳增僅謂此郡當置於建安末，至黃武以後始廢省，裴注謂此郡尋罷，乃偶誤，未敢信也。"其所屬諸縣，大約西接豫章，東接丹陽，南接新都，如臨城、石城等縣皆是。其地與太平二年所置之臨川名同而地異也。"（見《三國郡縣表附考證》）

[7] 二千：殿本、盧弼《集解》本作"一千"，百衲本、校點本作"二千"。今從百衲本等。

[8] 濡須：地名。在今安徽無爲縣東北古濡須水畔。吳人在此建塢，名濡須塢。又因形似偃月，亦名偃月塢。

[9] 大塢：趙一清《注補》云："大塢，即濡須塢也。三關屯，即東興關，故吳人置屯於此。"東興關，在今安徽巢湖市東南裕溪河東岸。

[10] 臨沮：縣名。治所在今湖北遠安縣西北。

[11] 昭武將軍：官名。東漢末置，爲雜號將軍中權任較重者。後曹魏定爲五品。孫吳亦置。

［12］鄉侯：爵名。漢制列侯大者食縣邑，小者食鄉、亭。東漢後期，遂以食鄉、亭者稱爲鄉侯、亭侯。

［13］臨川郡：此即吳會稽王孫亮太平二年（257）分豫章郡所置，治所臨汝縣，在今江西臨川市西。

虎威將軍呂蒙病篤，[1]權問曰："卿如不起，誰可代者？"蒙對曰："朱然膽守有餘，愚以爲可任。"蒙卒，權假然節，[2]鎮江陵。黃武元年，劉備舉兵攻宜都，[3]然督五千人與陸遜并力拒備。然別攻破備前鋒，斷其後道，備遂破走。拜征北將軍，[4]封永安侯。[5]

魏遣曹真、夏侯尚、張郃等攻江陵，魏文帝自住宛，[6]爲其勢援，連屯圍城。[7]權遣將軍孫盛督萬人備州上，[8]立圍塢，爲然外救。郃渡兵攻盛，盛不能拒，即時卻退，郃據州上圍守，然中外斷絕。權遣潘璋、楊粲等解〔圍〕而圍不解。[9]時然城中兵多腫病，堪戰者裁五千人。真等起土山，鑿地道，[10]立樓櫓，臨城弓矢雨注，將士皆失色，然晏如而無恐意，[11]方厲吏士，伺間隙攻破兩屯。魏攻圍然凡六月日，未退。江陵令姚泰領兵備城北門，見外兵盛，城中人少，穀食欲盡，[12]因與敵交通，謀爲内應。垂發，事覺，然治戮泰。尚等不能克，乃徹攻退還。由是然名震於敵國，改封當陽侯。[13]

（六）〔五〕年，[14]權自率衆攻石陽，[15]及至旋師，潘璋斷後。夜出錯亂，敵追擊璋，璋不能禁。然即還住拒敵，使前船得引極遠，[16]徐乃後發。黃龍元年，[17]拜車騎將軍、右護軍，[18]領兗州牧。[19]頃之，以兗州在蜀分,[20]解牧職。

嘉禾三年,[21]權與蜀克期大舉,權自向新城,[22]然與全琮各受斧鉞,[23]爲左右督。[24]會吏士疾病,故未攻而退。

赤烏(五)〔四〕年,[25]征柤中,〔一〕[26]魏將蒲忠、胡質各將數千人,忠要遮險隘,[27]圖斷然後,質爲忠繼援。時然所督兵將先四出,聞問不暇收合,便將帳下見兵八百人逆掩。忠戰不利,質等皆退。[28]〔二〕九年,復征柤中,魏將李興等聞然深入,率步騎六千斷然後道,然夜出逆之,軍以勝反。先是,歸義馬茂懷姦,[29]覺誅,權深忿之。然臨行上疏曰:"馬茂小子,敢負恩養。臣今奉天威,事蒙克捷,欲令所獲,震耀遠近,方舟塞江,使足可觀,以解上下之忿。惟陛下識臣先言,責臣後效。"權時抑表不出。然既獻捷,群臣上賀,權乃舉酒作樂,而出然表曰:"此家前初有表,孤以爲難必,今果如其言,可謂明於見事也。"遣使拜然爲左大司馬、右軍師。[30]

〔一〕《襄陽記》曰:[31]柤音如租稅之租。柤中在上黄界,[32]去襄陽一百五十里。[33]魏時夷王梅敷兄弟三人,[34]部曲萬餘家屯此,[35]分布在中廬、宜城西山鄢、沔二谷中,[36]土地平敞,宜桑麻,有水陸良田,沔南之膏腴沃壤,謂之柤中。

〔二〕孫氏《異同評》曰:(魏志)〔《魏書》〕及《江表傳》云然以景初元年、正始二年再出爲寇,[37]所破胡質、蒲忠在景初元年。《魏志》承《魏書》,依違不說質等爲然所破,而直云然退耳。《吳志》說赤烏五年,於魏爲正始三年,魏將蒲忠與朱然戰,忠不利，質等皆退。按《魏少帝紀》及《孫權傳》，是歲並無事，當是陳壽誤以吳嘉禾六年爲赤烏五年耳。[38]

［1］虎威將軍：官名。建安中曹操置。孫權亦置。魏、晋沿襲，定爲五品。

［2］假然節：即加朱然假節。假節，乃漢末三國時期，皇帝賜予重臣之一種權力。至晋代，此種權力明確爲因軍事可殺犯軍令者。孫權此時雖未爲皇帝，亦授部下此種權力。

［3］宜都：郡名。治所夷道縣，在今湖北枝城市。

［4］征北將軍：官名。漢獻帝興平中置。曹操執政後，列爲四征將軍之一，多爲持節都督，出鎮方面，地位顯要，秩二千石。魏文帝黄初中，位次三公，第二品。孫權亦置。

［5］永安：吳侯國名。治所在今浙江德清縣西千秋鎮。

［6］宛：縣名。治所在今河南南陽市。

［7］城：指江陵城。

［8］州：指中州。在今湖北枝江市南長江中。

［9］解圍：各本皆無"圍"字。盧弼《集解》引錢儀吉説謂"解"下脱"圍"字。盧弼又謂無"圍"字亦可通。校點本從錢説增"圍"字。今從之。

［10］地道：盧弼《集解》本作"池道"，百衲本、殿本、校點本作"地道"。今從百衲本等。

［11］恐意：百衲本作"怨意"，殿本、盧弼《集解》本、校點本作"恐意"。今從殿本等。

［12］欲：將要。劉淇《助字辨略》卷五："欲，將也。凡云欲者，皆願而未得，故又得爲將也。"

［13］當陽：縣名。治所在今湖北荆門市西南。

［14］五年：各本皆作"六年"。盧弼《集解》謂本書卷四七《孫權傳》謂征江夏、攻石陽在黄武五年（226）七月，本書卷三《明帝紀》亦謂黄初七年八月孫權攻江夏郡。黄初七年即吳黄武五

年,則此云"六年"誤。今從盧說改"六"爲"五"。

[15] 石陽:治所在今湖北漢川市西北。

[16] 極遠:趙幼文《校箋》謂蕭常《續後漢書》"極"字作"既"。

[17] 黃龍:吳大帝孫權年號(229—231)。

[18] 車騎將軍:官名。東漢時位比三公,常以貴戚充任。出掌征伐,入參朝政。漢靈帝時常作贈官。魏晋時位次驃騎將軍,在諸名號將軍上,多作爲軍府名號,加授大臣、重要州郡長官,無具體職掌,第二品。開府者位從公,一品。三國吳亦置。　右護軍:官名。此非典辭訟者。建安中,曹操置護軍,後改稱中護軍。掌禁兵,主武官選舉。孫權則置中、左、右護軍各一人。(本洪飴孫《三國職官表》)

[19] 兗州:東漢時刺史治所昌邑縣,在今山東金鄉縣西北。曹魏時治所廩邱縣,在今山東鄆城縣西北。按,當時兗州爲魏地,此乃空名遙領。

[20] 兗州在蜀分:黃龍元年孫權稱帝,蜀漢遣使慶賀,並結盟分天下,豫、青、徐、幽屬吳,兗、冀、并、涼屬蜀。故此云兗州在蜀分。

[21] 嘉禾:吳大帝孫權年號(232—238)。

[22] 新城:指合肥新城。在今安徽合肥市西北。

[23] 斧鉞:本爲兩種兵器。軍中用以殺戮犯法者,故又用作軍中權力的代表。

[24] 左右督:官名。即左部督與右部督,孫權所置,皆爲統兵將領。

[25] 赤烏:吳大帝孫權年號(238—251)。　四年:各本皆作"五年"。潘眉《考證》謂此誤以赤烏四年爲五年,"《魏少帝紀》正始二年五月,'吳將朱然等圍襄陽之樊城'。《襄陽記》柤中去襄陽一百五十里。此一證也。《晋書·宣帝本紀》魏正始二年,'吳將全琮寇芍陂,朱然、孫倫圍樊城,諸葛瑾、步騭掠柤中'。二證

也。《宋書·天文志》正始二年五月，吴將朱然圍樊城，諸葛瑾入柤中。三證也。《魏志·王淩傳》正始二年吴大將全琮寇芍陂。即此事。四證也。魏正始二年於吴爲赤烏四年。《吴主傳》赤烏四年書車騎將軍朱然圍樊，諸葛瑾取柤中。此又灼然一證"。按，潘説證據充分，今從改。

[26] 柤中：地區名。在今湖北南漳縣、宜城市蠻河流域一帶。土地肥沃，宜於耕種。

[27] 忠要遮：盧弼《集解》本無"忠"字，百衲本、殿本、校點本皆有。今從百衲本等。要（yāo）遮，攔截。

[28] 質等皆退：本書卷二七《胡質傳》謂胡質爲荆州刺史，"吴大將朱然圍樊城，質輕軍赴之。議者皆以爲賊盛不可迫，質曰：'樊城卑下，兵少，故當進軍爲之外援；不然，危矣。'遂勒兵臨圍，城中乃安"。盧弼《集解》云："此與本傳所載互異，蓋兩國兵争，伐功諱敗，故記載各殊也。"

[29] 馬茂懷姦：此事詳見本書《吴主傳》赤烏八年裴注引《吴歷》。

[30] 左大司馬：大司馬，官名。東漢初改大司馬爲太尉，爲三公之一。漢靈帝時又與太尉並置，而位在三公上。三國因之，號上公，皆爲高級將帥，不預政務。吴一度分置左、右大司馬。 右軍師：官名。掌軍務，地位較高，不屬丞相府。趙幼文《校箋》則謂《文選》陸士衡《辨亡論》李善注引作"右軍帥"。

[31] 襄陽記：錢劍夫《〈三國志〉標點本商榷》謂此《襄陽記》所説的"柤中"，應移至《吴主傳》中。但此係裴注之疏忽，非傳寫翻刻之誤，故因仍不改。

[32] 上黄：縣名。治所在今湖北南漳縣東南。

[33] 襄陽：縣名。治所在今湖北襄陽市。

[34] 梅敷：後爲魏將。見本書《吴主傳》建安二十五年。

[35] 部曲：組成私家武裝的依附農民。

[36] 中廬：縣名。治所在今湖北南漳縣東北。　宜城：縣名。

治所在今湖北宜城市南。　鄀：百衲本、殿本、盧弼《集解》本"鄀"字作"隔"，校點本作"鄀"。按，二字通。《國語·周語中》："昔隔之亡也由仲任。"韋昭注："唐尚書曰：隔爲鄭武公所滅，非取任氏而亡也。"《左傳·隱公元年》"隔"字作"鄀"。今從校點本。鄀，水名。一作"漹水"。即今湖北中部漢水支流蠻河。《左傳·桓公十三年》："楚屈瑕伐羅"，"及鄀，亂次以濟。"杜預注："鄀水，在襄陽宜城縣，入漢。"　沔：水名。即今漢水。

[37] 魏書：各本皆作"魏志"。陳景雲《辨誤》云："案'志'當作'書'。此謂王沈等所撰之魏史也。"校點本即從《辨誤》改。今從之。　景初：魏明帝曹叡年號（237—239）。　正始：魏少帝齊王曹芳年號（240—249）。

[38] 誤以吳嘉禾六年爲赤烏五年：潘眉《考證》謂"陳志之誤，在以赤烏四年爲五年"。"孫盛謂《魏少帝紀》《孫權傳》無此事，真可謂視睫不見。裴世期引之，全無辨證，最是疏處。"

　　然長不盈七尺，氣候分明。[1]内行脩絜，其所文采，惟施軍器，餘皆質素。終日欽欽，[2]常在戰場，[3]臨急膽定，尤過絶人，雖世無事，每朝夕嚴鼓，[4]兵在營者，咸行裝就隊，以此玩敵，使不知所備，故出輒有功。諸葛瑾子融、步騭子協，雖各襲任，權特復使然總爲大督。[5]又陸遜亦（本）〔卒〕，[6]功臣名將存者惟然，莫與比隆。寢疾二年，後漸增篤，權晝爲減膳，夜爲不寐，中使醫藥口食之物，相望於道。然每遣使表疾病消息，權輒召見，口自問訊，入賜酒食，出送布帛。自創業功臣疾病，權意之所鍾，吕蒙、凌統最重，然其次矣。年六十八，赤烏十二年卒，權素服舉哀，爲之感慟。子績嗣。

［1］氣候：指人的神態風貌。

［2］欽欽：謹慎戒懼貌。《朱子語類》卷一三五云："古之名將能功名者，皆是謹慎周密，乃能有成，如吴漢、朱然，終日欽欽，常如對陣。"

［3］常：《通鑑》卷七五魏邵陵厲公嘉平元年作"若"。趙幼文《校箋》謂蕭常《續後漢書》"常"下有"若"字。

［4］嚴鼓：胡三省云："疾擊鼓也。今人謂之擂鼓。"（《通鑑》卷七五魏邵厲公嘉平元年）

［5］大督：官名。吴置。戰時總統軍隊作戰。

［6］卒：各本皆作"本"。陳景雲《辨誤》云："案'本'當作'卒'，句絶。曰亦卒者，蒙上葛、步二人言之。據《孫權傳》，遜先然五年卒。"校點本即從陳説改。今從之。

績字公緒，以父任爲郎，[1]後拜建忠都尉。[2]叔父才卒，績領其兵，隨太常潘濬討五溪，[3]以膽力稱。遷偏將軍營下督，[4]領盜賊事，持法不傾。魯王霸注意交績，嘗至其廨，就之坐，欲與結好，績下地住立，辭而不當。然卒，績襲業，拜平魏將軍，[5]樂鄉督。[6]明年，魏征南將軍王昶率衆攻江陵城，[7]不克而退。績與奮威將軍諸葛融書曰：[8]"昶遠來疲困，馬無所食，力屈而走，此天助也。今追之力少，可引兵相繼，吾欲破之於前，足下乘之於後，豈一人之功哉，宜同斷金之義。"[9]融答許績。績便引兵及昶於紀南，[10]紀南去城三十里，[11]績先戰勝而融不進，績後失利。權深嘉績，盛責怒融，融兄大將軍恪貴重，[12]故融得不廢。初績與恪、融不平，及此事變，爲隙益甚。建興元年，[13]遷鎮東將軍。[14]二年春，恪向新城，要績并力，而留置半州，[15]使融兼其任。冬，恪、融被害，績復還樂鄉，假節。太平二年，[16]拜驃騎將軍。[17]孫綝秉政，大臣疑貳，績恐吳必擾亂，而中國乘釁，乃密書結蜀，使爲并兼之慮。蜀遣右將軍閻宇將兵五千，[18]增白帝守，[19]以須績之後命。永安初，[20]遷上大將軍、都護，[21]督自巴丘上迄西陵。[22]元興元年，[23]就拜左大司馬。初，然爲治行喪竟，乞復本姓，權不許，績以五鳳中表還爲施氏，[24]建衡二年卒。[25]

[1] 郎：郎官的泛稱。西漢光禄勳的屬官郎中、中郎、侍郎、議郎等皆可稱爲郎，無定員，多至千餘人；東漢於光禄勳下又設有五官、左、右中郎將署，合稱三署，主管諸中郎、侍郎、郎中等，亦無定員，多達二千餘人；又尚書、黃門等機構亦設專職郎官。光禄勳下之郎官，掌守衛皇宫殿廊門户，出充車騎扈從，備顧問應對，守衛陵園寢廟等，任滿一定期限，即可遷補内外官職，故郎官機構，實爲儲備官吏的機構。東漢時舉孝廉者多爲郎官。

[2] 建忠都尉：官名。孫吳置。

[3] 太常：官名。東漢時仍爲列卿之首，秩中二千石。掌禮儀祭祀，選試博士等。三國沿置。　五溪：在武陵郡。武陵郡治所臨沅縣，在今湖南常德市。《水經·沅水注》："武陵有五溪，謂雄溪、樠溪、無溪、酉溪，辰溪其一焉。夾溪悉是蠻左所居，故謂此蠻五溪蠻也。"

[4] 營下督：孫吳置。掌防治盜賊。

[5] 平魏將軍：官名。孫吳置。

[6] 樂鄉督：官名。樂鄉駐軍之長官。樂鄉，城名。在今湖北松滋市東北長江南岸涴市。

〔7〕征南將軍：官名。東漢建安中曹操置，爲四征將軍之一，秩二千石。魏文帝黃初中定爲二品，位次三公。西晉定爲三品，若持節都督則進爲二品。一般多授持節都督，出鎮方面，地位顯要。

〔8〕奮威將軍：官名。漢爲雜號將軍。孫吳亦置。

〔9〕斷金之義：《易·繫辭上》："二人同心，其利斷金。"孔穎達疏："二人同心其利斷金者，二人若同齊其心，其纖利能斷截於金。金是堅剛之物，能斷而截之，盛言利之甚也。"

〔10〕紀南：城名。在今湖北荆州市江陵區西北。戰國楚郢都即此。

〔11〕城：指江陵城。

〔12〕大將軍：官名。東漢時常兼錄尚書事，與太傅、太尉等共同主持政務。漢末位在三公上。三國時權任稍減。吳又別置上大將軍居其上。

〔13〕建興：吳會稽王孫亮年號（252—253）。

〔14〕鎮東將軍：官名。東漢末有鎮東、西、南、北將軍各一人，三國沿置，位次四征將軍，領兵如四征，多爲持節都督出鎮方面。

〔15〕半州：地名。在今江西九江市西。孫吳曾於此築城。

〔16〕太平：吳會稽王孫亮年號（256—258）。

〔17〕驃騎將軍：官名。東漢時位比三公，地位尊崇。魏、晉沿置，居諸名號將軍之首，僅作爲軍府名號，加授大臣、重要州郡長官，無具體職掌，第二品。開府者位從公，第一品。孫吳亦置。

〔18〕右將軍：官名。東漢時位如上卿，與前、後、左將軍掌京師兵衛和邊防屯警。魏晉亦置，第三品。權位漸低，略高於一般雜號將軍，不典禁兵，不與朝政，僅領兵征戰。蜀漢、孫吳亦置。

〔19〕白帝：城名。在今重慶市奉節縣東白帝山上。

〔20〕永安：吳景帝孫休年號（258—264）。

〔21〕上大將軍：官名。孫吳置，與大將軍並置，位皆在三公上。而上大將軍又在大將軍上。　都護：官名。漢獻帝建安中孫權

置，後又別置左、右都護。蜀漢則分置中、左、右都護。皆掌軍事。

　　[22] 巴丘：山名。在今湖南岳陽市西南部。《水經·湘水注》謂湘水至巴丘山入江，山在湘水右岸，有吳之巴丘邸閣，西晋初在此置巴陵縣。　西陵：縣名。孫吳改夷陵縣置。治所在今湖北宜昌市東南。

　　[23] 元興：吳末帝孫晧年號（264—265）。

　　[24] 五鳳：吳會稽王孫亮年號（254—256）。

　　[25] 建衡：吳末帝孫晧年號（269—271）。

　　呂範字子衡，汝南細陽人也。[1]少爲縣吏，有容觀姿貌。邑人劉氏，家富女美，範求之。女母嫌，欲勿與，劉氏曰："觀呂子衡，寧當久貧者邪？"遂與之婚。後避亂壽春，孫策見而異之，範遂自委昵，將私客百人歸策。[2]時太妃在江都，[3]策遣範迎之。徐州牧陶謙謂範爲袁氏覘候，諷縣掠考範，範親客健兒篡取以歸。時唯範與孫河常從策，跋涉辛苦，危難不避，策亦親戚待之，每與升堂，飲宴於太妃前。

　　後從策攻破廬江，還俱東渡。到横江、當利，[4]破張英、于麋，下小丹楊、湖熟，[5]領湖熟相。[6]策定秣陵、曲阿，[7]收笮融、劉繇餘衆，增範兵二千，騎五十匹。後領宛陵令，[8]討破丹楊賊，還吳，遷都督。〔一〕[9]

　　〔一〕《江表傳》曰：策從容獨與範棊，範曰："今將軍事業日大，士衆日盛，範在遠，聞綱紀猶有不整者，[10]範願蹔領都督，佐將軍部分之。"策曰："子衡，卿既士大夫，[11]加手下已有大衆，立功於外，豈宜復屈小職，知軍中細碎事乎！"範曰："不然。

今捨本土而託將軍者，非爲妻子也，欲濟世務。[12]猶同舟涉海，一事不牢，即俱受其敗。此亦範計，非但將軍也。"策笑，無以答。範出，更釋褠，[13]著袴褶，[14]執鞭，詣閤下啓事，自稱領都督，[15]策乃授傳，[16]委以衆事。由是軍中肅睦，威禁大行。

[1] 汝南：郡名。治所平輿縣，在今河南平輿縣北。　細陽：殿本作"西陽"，百衲本、盧弼《集解》本、校點本作"細陽"。今從百衲本等。細陽，縣名。治所在今安徽阜陽市西北。

[2] 私客：投靠私家的依附者。

[3] 江都：縣名。治所在今江蘇揚州市西南。

[4] 橫江：即今安徽和縣與馬鞍山市之間的長江。　當利：地名。在今安徽和縣東，爲當利水入長江處。

[5] 小丹楊：即丹楊縣，因屬丹楊郡，故加"小"。治所在今安徽當塗縣東北小丹陽鎮。　湖熟：校點本"熟"字作"孰"，百衲本、殿本、盧弼《集解》本作"熟"。今從百衲本等。湖熟，侯國名。治所在今江蘇江寧縣東南湖熟鎮。

[6] 相：官名。此指侯國相。由朝廷直接委派，執掌侯國行政大權，相當於縣令、長。

[7] 秣陵：縣名。治所在今江蘇江寧縣南秣陵鎮。

[8] 宛陵：縣名。治所在今安徽宣州市。

[9] 都督：官名。此爲領兵將領。

[10] 綱紀：治理；管理。

[11] 士大夫：殿本"士"字作"上"，百衲本、盧弼《集解》本、校點本作"士"。今從百衲本等。

[12] 欲濟世務：趙幼文《校箋》謂《建康實錄》作"欲與將軍共濟世務"。

[13] 褠（gōu）：袖狹而直，形狀如溝之單衣。胡三省云："褠，單衣。漢魏以來，士庶以爲禮服。"（《通鑑》卷七七魏高貴

鄉公甘露元年注）

[14] 袴褶（xí）：褶爲上衣。上穿褶，下着袴，爲騎服。
[15] 自：殿本作"曰"，百衲本、盧弼《集解》本、校點本作"自"。今從百衲本等。
[16] 傳（zhuàn）：符信。

是時下邳陳瑀自號吳郡太守，[1]住海西，[2]與彊族嚴白虎交通。[3]策自將討虎，別遣範與徐逸攻瑀於海西，[4]梟其大將陳牧。[一]又從攻祖郎於陵陽、太史慈於勇里。[5]七縣平定，[6]拜征虜中郎將，[7]征江夏，[8]還平鄱陽。[9]

〔一〕《九州春秋》曰：初平三年，[10]揚州刺史陳禕死，[11]袁術使瑀領揚州牧。後術爲曹公所敗於封丘，[12]南人叛瑀，瑀拒之。術走陰陵，[13]好辭以下瑀，瑀不知權，而又怯，不即攻術。術於淮北集兵向壽春。瑀懼，使其弟公琰請和於術。術執之而進，瑀走歸下邳。

[1] 下邳：郡名。治所下邳縣，在今江蘇睢寧縣西北。　陳瑀：陳登之叔父。事迹主要見本書卷六《袁術傳》裴注引《英雄記》。　自號吳郡太守：據本書卷四六《孫策傳》裴注引《江表傳》載漢朝戊辰詔書，稱陳瑀爲吳郡太守、安東將軍。則陳瑀之太守職，乃朝廷任命，非自號。盧弼《集解》云："蓋瑀陰圖襲策，互相攻擊，故謂其假借朝命也。"
[2] 海西：縣名。治所在今江蘇灌南縣東南。
[3] 嚴白虎：吳郡烏程人。事迹主要見本書《孫策傳》及裴注引《吳錄》。
[4]海西：百衲本無"海"字，殿本、盧弼《集解》本、校點

本有，蕭常《續後漢書》亦有。今從殿本等。

［5］祖郎：陵陽宗部之首領。事迹主要見本書卷五一《孫輔傳》裴注引《江表傳》。　陵陽：縣名。治所在今安徽石臺縣東北廣陽鎮。　勇里：地名。在今安徽涇縣西北。

［6］七縣：趙一清《注補》云："《太史慈傳》云'策已平定宣城以東，惟涇以西六縣未服'。連涇數之，得七縣。"

［7］征虜中郎將：官名。建安初孫策置，領兵。

［8］江夏：郡名。東漢末治所西陵縣，在今湖北新洲縣西。

［9］鄱陽：縣名。治所在今江西鄱陽縣東北。

［10］初平：漢獻帝劉協年號（190—193）。

［11］揚州：東漢時刺史治所歷陽縣，在今安徽和縣，東漢末年又遷至壽春縣，在今安徽和縣。　陳禕：百衲本作"陳偉"，殿本、盧弼《集解》本作"禕"，校點本作"禕"。按本書卷三八《許靖傳》中所說的揚州刺史陳禕，各本皆作"禕"。今從校點本。

［12］封丘：縣名。治所在今河南封丘縣。

［13］陰陵：縣名。治所在今安徽定遠縣西北。

策薨，奔喪于吴。後權復征江夏，範與張昭留守。

曹公至赤壁，[1]與周瑜等俱拒破之，拜裨將軍，[2]領彭澤太守，[3]以彭澤、柴桑、歷（陽）〔陵〕爲奉邑。[4]劉備詣京見權，[5]範密請留備。後遷平南將軍，[6]屯柴桑。

權討關羽，過範館，謂曰："昔早從卿言，無此勞也。今當上取之，卿爲我守建業。"[7]權破羽還，都武昌，[8]拜範建威將軍，[9]封宛陵侯，領丹楊太守，治建業，督扶州以下至海，[10]轉以溧陽、懷安、寧國爲奉邑。[11]

曹休、張遼、臧霸等來伐，範督徐盛、全琮、孫韶等，以舟師拒休等於洞口。[12]遷前將軍，[13]假節，改封南昌侯。[14]時遭大風，船人覆溺，死者數千，還軍，拜揚州牧。[15]

性好威儀，州民如陸遜、全琮及貴公子，皆脩敬虔肅，不敢輕脫。[16]其居處服飾，[17]於時奢靡，然勤事奉法，故權悅其忠，不怪其侈。〔一〕

〔一〕《江表傳》曰：人有白範與賀齊奢麗夸綺，服飾僭擬王者，權曰："昔管仲踰禮，[18]桓公優而容之，無損於霸。今子衡、公苗，[19]身無夷吾之失，但其器械精好，舟車嚴整耳，此適足作軍容，何損於治哉？"告者乃不敢復言。

[1]赤壁：山名。在今湖北蒲圻市西北長江邊。詳解見本書卷一《武帝紀》建安十三年注。

[2]裨將軍：官名。漢雜號將軍之低級者。

[3]彭澤：郡名。東漢末置，尋省。治所彭澤縣，在今江西湖口縣東。

[4]彭澤：指彭澤縣。　柴桑：縣名。治所在今江西九江市西南。　歷陵：各本皆作"歷陽"。趙一清《注補》云："'陽'當作'陵'。吳時歷陵屬鄱陽，三縣地相連，不應遠取九江之歷陽也。"盧弼《集解》同趙說。今從趙等說改。歷陵縣治所在今江西德安縣東。

[5]京：指京口城。在今江蘇鎮江市。

[6]平南將軍：官名。東漢末孫策置。魏晉亦置，與平西、平南、平北將軍合稱四平將軍，第三品。

[7]建業：縣名。治所在今江蘇南京市。

[8]武昌：縣名。孫權改鄂縣置，治所在今湖北鄂州市。

[9] 建威將軍：官名。新莽時置爲領兵之官。東漢、三國魏、吳皆置。

[10] 扶州：謝鍾英云："扶州當係江寧西南江中之洲，未能確指其地。"（《補三國疆域志補注》）。江寧即今江蘇南京市。

[11] 溧陽：縣名。治所在今江蘇淳縣東固城鎮。　懷安：縣名。孫吳分宛陵縣置，在今安徽寧國縣東南。　寧國：縣名。治所在今安徽寧國縣西南寧國。

[12] 洞口：地名。在今安徽和縣東南長江邊。此事在黃武元年（222）九月。

[13] 前將軍：官名。東漢時位如上卿，與左、右、後將軍掌京師兵衛與邊防屯警。三國沿置，權位漸低。

[14] 南昌：縣名。治所在今江西南昌市。

[15] 揚州：孫吳時州牧刺史治所在建業。

[16] 輕脱：猶輕佻，不嚴肅。

[17] 居處：趙幼文《校箋》謂《太平御覽》卷二五〇引"處"字作"家"。

[18] 管仲踰禮：管仲，名夷吾。春秋時輔佐齊桓公稱霸者。而管仲在生活上卻逾越禮制。《論語·八佾》孔子說管仲："邦君樹塞門，管氏亦樹塞門。邦君爲兩君之好，有反坫，管氏亦有反坫。管氏而知禮，孰不知禮？"

[19] 公苗：賀齊字公苗。

　　初策使範典主財計，權時年少，私從有求，範必關白，不敢專許，當時以此見望。[1]權守陽羨長，[2]有所私用，策或料覆，功曹周谷輒爲傅著簿書，[3]使無譴問，權臨時悅之，及後統事，以範忠誠，厚見信任，以谷能欺更簿書，不用也。

　　黃武七年，範遷大司馬，印綬未下，疾卒。權素

服舉哀，遣使者追贈印綬。及還都建業，權過範墓呼曰："子衡！"言及流涕，祀以太牢。〔一〕[4]

〔一〕《江表傳》曰：初，權移都建業，大會將相文武，特謂嚴畯曰：[5]"孤昔歎魯子敬比鄧禹，[6]呂子衡方吳漢，[7]聞卿諸人未平此論，今定云何？"畯退席曰："臣未解指趣，謂肅、範受饒，褒歎過實。"權曰："昔鄧仲華初見光武，光武時受更始使，撫河北，行大司馬事耳，未有帝王志也。禹勸之以復漢業，是禹開初議之端矣。子敬英爽有殊略，孤始與一語，便及大計，與禹相似，故比之。呂子衡忠篤亮直，性雖好奢，然以憂公爲先，不足爲損，避袁術自歸於兄，[8]（兄）〔已〕作大將，[9]別領部曲，故憂兄事，乞爲都督，[10]辦護脩整，加之恪勤，與吳漢相類，故方之。皆有指趣，非孤私之也。"畯乃服。

[1] 望：怨恨，責怪。梅膺祚《字彙·月部》："望，怨望，責望。"

[2] 陽羨：縣名。治所在今江蘇宜興市南荊溪南岸。

[3] 功曹：官名。縣府之主要屬吏，職總內外。　傅：百衲本、殿本、盧弼《集解》本作"傅"，校點本、《通鑑》作"傅"。今從校點本。傅，謂附會更改。

[4] 太牢：古時祭祀，牛、羊、豕三牲齊備稱太牢。後亦專指牛爲太牢。

[5] 特：百衲本作"特"，殿本、盧弼《集解》本、校點本作"時"。殿本《考證》云："時，《冊府》作'特'。"趙幼文《校箋》謂見《冊府元龜》卷二〇四。今從百衲本。

[6] 魯子敬：魯肅字子敬。　鄧禹：字仲華。東漢初南陽新野人。漢光武帝劉秀起兵後，加入綠林起義軍。後起義軍立劉玄爲帝，年號更始，稱爲更始帝。後劉秀受命行大司馬事，撫集河北，

鄧禹遂往投附，因向劉秀建議帝業之事，劉秀大悦。（見《後漢書》卷一六《鄧禹傳》）

　　[7] 吳漢：字子顏。東漢初南陽宛人。初亡命漁陽（今北京密雲縣西南）。更始劉玄使使者韓鴻至河北，韓鴻以吳漢爲安樂（北京順義縣西北）令。王郎起事後，北州擾惑。吳漢素聞劉秀之名，欲歸附之，因説漁陽太守彭寵，擊斬王郎將師而投歸劉秀。（見《後漢書》卷一八《吳漢傳》）

　　[8] 兄：指孫策。

　　[9] 已作大將：各本作"兄作大將"。趙幼文《校箋》謂《建康實錄》"兄"字作"已"，是也。"已作大將"指吕範。按，"已作大將"非《建康實錄》之正文，乃注引《江表傳》之文，是《江表傳》本如此，故據改。

　　[10] 乞爲：趙幼文《校箋》謂《建康實錄》"乞"下有"降"字。

　　範長子先卒，次子據嗣。據字世議，以父任爲郎，後範寢疾，拜副軍校尉，[1]佐領軍事。範卒，遷安軍中郎將。[2]數討山賊，諸深惡劇地，所擊皆破。隨太常潘濬討五谿，復有功。朱然攻樊，[3]據與朱異破城外圍，還拜偏將軍，入補馬閑右部督，[4]遷越騎校尉。[5]太元元年，[6]大風，江水溢流，[7]漸淹城門，權使視水，獨見據使人取大船以備害。[8]權嘉之，拜盪魏將軍。[9]權寢疾，以據爲太子右部督。[10]太子即位，拜右將軍。魏出東興，[11]據赴討有功。明年，[12]孫峻殺諸葛恪，遷據爲驃騎將軍，平西宫事。[13]五鳳二年，假節，與峻等襲壽春，還遇魏將曹珍，破之於高亭。[14]太平元年，帥師侵魏，未及淮，[15]聞孫峻死，以從弟綝自代，據大怒，引軍還，欲廢綝。綝聞之，使中書奉詔，[16]詔文欽、劉纂、唐咨等使取據，又遣從兄（慮）〔憲〕以都下兵逆據於江都。[17]左右勸據降魏，據曰："恥爲叛臣。"遂自殺。夷三族。[18]

[1] 副軍校尉：官名。孫吳置。領兵大臣年邁有病，則任其子爲之，協助處理軍務。

[2] 安軍中郎將：官名。孫吳置。爲領兵武職。

[3] 樊：城名。在襄陽縣北，與襄陽隔水相對。在今湖北襄陽市。

[4] 馬閑右部督：官名。孫吳置。

[5] 越騎校尉：官名。東漢時爲北軍五校尉之一，秩比二千石，掌京師宿衛兵。孫吳亦置。

[6] 太元：吳大帝孫權年號（251—252）。

[7] 江水溢流：趙幼文《校箋》謂《太平御覽》卷二四〇引作"江水盛溢泛流"，此奪"盛""泛"二字。

[8] 備害：殿本《考證》云："《太平御覽》作'備宮'。"趙幼文《校箋》謂此見《太平御覽》卷二四〇，《建康實錄》作"備宮內"。《册府元龜》卷三九〇、郝經《續後漢書》俱作"備害"。

[9] 盪魏將軍：官名。孫吳置。

[10] 太子右部督：官名。孫吳置，掌太子宿衛。

[11] 魏出：趙幼文《校箋》謂郝經《續後漢書》"魏"下有"軍"字。　東興：即東興關。見前《朱然傳》三關屯注。

[12] 明年：指建興二年。

[13] 平西宮事：官名。參與西宮之政事。西宮，孫吳在武昌之別宮。

[14] 高亭：地名。謝鍾英云："當與橐皋相近。"（《補三國疆域志補注》）

〔15〕淮：水名。即今淮河。

〔16〕中書：官名。此指中書郎。孫吳時仍隸中書令，負責草擬詔書，並常派出執行重要使命。

〔17〕憲：各本皆作"慮"。盧弼《集解》云："《孫亮傳》'慮'作'憲'。"校點本則從錢大昕說改爲"憲"。今從之。

〔18〕三族：指父族、母族、妻族。

朱桓字休穆，吳郡吳人也。孫權爲將軍，桓給事幕府，除餘姚長。往遇疫癘，穀食荒貴，桓分部良吏，隱親醫藥，殯粥相繼，士民感戴之。遷盪寇校尉，[1]授兵二千人，使部伍吳、會二郡，[2]鳩合遺散，期年之間，得萬餘人。後丹楊、鄱陽山賊蜂起，攻没城郭，殺略長吏，處處屯聚。桓督領諸將，周旋赴討，應皆平定。[3]稍遷裨將軍，封新城亭侯。[4]

後代周泰爲濡須督。黄武元年，魏使大司馬曹仁步騎數萬向濡須，[5]仁欲以兵襲取州上，[6]僞先揚聲，欲東攻羨溪。[7]桓分兵將赴羨溪，既發，卒得仁進軍拒濡須七十里問。[8]桓遣使追還羨溪兵，兵未到而仁奄至。時桓手下及所部兵，在者五千人，諸將業業，[9]各有懼心，桓喻之曰："凡兩軍交對，勝負在將，不在衆寡。諸君聞曹仁用兵行師，孰與桓邪？兵法所以稱客倍而主人半者，謂俱在平原，無城池之守，又謂士衆勇怯齊等故耳。今仁既非智勇，[10]加其士卒甚怯，又千里步涉，人馬罷困，[11]桓與諸君，[12]共據高城，南臨大江，北背山陵，以逸待勞，爲主制客，此百戰百勝之勢也。雖曹丕自來，尚不足憂，況仁等邪！"桓因偃旗鼓，外示虛弱，以誘致仁。仁果遣其子泰攻濡須城，分遣將軍常雕督諸葛虔、王雙等，[13]乘油船別襲中洲。[14]中洲者，部曲妻子所在也。仁自將萬人留橐皋，[15]復爲泰等後拒。桓部兵將攻取油船，或別擊雕等，桓等身自拒泰，[16]〔泰〕燒營而退，[17]遂梟雕，生虜雙，送武昌；臨陣斬溺，[18]死者千餘。權嘉桓功，封嘉興侯，[19]遷奮武將軍，[20]領彭城相。[21]

黃武七年，鄱陽太守周魴譎誘魏大司馬曹休，休將步騎十萬至皖城以迎魴。[22]時陸遜爲元帥，全琮與桓爲左右督，各督三萬人擊休。休知見欺，當引軍還，自負衆盛，邀於一戰。[23]桓進計曰："休本以親戚見任，非智勇名將也。今戰必敗，敗必走，走當由夾石、挂車，[24]此兩道皆險陿，若以萬兵柴路，[25]則彼衆可盡，而休可生虜，臣請將所部以斷之。若蒙天威，得以休自效，便可乘勝長驅，進取壽春，割有淮南，[26]以規許、洛，[27]此萬世一時，不可失也。"權先與陸遜議，遜以爲不可，故計不施行。

黃龍元年，拜桓前將軍，領青州牧，[28]假節。嘉禾六年，魏廬江主簿呂習請大兵自迎，[29]欲開門爲應。桓與衛將軍全琮俱以師迎。[30]既至，事露，軍當引還。城外有溪水，去城一里所，廣三十餘丈，深者八九尺，淺者半之，諸軍勒兵渡去，桓自斷後。時廬江太守李膺整嚴兵騎，欲須諸軍半渡，因迫擊之。及見桓節蓋在後，[31]卒不敢出，其見憚如此。

是時全琮爲督，[32]權又令偏將軍胡綜宣傳詔命，參與軍事。琮以軍出無獲,議欲部分諸將,[33]有所掩襲。桓素氣高,恥見部伍,乃往見琮,問行意,感激發怒,與琮校計。琮欲自解,因曰:"上自令胡綜爲督,綜意以爲宜爾。"桓愈恚恨,還乃使人呼綜。綜至軍門,桓出迎之,顧謂左右曰:"我縱手,汝等各自去。"有一人旁出,語綜使還。桓出,不見綜,知左右所爲,因斫殺之。桓佐軍進諫,[34]刺殺佐軍,遂託狂發,詣建業治病。權惜其功能,故不罪。〔一〕使子異攝領部曲,令醫視護,數月復遣還中洲。[35]權自出祖送,[36]謂曰:"今寇虜尚存,王塗未一,孤當與君共定天下,欲令君督五萬人專當一面,以圖進取,想君疾未復發也。"桓曰:"天授陛下聖姿,當君臨四海,猥重任臣,以除姦逆,臣疾當自愈。"〔二〕

〔一〕孫盛曰:《書》云臣無作威作福,[37]作威作福,則凶于而家,[38]害于而國。桓之賊忍,殆虎狼也,人君且猶不可,況將相乎?語曰,得一夫而失一國,[39]縱罪虧刑,失孰大焉!

〔二〕《吳錄》曰:桓奉觴曰:"臣當遠去,願一捋陛下鬚,無所復恨。"權馮几前席,桓進前捋鬚曰:"臣今日真可謂捋虎鬚也。"權大笑。

[1] 盪寇校尉:官名。建安中孫權置,領兵。
[2] 會:指會稽郡。
[3] 應皆:劉淇《助字辨略》卷四:"應,猶即也。"趙幼文《校箋》謂蕭常《續後漢書》"應"字作"時"。
[4] 亭侯:爵名。漢制列侯大者食縣邑,小者食鄉、亭。東漢後期遂以食鄉、亭者稱爲鄉侯、亭侯。

[5] 大司馬：官名。魏文帝黃初二年（221）置，爲上公，位在三公上，第一品，掌武事。　曹仁：趙幼文《校箋》謂《太平御覽》卷三二二引"仁"下有"將"字，是，應據補。按，下句"仁"下"欲"字即"將"義。劉淇《助字辨略》卷五："欲，將也。凡云欲者，皆願之而未得，故又得爲將也。"

[6] 州：即下文所説的"中洲"，又稱"濡須洲"，在今安徽無爲縣東北長江中。

[7] 羨溪：地名。在今安徽無爲縣東北，西去濡須三十里。

[8] 拒：通"距"。　問：百衲本作"間"，殿本、盧弼《集解》本、校點本作"問"。今從殿本等。問，音訊。

[9] 業業：危懼貌。《尚書·皋陶謨》："兢兢業業，一日二日萬幾。"孔傳："業業，危懼。"

[10] 仁：校點本作"人"，百衲本、殿本、盧弼《集解》本作"仁"。盧弼尚云："馮本'仁'作'人'誤。"今從百衲本等。

[11] 罷（pí）：通"疲"。

[12] 君：盧弼《集解》本作"君"，百衲本、殿本、校點本作"軍"。蕭常《續後漢書》作"君"。按，此乃朱桓與諸將語，前已言"諸君聞曹仁"云云，此亦應作"君"。今從盧弼《集解》本。

[13] 王雙：梁章鉅《旁證》云："按王雙於蜀建興六年爲諸葛公所斬，此或別是一人。"

[14] 油船：塗上油的牛皮船。

[15] 橐皋：西漢縣名。東漢廢，故治所在今安徽巢湖市西北拓皋鎮。

[16] 桓等身：趙幼文《校箋》謂《太平御覽》卷二九〇引無"等身"二字，《建康實錄》、蕭常《續後漢書》俱作"身自拒泰"，是也。

[17] 泰：各本皆無"泰"字。吳金華《校詁》云："《建康實錄》卷一作'泰燒營走'，《資治通鑑》卷七十則作'泰燒營而

退'，句首'泰'字決不可省，此奪。"趙幼文《校箋》亦謂《太平御覽》卷二九〇引"燒"上有"泰"字，《建康實錄》、蕭常《續後漢書》同。今從吳、趙說增"泰"字。

[18] 斬溺：趙幼文《校箋》謂《太平御覽》卷二九〇引"斬"字作"及"，下句"餘"下有"人"字，蕭常《續後漢書》同。

[19] 嘉興：縣名。治所在今浙江嘉興市南。

[20] 奮武將軍：官名。漢為雜號將軍。孫吳亦置。

[21] 彭城：王國名。治所彭城縣，在今江蘇徐州市。　相：官名。王國相由朝廷直接委派，執掌王國行政大權。趙一清《注補》云："此亦遙領。"

[22] 皖城：即皖縣城，在今安徽潛山縣。

[23] 邀：盧弼《集解》本作"徼"，百衲本、殿本、校點本作"邀"。按，二字通，今從百衲本等。邀，謂邀幸，僥幸。蕭常《續後漢書》此句即作"僥幸一戰"。

[24] 夾石：地名。在今安徽桐城縣北。　挂車：山名。在今安徽桐城縣西南。

[25] 柴路：胡三省云："柴路，謂以柴塞路也。"（《通鑑》卷七一魏明帝太和二年注）

[26] 淮南：郡名。治所壽春縣，在今安徽壽縣。

[27] 規：盧弼《集解》本作"窺"，百衲本、殿本、校點本作"規"。按，二字通。《管子·君臣子》："大臣假於女之能以規主情。"丁士涵注："規，古窺字。"今從百衲本等。　許：指許昌縣，治所在今河南許昌縣東。魏於此有宮室。　洛：指洛陽縣，乃魏都。

[28] 青州：州牧刺史治所臨菑縣，在今山東淄博市東北臨淄鎮北。按，此年吳蜀結盟中分天下，豫、青、徐、幽屬吳，故有此授。然其仍為魏所有，僅空名遙領而已。

[29] 廬江：郡名。曹魏前期治所陽泉縣，在今安徽霍邱縣東北。曹魏後期治所六安縣，在今安徽六安縣北。（本吳增僅《三國

郡縣表附考證》） 　主簿：官名。漢代中央及州郡官府皆置，以典領文書，辦理事務。

　　[30] 衞將軍：官名。東漢時位次大將軍、驃騎將軍、車騎將軍，位亞三公，開府置官屬。曹魏沿置，位在諸名號將軍上。第二品。孫吳亦置。

　　[31] 節蓋：持節大將所用的傘蓋。

　　[32] 督：官名。此乃大督，戰時總統諸軍作戰。

　　[33] 部分：部署安排。

　　[34] 佐軍：官名。此爲前將軍朱桓的屬官，佐理軍務事。

　　[35] 中洲：百衲本無"洲"字，殿本、盧弼《集解》本、校點本有。今從殿本等。

　　[36] 祖送：祖餞送行。亦即餞行。

　　[37] 臣無作威作福：此句及以下數句見《尚書·洪範》，而文字稍異。

　　[38] 而：爾，你。

　　[39] 得一夫而失一國：《左傳·莊公十二年》石祁子曰："得一夫而失一國，與惡而棄好，非謀也。"

　　桓性護前，[1]恥爲人下，每臨敵交戰，節度不得自由，輒嗔恚憤激。然輕財貴義，兼以彊識，與人一面，數十年不忘，部曲萬口，妻子盡識之。愛養吏士，贍護六親，俸祿產業，皆與共分。及桓疾困，舉營憂戚。年六十二，赤烏元年卒。吏士男女，無不號慕。又家無餘財，權賜鹽五十斛以周喪事。[2]子異嗣。

　　異字季文，以父任除郎，〔一〕後拜騎都尉，[3]代桓領兵。赤烏四年，隨朱然攻魏樊城，建計破其外圍，還拜偏將軍。魏廬江太守文欽營住六安，[4]多設屯砦，置諸道要,以招誘亡叛,爲邊寇害。異乃身率其手下二千人,掩破欽七屯,斬首數百,遷揚武將軍。[5]權與論攻戰,辭對稱意。權謂異從父驃騎將軍據曰:"本知季文憭,[6]定見之復過所聞。"[7]十三年,文欽詐降,密書與異,欲令自迎。異表呈欽書,因陳其僞,不可便迎。權詔曰:"方今北土未一,欽云欲歸命,宜且迎之。若嫌其有譎者,但當設計網以羅之,盛重兵以防之耳。"乃遣呂據督二萬人,與異并力,至北界,欽果不降。建興元年,遷鎮南將軍。[8]是歲魏遣胡遵、諸葛誕等出東興,[9]異督水軍攻浮梁,壞之,魏軍大破。〔二〕太平二年,假節,爲大都督,[10]救壽春圍,不解。還軍,爲孫綝所枉害。〔三〕

〔一〕《文士傳》曰:張惇子純與張儼及異俱童少,[11]往見驃騎將軍朱據。據聞三人才名,欲試之,告曰:"老鄙相聞,飢渴甚矣。夫騏驥以迅驟爲功,[12]鷹隼以輕疾爲妙,[13]其爲吾各賦一物,然後乃坐。"儼乃賦犬曰:"守則有威,出則有獲,韓盧、宋鵲,[14]書名竹帛。"純賦席曰:"席以冬設,簟爲夏施,[15]揖讓而坐,君子攸宜。"異賦弩曰:"南嶽之幹,[16]鍾山之銅,[17]應機命中,獲隼高墉。"[18]三人各隨其目所見而賦之,皆成而後坐,據大歡悅。

〔二〕《吳書》曰:異又隨諸葛恪圍新城,[19]城既不拔,異等皆言宜速還豫章,襲石頭城,[20]不過數日可拔。恪以書曉異,異投書於地曰:"不用我計,而用僕子言!"[21]恪大怒,立奪其兵,遂廢還建業。

〔三〕《吳書》曰:綝要異相見,將往,(恐)陸抗止之,[22]異曰:"子通,家人耳,[23]當何所疑乎!"遂往。綝使力人於坐上取之。異曰："我吳國忠臣，有何罪乎！"乃拉殺之。

[1] 護前：謂逞強好勝，不容別人爭先居前。

[2] 五十：百衲本作"五十"，殿本、盧弼《集解》本、校點本作"五千"，中華再造善本影宋本亦作"五十"。今從百衲本。

[3] 騎都尉：官名。孫吳時，統羽林兵，宿衛左右。

[4] 六安：縣名。治所在今安徽六安縣東北。

[5] 揚武將軍：官名。東漢置，統兵出征。孫吳亦置。

[6] 憎：百衲本、盧弼《集解》本作"憎"，殿本作"獪"。殿本《考證》云："監本訛作'憎'。臣龍官按：憎訓悶，訓惡，與語意不合，應作'獪'，言其狡獪也。今改正。"盧弼《集解》則云："'憎'疑爲'膽'字之誤，'定'字屬上句讀。"校點本即從盧說改"憎"爲"膽"。周一良《札記》又云："盧文弨《龍城札記》二《吳志·朱桓傳》條引何焯說，憎即快字，是也。"趙幼文《校箋》云："蓋'快'自是吳人贊美常語。"今仍從百衲本等。

[7] 定：的確。楊樹達《詞詮》卷二："定，表態副辭。劉淇云：'的辭也。'達按猶今語'的確'。"

[8] 鎮南將軍：官名。漢獻帝初平中置。曹魏時位次四征將軍，領兵如征南將軍，第二品，多爲持節都督，出鎮方面。孫吳亦置。

[9] 東興：即前注中之東興關。

[10] 大都督：官名。最初，孫吳、曹魏於戰爭時臨時設置，作爲加官，爲統軍最高長官。後漸漸成爲常設官職，地位極高。

[11] 張惇：張布之弟，曾封都亭侯。見本書卷四八《孫休傳》永安元年。　純：張純，事迹主要見本書卷五九《孫和傳》及裴注引《吳錄》。　張儼：事迹主要見本書卷四八《孫晧傳》寶鼎元年裴注引《吳錄》。

[12] 騕（yǎo）裹（niǎo）：《文選》張衡《思玄賦》："斥西施而弗御兮，縶騕裹以服箱。"李善注："《漢書音義》應劭曰：腰

裹，古之駿馬也。赤喙玄身，日行五千里。"

[13] 鷹隼（sǔn）：鷹和雕。亦泛指猛禽。

[14] 韓盧：戰國時韓國良犬名。色黑。《戰國策·秦三》范雎曰："以秦卒之勇，車騎之多，以當諸侯，譬若馳韓盧而逐蹇兔也。"鮑彪注："韓盧，俊犬名。《博物志》：'韓有黑犬，名盧。'"

宋鵲：春秋時宋國良犬名。《禮記·少儀》："既受，乃問犬名。"鄭玄注："問名，畜養者當呼之名。謂若韓盧、宋鵲之屬。"

[15] 席以：趙幼文《校箋》謂《藝文類聚》卷六七（當作六九）、《太平御覽》卷三八五引"以"字俱作"爲"。 簟（diàn）：坐臥用的葦席或竹席。《詩·小雅·斯干》："下莞上簟，乃安斯寢。"鄭箋："莞，小蒲之席也。竹葦曰簟。"

[16] 南嶽：古五嶽之一。漢魏時指今安徽霍山縣南之天柱山，又名霍山或衡山。

[17] 鍾山：即今江蘇南京市中山門外紫金山。

[18] 高墉：高牆。《易·解卦》上六："公用射隼，于高墉之上，獲之，無不利。"孔穎達疏："墉，牆也。"

[19] 新城：指合肥新城。

[20] 石頭城：此石頭城在今江西南昌市。《水經·贛水注》云：贛水又徑郡（豫章郡）北，爲津步。水之西岸有磐石，謂之石頭，津步之處也。

[21] 傒子：殿本、盧弼《集解》本作"侯子"，百衲本、校點本作"傒子"。今從百衲本等。《余嘉錫論學雜著·釋傖楚》謂魏晉南北朝時，吳人稱九江、豫章一帶人爲傒，乃輕視之稱。按，諸葛恪乃琅邪陽都人，此"傒子"不當指諸葛恪，蓋諸葛恪采用了九江或豫章某人之言，朱異方有此說。

[22] 陸抗："陸抗"上各本皆有"恐"字。郝經《續後漢書》卷七〇下《朱異傳》無"恐"字。又郁松年《續後漢書札記》卷三謂《三國志·朱桓傳注》"陸抗"上有"恐"字，"案下異曰：'子通，家人爾，當何所疑乎？'即對抗之詞也，'恐'字衍"。按，

郁説是，今從《續後漢書》删"恐"字。

[23] 子通：孫綝字子通。　家人：謂如家人一樣親密之人。

評曰：朱治、吕範以舊臣任用，朱然、朱桓以勇烈著聞，吕據、朱異、施績咸有將領之才，克紹堂構。[1]若範、桓之越隘，[2]得以吉終，至於據、異無此之尤而反罹殃者，所遇之時殊也。

[1] 堂構：語出《尚書·大誥》："若考作室，既底法，厥子乃弗肯堂，矧肯構？"後世因以"堂構"比喻繼承祖先的遺業。

[2] 越隘：盧弼《集解》云："吕範居處服飾，於時奢靡，謂之越禮。朱桓素氣高，耻見部伍，又性護前，耻爲人下，皆爲隘。"

三國志 卷五七

吳書十二

虞陸張駱陸吾朱傳第十二

虞翻字仲翔，會稽餘姚人也，〔一〕[1]太守王朗命爲功曹。[2]孫策征會稽，翻時遭父喪，衰絰詣府門，[3]朗欲就之，翻乃脱衰入見，勸朗避策。朗不能用，拒戰敗績，亡走浮海。翻追隨營護，到東部候官，[4]候官長閉城不受，翻往説之，然後見納。〔二〕朗謂翻曰："卿有老母，可以還矣。"〔三〕翻既歸，策復命爲功曹，待以交友之禮，身詣翻第。〔四〕

〔一〕《吳書》曰：翻少好學，有高氣。年十二，客有候其兄者，不過翻，翻追與書曰："僕聞虎魄不取腐芥，[5]磁石不受曲鍼，過而不存，不亦宜乎！"客得書奇之，由是見稱。

〔二〕《吳書》曰：翻始欲送朗到廣陵，[6]朗惑王方平記，[7]言"疾來邀我，南岳相求"，[8]故遂南行。既至候官，又欲投交州，[9]翻諫朗曰："此妄書耳，交州無南岳，安所投乎？"乃止。

〔三〕《翻別傳》曰：[10]朗使翻見豫章太守華歆，[11]圖起義兵。翻未至豫章，聞孫策向會稽，翻乃還。會遭父喪，以臣使有節，不敢過家，星行追朗至候官。朗遣翻還，然後奔喪。而傳云孫策之來，[12]翻衰絰詣府門，勸朗避策，則爲大異。

〔四〕《江表傳》曰：策書謂翻曰："今日之事，當與卿共之，勿謂孫策作郡吏相待也。"

［1］會稽：郡名。治所山陰縣，在今浙江紹興市。　餘姚：縣名。治所在今浙江餘姚市。

［2］功曹：官名。漢代郡太守下設功曹史，簡稱功曹，爲郡太守之佐吏，除分掌人事外，並得參與一郡之政務。

［3］衰（cuī）絰（dié）：喪服。"衰"同"縗"。披於胸前的麻布條稱縗，結在頭上或腰間的麻帶稱絰。

［4］東部：指會稽東部都尉。漢武帝平東越後即置會稽東部都尉，治所回浦縣（今浙江臨海市東南章安鎮），後徙治句章縣（今浙江餘姚市東南），三國又移治章安縣，即西漢之回浦縣。　候官：殿本、盧弼《集解》本作"侯官"，百衲本、校點本作"候官"。按，古時"侯"通"候"，《廣韻·候韻》："侯，候也。"古籍中"侯官"即"候官"。今從百衲本等。以下裴松之注引亦同。候官縣，即漢代之東冶縣，治所在今福建福州市。

［5］虎魄：亦作"虎珀"，係樹脂入地多年，經石化而成。郭璞《玄中記》云："楓脂淪入地中，千秋爲虎珀。"按，虎魄摩擦生電後能吸起草芥。

［6］廣陵：郡名。治所廣陵縣，在今江蘇揚州市西北蜀岡上。

［7］記：殿本、盧弼《集解》本作"訊"，百衲本、校點本作"記"。今從百衲本等。吳金華《校詁》謂作"記"義長，此記乃識記之記。

［8］南岳：古五岳之一。漢魏時指今安徽霍山縣南之天柱山，

又名霍山或衡山。

[9] 交州：漢獻帝建安八年（203）改交阯刺史部置，治所龍編縣，在今越南河內東天德江北岸；同年又移治廣信縣，在今廣西梧州市。建安十五年又移治番禺，在今廣東廣州市。

[10] 翻別傳：《隋書·經籍志》等未著錄。侯康《補三國藝文志》云："見本傳注。書中直稱孫策、孫權名，則非吳人撰，然亦當三國時人也。"

[11] 豫章：郡名。治所南昌縣，在今江西南昌市。

[12] 而傳云：自此以下乃裴松之按語。

策好馳騁遊獵，翻諫曰："明府用烏集之衆，[1]驅散附之士，皆得其死力，雖漢高帝不及也。至於輕出微行，從官不暇嚴，吏卒常苦之。[2]夫君人者不重則不威，故白龍魚服，[3]困於豫且，白虵自放，[4]劉季害之，願少留意。"策曰："君言是也。然時有所思，端坐悒悒，[5]有裨諶草創之計，[6]是以行耳。"〔一〕

〔一〕《吳書》曰：策討山越，[7]斬其渠帥，悉令左右分行逐賊，獨騎與翻相得山中。翻問左右安在，策曰："悉行逐賊。"翻曰："危事也！"令策下馬："此草深，卒有驚急，馬不及縈策，[8]但牽之，執弓矢以步。翻善用矛，請在前行。"得平地，勸策乘馬。策曰："卿無馬奈何？"答曰："翻能步行，日可三百里，[9]自征討以來，吏卒無及翻者，明府試躍馬，翻能疏步隨之。"行及大道，[10]得一鼓吏，策取角自鳴之，部曲識聲，[11]小大皆出，遂從周旋，平定三郡。[12]

《江表傳》曰：策討黃祖，旋軍欲過取豫章，特請翻語曰："華子魚自有名字，[13]然非吾敵也。加聞其戰具甚少，[14]若不開門讓城，金鼓一震，不得無所傷害，卿便在前具宣孤意。"翻即奉命辭行，徑到郡，請被褠葛巾與（敵）〔歆〕相見，[15]謂歆曰："君自料名聲之在海內，孰與鄙郡故王府君？"[16]歆曰："不及也。"翻曰："豫章資糧多少，器仗精否？士民勇果孰與鄙郡？"又曰："不如也。"翻曰："討逆將軍智略超世，[17]用兵如神，前走劉揚州，[18]君所親見，南定鄙郡，亦君所聞也。今欲守孤城，自料資糧，已知不足，不早爲計，悔無及也。今大軍已次椒丘，[19]僕便還去，明日日中迎檄不到者，[20]與君辭矣。"[21]翻既去，歆明旦出城，遣吏迎策。策既定豫章，引軍還吳，饗賜將士，計功行賞，謂翻曰："孤昔再至壽春，[22]見馬日磾，[23]及與中州士大夫會，語我東方人多才耳，但恨學問不博，語議之間，有所不及耳。孤意猶謂未耳。卿博學洽聞，故前欲令卿一詣許，[24]交見朝士，以折中國妄語兒。卿不願行，便使子綱；[25]恐子綱不能結兒輩舌也。"翻曰："翻是明府家寶，而以示人，人倘留之，則去明府良佐，故前不行耳。"策笑曰："然。"因曰："孤有征討事，未得還府，卿復以功曹爲吾蕭何，[26]守會稽耳。"後三日，便遣翻還郡。

臣松之以爲王、華二公於擾攘之時，[27]抗猛銳之鋒，俱非所能。[28]歆之名德，實高於朗，而《江表傳》述翻說華，云"海內名聲，孰與於王"，此言非也。然王公拒戰，華逆請服，實由孫策初起，名微眾寡，故王能舉兵，豈武勝哉？策後威力轉盛，勢不可敵，華量力而止，非必用仲翔之說也。若使易地而居，亦華戰王服耳。

按《吳歷》載翻謂歆曰："竊聞明府與王府君齊名中州，海內所宗，雖在東垂，常懷瞻仰。"歆答曰："孤不如王會稽。"翻復問："不審豫章精兵，何如會稽？"對曰："大不如也。"翻曰："明府言不如王會稽，謙光之譚耳；[29]精兵不如會稽，實如尊教。"因述孫策才略殊異，用兵之奇，歆乃答云當去。（此說爲勝也）翻出，[30]歆遣吏迎策。二說有不同，〔此說爲勝也〕。

［1］明府：對郡太守之敬稱。

［2］常：殿本、盧弼《集解》本作"長"，百衲本、校點本作"常"。今從百衲本等。

［3］白龍魚服：劉向《說苑·正諫》："吳王欲從民飲酒，伍子胥諫曰：'不可。昔白龍下清泠之淵化爲魚，漁者豫且射中其目。白龍上訴天帝，天帝曰：當是之時，若安置而形？白龍對曰：我下清泠之淵化爲魚。天帝曰：魚固人之所射也。若是，豫且何罪？夫白龍，天帝貴畜也；豫且，宋國賤臣也。白龍不化，豫且不射。今棄萬乘之位，而從布衣之士飲酒，臣恐其有豫且之患矣。'王乃止。"

［4］白虵自放：漢高祖劉邦字季。《史記》卷八《高祖本紀》云："高祖以亭長爲縣送徒酈山，徒多道亡。自度比至皆亡之，到豐西澤中，止飲，夜乃解縱所送徒。曰：'公等皆去，吾亦從此逝矣！'徒中壯士願從者十餘人。高祖被酒，夜徑澤中，令一人行前。行前者還報曰：'前有大蛇當徑，願還。'高祖醉，曰：'壯士行，何畏！'乃前，拔劍擊斬蛇，蛇遂分爲兩，徑開。行數里，醉，因臥。後人來至蛇所，有一老嫗夜哭。人間何哭，嫗曰：'人殺吾子，故哭之。'人曰：'嫗子何爲見殺？'嫗曰：'吾子，白帝子也，化爲蛇，當道，今爲赤帝子斬之，故哭。'"

［5］悒悒：愁悶不安。

［6］裨諶草創之計：《論語·憲問》子曰："爲命，裨諶草創之。"日本正平本何晏《集解》："孔安國曰：卑諶，鄭大夫名也。謀於野則獲，謀於國則否。鄭國將有諸侯之事，則使乘車以適野而謀，作盟會之辭也。"

［7］策討：趙幼文《校箋》謂蕭常《續後漢書》"策"下有"嘗"字。　山越：漢末三國時期，居於南方山區的土著人民稱爲山越。因其在秦漢時稱越人，雖經三百餘年已與漢族相融合，但時人仍稱之爲越。（本唐長孺《孫吳建國及漢末江南宗部與山越》）

［8］縈策：謂揮動馬鞭。

［9］三百里：百衲本、盧弼《集解》本作"三百里"，殿本、校點本作"二百里"。趙幼文《校箋》謂《太平御覽》卷三五三、卷三九四及《册府元龜》卷七二五、卷八四五引作"三百里"，蕭常及郝經之《續後漢書》俱同。今從百衲本等。

［10］及：殿本、盧弼《集解》本作"一"，百衲本、校點本作"及"。趙幼文《校箋》謂《册府元龜》卷七二五、卷八四五引俱作"及"。今從百衲本等。

［11］部曲：軍隊。

［12］三郡：指丹楊、吳、會稽三郡。

［13］華子魚：胡三省云："華歆字子魚。自有名字，言其名聞當時也。"（《通鑑》卷六三漢獻帝建安四年注）

［14］加聞：百衲本"加"字作"如"，殿本、盧弼《集解》本、校點本作"加"。今從殿本等。

［15］褠（gōu）：袖狹而直，形狀如溝之單衣。胡三省云："褠，單衣。漢魏以來，士庶以爲禮服。"（《通鑑》卷七七魏高貴鄉公甘露元年注）　葛巾：葛布製成的頭巾。　歆：各本皆作"敵"，校點本從楊通説改爲歆。今從之。

［16］王府君：指會稽太守王朗。

［17］討逆將軍：指孫策。孫策時爲討逆將軍。

［18］劉揚州：指揚州刺史劉繇。

［19］椒丘：地名。在今江西新建縣東北。

［20］迎檄：迎請文書。

［21］與君辭矣：校點本1982年7月第2版"君"字作"吾"，百衲本、殿本、盧弼《集解》本、校點本1959年12月第1版皆作"君"。今從百衲本等。

［22］壽春：縣名。治所在今安徽壽縣。

［23］馬日磾：漢獻帝初平中爲太傅，常受命出使，事迹主要見本書卷六《袁術傳》及裴注引《三輔決錄》。

［24］許：縣名。治所在今河南許昌縣東。時爲漢獻帝之國都。

［25］子綱：張紘字子綱。

［26］蕭何：漢高祖劉邦之功臣。當楚漢戰争中，劉邦領軍於外，蕭何留守關中，爲劉邦輸送士卒糧餉。（見《史記·蕭相國世家》）

［27］王華二公：指王朗、華歆。

［28］俱非所能：百衲本"俱"字作"得"，殿本、盧弼《集解》本、校點本作"俱"。今從殿本等。

［29］謙光：謂尊者謙虛而顯示其光明美德。《易·謙卦》象："謙尊而光，卑而不可逾。"孔穎達疏："尊者有謙而更光明盛大，卑謙而不可逾越。"

［30］翻出：各本"翻出"上有"此説爲勝也"五字，校點本據上下文義，將五字移於句末。此移改正確，今從之。

翻出爲富春長。[1]策薨，諸長吏並欲出赴喪，[2]翻曰："恐鄰縣山民或有姦變，遠委城郭，必致不虞。"因留制服行喪。諸縣皆效之，咸以安寧。〔一〕後翻州舉茂才，[3]漢召爲侍御史，[4]曹公爲司空辟，[5]皆不就。〔二〕

〔一〕《吴書》曰：策薨，權統事。定武中郎將暠，[6]策之從兄也，屯烏程，[7]整帥吏士，欲取會稽。會稽聞之，使民守城以俟嗣主之命，因令人告諭暠。

《會稽典録》載翻説暠曰："討逆明府，不竟天年。今攝事統衆，宜在孝廉，[8]翻已與一郡吏士，嬰城固守，必欲出一旦之命，爲孝廉除害，惟執事圖之。"[9]於是暠退。

臣松之案：此二書所説策亡之時，翻猶爲功曹，與本傳不同。

〔二〕《吴書》曰：翻聞曹公辟，曰："盜跖欲以餘財污良家邪？"[10]遂拒不受。

[1]富春：縣名。治所在今浙江富陽市。

[2]長吏：指縣令長。

[3]茂才：即秀才，東漢人避光武帝劉秀諱改，爲漢代薦舉人材科目之一。東漢之制，州牧刺史歲舉一人。三國沿之，或稱秀才。

[4]侍御史：官名。秩六百石，掌察舉非法，受公卿群吏奏事，有違失者則舉劾。

[5]司空：官名。東漢時與太尉、司徒並爲三公，共同行使宰相職能，而位列三公之末。本職掌土木營建與水利工程。

[6]定武中郎將：官名。孫吳置，領兵。

[7]烏程：縣名。治所在今浙江湖州市南下菰城。

[8]孝廉：指孫權。

[9]惟：殿本、盧弼《集解》本無此字，百衲本、校點本有。今從百衲本等。　執事：對對方的敬稱。

[10]盜跖：傳説春秋時的大盜。見《莊子・盜跖篇》。後世遂以爲盜賊、盜魁的代稱。

　　翻與少府孔融書，[1]并示以所著《易注》。[2]融答書曰："聞延陵之理樂，[3]覩吾子之治《易》，[4]乃知東南之美者，非徒會稽之竹箭也。[5]又觀象雲物，察應寒溫，原其禍福，與神合契，可謂探賾窮通者也。"[6]會稽東部都尉張紘又與融書曰：[7]"虞仲翔前頗爲論者所侵，美寶爲質，彫摩益光，不足以損。"

　　孫權以爲騎都尉。[8]翻數犯顏諫争，權不能悦，又性不協俗，多見謗毀，坐徙丹楊涇縣。[9]呂蒙圖取關羽，稱疾還建業，[10]以翻兼知醫術，請以自隨，亦欲因此令翻得釋也。後蒙舉軍西上，南郡太守麋芳開城出降。[11]蒙未據郡城而作樂沙上，翻謂蒙曰："今區區一心者麋將軍也，[12]城中之人豈可盡信，何不急入城持其管籥乎？"蒙即從之。時城中有伏計，賴翻謀不行。關羽既敗，權使翻筮之，[13]得《兑》下《坎》上，[14]《節》，五爻變之《臨》，[15]翻曰："不出二日，[16]必當斷頭。"果如翻言。權曰："卿不及伏羲，[17]可與東方朔爲比矣。"[18]

魏將于禁爲羽所獲，繫在城中，權至釋之，請與相見。他日，權乘馬出，引禁併行，翻呵禁曰："爾降虜，何敢與吾君齊馬首乎！"欲抗鞭擊禁，權呵止之。後權于樓船會群臣飲，禁聞樂流涕，翻又曰："汝欲以僞求免邪？"權悵然不平。〔一〕

〔一〕吴書曰：後權與魏和，欲遣禁還歸北，翻復諫曰："禁敗數萬衆，身爲降虜，又不能死。北習軍政，得禁必不如所規。還之雖無所損，猶爲放盜，不如斬以令三軍，示爲人臣有二心者。"權不聽。群臣送禁，翻謂禁曰："卿勿謂吴無人，[19]吾謀適不用耳。"禁雖爲翻所惡，然猶盛歎翻，魏文帝常爲翻設虛坐。

[1]少府：官名。漢列卿之一，秩中二千石。東漢時掌宫中御衣、寶貨、珍膳等。

[2]易注：《隋書》《舊唐書》之《經籍志》、《新唐書·藝文志》皆著録虞翻注《周易》九卷。後亡佚。清代孫堂有輯本十卷。

[3]聞：趙幼文《校箋》謂《藝文類聚》卷五五引"聞"上有"曩"字。　延陵：指春秋時吴公子季札，因封於延陵（今江蘇常州市），稱延陵季子。公元前544年季札出使至魯國，請求聆聽觀看周朝的音樂舞蹈。魯國樂工遂爲他歌唱了《周南》《召南》

《邶》《廊》《衛》《王》《鄭》《齊》《秦》等樂歌，季札皆一一分析評論。（見《左傳·襄公二十九年》）

[4] 覿：趙幼文《校箋》謂《藝文類聚》卷五五引"覿"上有"今"字。

[5] 竹箭：即筱（xiǎo）。一種節疏而細的小竹。《爾雅·釋地》云："東南之美者，有會稽之竹箭焉。"郭璞注："會稽，山名。今在山陰縣南。竹箭，筱也。"郝懿行《義疏》引戴凱之《竹譜》云："箭竹高者不過一丈，節間三尺，堅勁中矢，江南諸山皆有之，會稽所生最精好。"

[6] 窮通者也：趙幼文《校箋》謂《藝文類聚》卷五五引"通"字作"道"，"也"字作"已"。按，《太平御覽》卷七二七引"通"字亦作"通"，"也"字作"矣"。

[7] 會稽東部都尉：官名。詳見前"東部"注。都尉，職如太守。

[8] 騎都尉：官名。東漢時屬光祿勳，秩比二千石，掌監羽林騎。孫吳沿置，職統羽林兵，宿衛左右。

[9] 丹楊：郡名。治所宛陵縣，在今安徽宣州市。　涇縣：治所在今安徽涇縣西。

[10] 建業：縣名。治所在今江蘇南京市。

[11] 南郡：治所江陵縣，在今湖北荊州市荊州區。

[12] 區區：本形容人之心，猶言方寸。引申謂真情摯意。

[13] 筮（shì）：古代以蓍草占吉凶稱筮。後亦稱占卦爲筮。

[14] 兌：《周易》八卦之一。《周易》的卦，是由陰爻（- -）、陽爻（—）組成，重叠三層，即組成八卦，即是乾（☰）、坤（☷）、坎（☵）、震（☳）、巽（☴）、離（☲）、艮（☶）、兌（☱）卦。八卦再兩兩重叠，又組成六十四卦。兌下坎上，即兌卦在下，坎卦在上，即成六十四卦中之節卦（䷻）。

[15] 五爻變：爻是構成六十四卦的陰、陽兩種符號，每卦由六爻叠成，從下往上數，第一爻稱初爻，第二、三、四、五爻仍用

二、三、四、五爲名，最上一爻稱上爻。五爻變，指第五爻發生了變化。節卦的第五爻本是陽爻，變成陰爻後，成爲兌下坤上，就成了六十四卦中的臨卦（䷒）。

[16] 不出二日：趙一清《注補》云："臨卦辭云：'至于八月有凶。'自二至五，乃隔三、四兩爻，'不出二日'，是以一爻當一日也。"趙幼文《校箋》謂《太平御覽》卷七二七引"二"字作"三"。《建康實錄》同。按，《太平御覽》卷三六四引亦作"二"。

[17] 伏羲：古代傳說中的三皇之一。相傳其始畫八卦，又教民捕魚畜牧，以充庖厨。因又稱庖犧或包犧。《易·繫辭下》："古者包犧氏之王天下也，仰則觀象于天，俯則觀法于地，觀鳥獸之文，與地之宜，近取諸身，遠取諸物，于是始作八卦，以通神明之德。"

[18] 東方朔：漢武帝時曾爲太中大夫，長於辭賦，性詼諧滑稽，亦善占卜射覆。（見《漢書》卷六五《東方朔傳》）

[19] 勿謂：百衲本"謂"字作"爲"，殿本、盧弼《集解》本、校點本作"謂"，蕭常及郝經之《續後漢書》亦作"謂"。按，二字通，今從殿本等。王引之《經傳釋詞》卷二："家大人曰：爲，猶謂也。"

權既爲吳王，歡宴之末，自起行酒，翻伏地陽醉，不持；[1]權去，翻起坐。權於是大怒，手劍欲擊之，侍坐者莫不惶遽，[2]惟大（司）農劉基起抱權諫曰：[3]"大王以三爵之後（手）殺善士，[4]雖翻有罪，天下孰知之？且大王以能容賢畜衆，故海内望風，今一朝棄之，可乎？"權曰："曹孟德尚殺孔文舉，[5]孤於虞翻何有哉！"基曰："孟德輕害士人，天下非之。大王躬行德義，欲與堯、舜比隆，何得自喻於彼乎？"翻由是得免。權因敕左右,自今酒後言殺,[6]皆不得殺。

翻嘗乘船行,與麋芳相逢,芳船上人多欲令翻自避,先驅曰:"避將軍船!"翻厲聲曰:"失忠與信,何以事君?傾人二城,而稱將軍,可乎?"芳闔戶不應而遽避之。[7]後翻乘車行,又經芳營門,[8]吏閉門,[9]車不得過,翻復怒曰:"當閉反開,[10]當開反閉,豈得事宜邪?"芳聞之,有慚色。

翻性疏直,數有酒失。權與張昭論及神仙,翻指昭曰:"彼皆死人,而語神仙,世豈有仙人(也)〔邪〕!"[11]權積怒非一,遂徙翻交州。雖處罪放,而講學不倦,門徒常數百人。〔一〕[12]又爲《老子》《論語》《國語》訓注,[13]皆傳於世。〔二〕

〔一〕《翻別傳》曰:權即尊號,翻因上書曰:"陛下膺明聖之德,體舜、禹之孝,[14]歷運當期,[15]順天濟物。奉承革命,[16]臣獨抃舞。[17]罪棄(兩)〔雨〕絶,[18]拜賀無階,仰瞻宸極,[19]且喜且悲。臣伏自刻省,命輕雀鼠,性輶毫氂,[20]罪惡莫大,不容於誅,昊天罔極,全宥九載,退當念戢,[21]頻受生活,復偷視息。臣年耳順,[22]思咎憂憤,形容枯悴,髮白齒落,雖未能死,自悼終沒,不見宮闕百官之富,不覩皇輿金軒之飾,仰觀巍巍衆民之謠,傍聽鍾鼓偘然之樂,永隕海隅,棄骸絶域,不勝悲慕,逸豫大慶,悅以忘罪。"

〔二〕《翻別傳》曰:翻初立《易》注,[23]奏上曰:"臣聞六經之始,[24]莫大陰陽,是以伏羲仰天縣象,而建八卦,觀變動六爻爲六十四,以通神明,以類萬物。臣高祖父故零陵太守光,[25]少治孟氏《易》,[26]曾祖父故平輿令成,[27]纘述其業,至臣祖父鳳爲之最密。臣亡考故日南太守歆,[28]受本於鳳,最有舊書,世傳其業，至臣五世。前人通講，多玩章句，雖有秘說，於經疏闊。臣生遇世亂，長於軍旅，習經於枹鼓之間，[29]講論於戎馬之上，蒙先師之說，依經立注。又臣郡吏陳桃夢臣與道士相遇，放髮被鹿裘，布《易》六爻，撓其三以飲臣，[30]臣乞盡吞之。道士言《易》道在天，三爻足矣。豈臣受命，應當知經！所覽諸家解不離流俗，義有不當實，輒悉改定，以就其正。孔子曰：'乾元用九而天下治。'[31]聖人南面，[32]蓋取諸離，斯誠天子所宜協陰陽致麟鳳之道矣。[33]謹正書副上，惟不罪戾。"翻又奏曰："經之大者，莫過於《易》。自漢初以來，海內英才，其讀《易》者，解之率少。至孝靈之際，潁川荀諝號爲知《易》，[34]臣得其注，有愈俗儒，至所說西南得朋，東北喪朋，顛倒反逆，了不可知。孔子歎《易》曰：'知變化之道者，[35]其知神之所爲乎！'以美大衍四象之作，而上爲章首，尤可怪笑。又南郡太守馬融，[36]名有俊才，其所解釋，復不及諝。孔子曰'可與共學，[37]未可與適道'，豈不其然！若乃北海鄭玄，[38]南陽宋忠，[39]雖各立注，忠小差玄而皆未得其門，難以示世。"又奏鄭玄解《尚書》違失事目：[40]"臣聞周公制禮以辨上下，[41]孔子曰'有君臣然後有上下，有上下然後禮義有所錯'，[42]是故尊君卑臣，禮之大司也。伏見故徵士北海鄭玄所注《尚書》，[43]以《顧命》康王執瑁，[44]古'月'似'同'，[45]從誤作'同'，既不覺定，[46]復訓爲杯，謂之酒杯；成王疾困憑几，洮頮爲濯，[47]以爲澣衣成事，'洮'字虛更作'濯'，以從其非；又古大篆'丣'字讀當爲'柳'，[48]古'柳''丣'同字，而以爲昧；'分北三苗'，[49]'北'古'別'字，又訓北，言北猶別也。若此之類，誠可怪也。玉人職曰天子執瑁以朝諸侯，[50]謂之酒杯；天子頮面，謂之澣衣；古篆'丣'字，反以爲昧。甚違不知蓋闕之義。於此數事，誤莫大焉，宜命學官定此三事。又馬融訓註亦以爲同者大同天下，今經益'金'就作'銅'字，詁訓言天子副璽，雖皆不得，猶愈於玄。然此不定，臣没之後，而奮乎百世，雖世有知者，懷謙莫或奏正。又玄所注五經，違義尤甚者百六十七事，不可不正。行乎學校，傳乎將來，臣竊恥之。"翻放棄南方，云"自恨疏節，[51]骨體不媚，[52]犯上獲罪，當長没海隅，生無可與語，死以青蠅爲吊客，使天下一人知己者，足以不恨"。以典籍自慰，依《易》設象，以占吉凶。又以宋氏解玄頗有繆錯，更爲立法，[53]并著《明楊》《釋宋》以理其滯。

臣松之案：翻云"古大篆'邜'字讀當言'柳'，古'柳''邜'同字"，竊謂翻言爲然。故"劉""留""聊""柳"同用此字，以從聲故也，與日辰"卯"字字同音異。然《漢書·王莽傳》論卯金刀，故以爲日辰之"卯"，今未能詳正。然世多亂之，故翻所說云。荀諝，荀爽之別名。

[1] 不持：胡三省云："翻爲是者，所以諫也。"（《通鑑》卷六九魏文帝黄初二年注）趙幼文《校箋》則謂《藝文類聚》卷二四引"不持"作"不待"。

[2] 惶遽：殿本、盧弼《集解》本"惶"字作"遑"，百衲本、校點本作"惶"。今從百衲本等。《廣雅·釋詁二》："遽，懼也。"

[3] 大農：各本皆作"大司農"。盧弼《集解》謂本書卷四九《劉繇傳》"權爲吳王，遷基大農"。校點本則據出土東晋寫本《吳志》殘卷（以下簡稱"晋寫本"）删"司"字。今從之。大農，東漢末魏王國置爲列卿之一。曹丕稱帝後，改名大司農。而諸王國仍置大農，第七品，與郎中令、中尉合稱三卿。孫權接受曹魏的封號爲吳王，亦置大農，而職掌應同大司農。

[4] 殺善士：各本皆作"手殺善士"，校點本據晋寫本删"手"字。今從之。

[5] 孔文舉：孔融字文舉。

[6] 言殺：趙幼文《校箋》謂《册府元龜》卷二一二引"殺"下有"者"字。

[7] 而遽避之：晉寫本作"遽而避之"。

[8] 營門：晉寫本"營門"下有"中"字。

[9] 吏閉門：晉寫本"吏"上有"芳"字。

[10] 當閉反開：晉寫本作"當開反閉"，下句作"當閉反開"。

[11] 邪：各本皆作"也"，校點本據晉寫本改爲"邪"。今從之。錢劍夫《〈三國志〉標點本商榷》謂"也""邪"古字本相通，實不當改。按，"也"在疑問句末確與"邪"通，但作疑問詞，"邪"更普遍，且晉寫本更古，據以改之，亦當。

[12] 百：晉寫本作"十"。

[13] 老子：《隋書·經籍志》子部道家類，謂梁有虞翻注《老子》二卷，已亡。　論語：《隋書·經籍志》經部《論語》類謂虞翻注《論語》十卷，已亡。　國語：《隋書·經籍志》經部《春秋》類著錄虞翻注《春秋外傳國語》二十一卷。《舊唐書·經籍志》《新唐書·藝文志》同。

[14] 舜禹之孝：《史記》卷一《五帝本紀》謂舜父瞽叟，乃盲人。舜母死，更娶妻而生象。舜孝順父及後母，又友愛弟象。而瞽叟愛象，常與後妻及象欲殺舜，舜每避之，而孝順不改，故"年二十以孝聞"。《史記》卷二《夏本紀》禹父鯀受堯命治水，九年不成，洪水仍然泛濫。及舜繼堯位，遂處死鯀，並命禹繼續治水。"禹傷先人父鯀功之不成受誅，乃勞身焦思，居外十三年，過家門不敢入。薄衣食，致孝於鬼神。卑宮室，致費於溝淢。"

[15] 歷運：古人謂天象運行所顯示的一個朝代的氣數、命運。

[16] 革命：百衲本作"革命"，殿本、盧弼《集解》本、校點本作"策命"。趙幼文《校箋》謂《册府元龜》卷八九七引"策"字作"革"。今從百衲本。

[17] 抃舞：拍手而舞。謂極度歡樂。

[18] 雨絕：百衲本、殿本、盧弼《集解》本、校點本均作"兩

絕"。盧弼《集解》云："馮本'兩'作'雨'誤。"按本書卷二八《毌丘儉傳》裴注引文欽降吳表亦有"雨絕"一詞。趙幼文《三國志集解辨誤》謂此《虞翻傳》裴注引《翻別傳》翻上書亦當作"雨絕"。雨絕，乃魏晉習語，比喻事之不可挽回。詳解見《毌丘儉傳》裴注引"欽降吳表"之"雨絕"注。今從趙說改。

[19] 宸極：即北極星。借指帝王。

[20] 輶：《詩·大雅·烝民》："德輶如毛，民鮮克舉之。"鄭箋："輶，輕也。"

[21] 退當念戮：盧弼《集解》云："疑作'退念當戮。'"

[22] 耳順：謂六十歲。《論語·爲政》："六十而耳順。"

[23] 易注：《隋書·經籍志》經部《易》類著錄虞翻注《周易》九卷；又謂梁有虞翻、陸績撰《周易日月變例》六卷。

[24] 六經：指《易》《詩》《書》《禮》《樂》《春秋》六經，而《樂》早佚。

[25] 零陵：郡名。治所泉陵縣，在今湖南永州市。

[26] 孟氏易：西漢孟喜所傳之《易》。見《漢書》卷八八《儒林·孟喜傳》。

[27] 平輿：縣名。治所在今河南平輿縣北。

[28] 亡考：殿本、盧弼《集解》本作"先考"，百衲本、校點本作"亡考"。今從百衲本等。 日南：郡名。治所西卷縣，在今越南廣治省甘露河與廣治河合流處。

[29] 枹（fú）鼓之間：謂戰爭之間。枹，擊鼓槌。古代作戰，擊鼓以示進軍。

[30] 撓：趙幼文《校箋》謂《太平御覽》卷三九九引作"燒"。

[31] 乾元用九而天下治：此《易·乾卦》文言之辭。朱熹《集注》云："君道剛而能柔，天下無不治也。"

[32] 聖人：指帝王。古代帝王皆背北面南而見群臣。

[33] 麟鳳：麒麟和鳳凰。古代以麒麟、鳳凰爲祥瑞之獸禽。

《文選》卷三五漢武帝《賢良詔》："麟鳳在郊藪，河洛出圖書。"李善注："《禮記》：聖王所以順，故鳳凰麒麟皆在郊藪。"

[34] 潁川：郡名。治所陽翟縣，在今河南禹州市。　荀諝：即荀爽。《後漢書》卷六三《荀淑附爽傳》謂荀爽字慈明，一名諝。幼而好學，年十二，能通《春秋》《論語》。漢獻帝初曾爲光禄勳、司空等。年六十三病卒。著有《易傳》等。

[35] 知變化之道者：此及下句見《易·繫辭上》。

[36] 馬融：《後漢書》卷六〇上《馬融傳》謂融扶風茂陵（今陝西興平縣東北）人。漢安帝時，曾爲校書郎中，在東觀典校秘書。漢桓帝時爲南郡太守。後因被讒毁，免官流徙朔方（治所在今内蒙古磴口縣北）。"融才高博洽，爲世通儒，教養諸生，常有千數"，曾注《孝經》《論語》《詩》《易》《尚書》，等等。

[37] 可與共學：此及下句見《論語·子罕》。

[38] 鄭玄：《後漢書》卷三五《鄭玄傳》謂玄北海高密（今山東高密市西南）人。曾在馬融門下受業。後歸鄉里修經教學，兼通今古文，遍注《周易》《尚書》《毛詩》等群經，凡百餘萬言。

[39] 南陽：郡名。治所宛縣，在今河南南陽市。　宋忠：字仲子，漢末儒學家，在荆州依劉表。見本書卷一三《王朗附肅傳》、卷四二《尹默傳》等。又本書卷六《劉表傳》裴注引《英雄記》云："表乃開立學官，博求儒士，使綦毋闓、宋忠等撰《五經章句》，謂之《後定》。"

[40] 目：殿本、盧弼《集解》本作"因"，百衲本、校點本作"目"。今從百衲本等。

[41] 周公制禮：《史記》卷三三《魯周公世家》云："成王在豐，天下已安，周之官政未次序，於是周公作《周官》，官別其宜。"

辨：百衲本作"辯"，殿本、盧弼《集解》本、校點本作"辨"，蕭常及郝經之《續後漢書》亦作"辨"。今從殿本等。

[42] 有上下然後禮義有所錯：上兩句見《易·序卦下》。錯，通"措"，設置。

[43] 徵士：指朝廷徵辟而不願出仕的隱士。

[44] 顧命：《尚書》之一篇。《書序》云："成王將崩，命召公、畢公率諸侯相康王，作《顧命》。"孔穎達疏："成王病困將崩，召集群臣以言，命太保召公、太師畢公使領天下諸侯輔相康王。史叙其事作《顧命》。"

[45] 古冃似同："冃"即"冒"，同"瑁"。錢大昕云："今本《尚書》，'同瑁'連文，'同'爲爵名，'瑁'爲天子執瑁之瑁（瑞玉），各是一物。仲翔謂古'冃'似'同'，鄭氏從誤作'同'，又訓爲酒杯，以此譏鄭氏之失。則古本祇有'瑁'字。古文作'冃'而鄭作'同'也。今本《尚書》出於梅賾，或亦習聞仲翔説，兼取二文，以和合鄭虞之義乎！"（《廿二史考異》卷一七）

[46] 覺（jiào）：通"較""校"。

[47] 洮頮（huì）：頮，洗臉。錢大昕云："濯，即古'洮'字。《周禮·春官》'守祧'。古文'祧'爲'濯'。《詩》'佻佻公子'，《韓詩》作'嬥嬥'，蓋古文'兆'旁與'翟'旁多相通，仲翔譏鄭更字，非也。"（《廿二史考異》卷一七）

[48] 丣：錢大昕云："《説文》卯，象開門。丣，古文'酉'，象閉門。卯爲春門，萬物已出；丣爲秋門，萬物以入。卯、丣二字相似，漢人往往誤讀。《堯典》'宅西曰昧谷'，伏生今文本作'桺穀'，鄭康成依賈逵所奏，定爲'昧谷'，昧、丣聲相近，故仲翔譏之，謂其誤'丣'爲'卯'也。考《周禮》縫人'衣翣桺之材'，鄭注引《書》'度西曰桺谷'爲證；又《尚書大傳》'秋祀桺穀'鄭注：'桺，聚也。齊人語。'則康成亦讀爲桺，未嘗與'卯'混也。"（《廿二史考異》卷一七）

[49] 分北三苗：錢大昕云："案《説文》：㕚，別也，從二八。㕚、北字形相似，故誤爲'北'。"（《廿二史考異》卷一七）

[50] 玉人：盧弼《集解》本作"王人"，百衲本、殿本、校點本作"玉人"。今從百衲本等。玉人，見《周禮·冬官考工記下》。

[51] 疏節：趙幼文《校箋》謂《藝文類聚》卷四〇引"節"

字作"斥"。

［52］不媚：吴金華《校詁》云："'不媚'亦俗語詞，猶令人討厭，指性格、舉動及形態而言。"

［53］立法：盧弼《集解》本作"立注"，百衲本、殿本、校點本作"立法"。蕭常及郝經之《續後漢書》亦作"立法"。今從百衲本等。

初，山陰丁覽，[1]太末徐陵，[2]或在縣吏之中，或衆所未識，翻一見之，便與友善，終咸顯名。〔一〕[3]

〔一〕《會稽典録》曰：覽字孝連，八歲而孤，家又單微，清身立行，用意不苟，推財從弟，以義讓稱。仕郡至功曹，守始平長。[4]爲人精微絜净，門無雜賓。孫權深貴待之，未及擢用，會病卒，甚見痛惜，殊其門户。覽子固，字子賤，本名密，避滕密，[5]改作固。固在襁褓中，闞澤見而異之，曰："此兒後必致公輔。"固少喪父，獨與母居，家貧守約，色養致敬，族弟孤弱，與同寒温。翻與固同僚書曰："丁子賤塞淵好德，[6]堂構克舉，[7]野無遺薪，斯之爲懿，其美優矣。令德之後，惟此君嘉耳。"歷顯位，孫休時固爲左御史大夫，[8]孫晧即位，遷司徒。[9]晧悖虐，固與陸凱、孟宗同心憂國，年七十六卒。子彌，字欽遠，仕晋，至梁州刺史。[10]孫潭，光禄大夫。[11] 徐陵字元大，歷三縣長，所在著稱，遷零陵太守。時朝廷俟以列卿之位，故翻書曰："元大受上卿之遇，叔向在晋，[12]未若於今。"其見重如此。陵卒，僮客土田或見侵奪，[13]駱統爲陵家訟之，求與丁覽、卜（清）〔靜〕等爲比，[14]權許焉。陵子平，字伯先，童齓知名，翻甚愛之，屢稱歎焉。諸葛恪爲丹楊太守，討山越，以平威重思慮，可與效力，請平爲丞，[15]稍遷武昌左部督，[16]傾心接物，士卒皆爲盡力。初，平爲恪從事，[17]意甚薄，及恪輔政，待平益疏。恪被害，子建亡走，爲平部曲所得，[18]平使遣去，別爲佗軍所獲。平兩婦歸宗，敬奉情過乎厚。其行義敦篤，皆此類也。

[1] 山陰：縣名。治所在今浙江紹興市。

[2] 太末：縣名。治所在今浙江龍游縣。

[3] 咸：百衲本、殿本、盧弼《集解》本、校點本1959年12月第1版皆作"成"，校點本1982年7月第2版從錢劍夫說據晉寫本改爲"咸"。今從之。

[4] 始平：縣名。孫吳置，本書卷四七《吳主傳》稱"南始平"。治所在今浙江天台縣。

[5] 滕密：即滕牧。孫晧滕皇后之父。見本書卷四八《孫晧傳》元興元年裴注引《吳歷》。

[6] 塞淵：謂敦厚誠實，見識深遠。《詩·邶風·燕燕》："仲氏任只，其心塞淵。"孔穎達疏："言仲氏有大德行也，其心誠實而深遠也。"

[7] 堂構：比喻繼承祖先遺業。《尚書·大誥》："若考作室，既底法，厥子乃不肯堂，矧肯構。"

[8] 左御史大夫：官名。西漢初置御史大夫，爲丞相副貳，丞相位缺，往往以御史大夫遞補。主要職掌爲監察、執法。東漢不置。漢末曹操置丞相，復置御史大夫。魏文帝曹丕建立魏朝後罷之。孫吳又置，並分左、右。

[9] 司徒：官名。東漢時與司空、太尉並爲三公，共同行使宰相職能，位次太尉。本職掌民政。而孫吳之宰相乃丞相，則太尉、司徒、司空雖爲三公，實無具體職掌，僅名尊位崇而已。

[10] 梁州：魏元帝景元四年（263）分益州置，刺史治所沔陽縣（今陝西勉縣東舊州鋪）。晉武帝太康三年（282）移治所於南鄭縣（今陝西漢中市東）。其後治所屢有遷徙，先後治西城縣（今陝西安康市西北漢江北岸）、苞中縣（今陝西漢中市西北大鐘寺）、城固縣（今陝西城固縣東）等。

〔11〕光禄大夫：官名。西晋時位在諸卿上，第三品，多授予年老有病的致仕官員，無具體職掌。

〔12〕叔向：春秋晋國大夫。羊舌氏，名肸。晋平公初曾爲太傅，後一度被范宣子所囚。（見《左傳》襄公十六年、二十一年等）

〔13〕僮客：即奴客。對豪强有很强依附性的農民。

〔14〕卜静：各本皆作"卜清"。盧弼《集解》謂疑作"卜静"。見本書卷五二《顧雍附邵傳》。趙幼文《校箋》又謂考《顧邵傳》裴注引《吴録》"清字玄風"，《吾粲傳》"與同郡陸遜、卜静等比肩齊聲矣"。"清"字俱作"静"，應據正。今從盧、趙説改。

〔15〕丞：官名。此即郡丞。郡太守之副，佐掌衆事。

〔16〕武昌左部督：官名。孫權赤烏八年（245），分長江中下游之軍事防務爲兩部，置武昌左部督與右部督統領之。武昌左部督掌管武昌以下防務，右部督掌管武昌以上至蒲圻的軍務。職權頗重。武昌縣治所在今湖北鄂州市。蒲圻縣治所在今湖北蒲圻市西梁湖南岸竟江口。

〔17〕從事：官名。州牧刺史之佐吏，有别駕從事史、治中從事史、兵曹從事史、部從事史等，均可簡稱從事。此當爲諸葛恪爲荆州牧時所置。

〔18〕部曲：本爲漢代軍隊的編制。《續漢書·百官志》云："大將軍營五部，部校尉一人，部下有曲。"因稱軍隊爲部曲。魏、晋以後，又稱私人武裝爲部曲。

在南十餘年，年七十卒。〔一〕[1]歸葬舊墓，妻子得還。〔二〕

〔一〕《吴書》曰：翻雖在徙棄，心不忘國，常憂五谿宜討，[2]以遼東海絕，[3]聽人使來屬，尚不足取，今去人財以求馬，[4]既非國利，又恐無獲。欲諫不敢，作表以示呂岱，岱不報，爲愛憎所白，[5]復徙蒼梧猛陵。[6]

《江表傳》曰：後權遣將士至遼東，於海中遭風，多所沒失，權悔之，乃令曰："昔趙簡子稱諸君之唯唯，[7]不如周舍之諤諤。虞翻亮直，善於盡言，國之周舍也。前使翻在此，此役不成。"促下問交州，翻若尚存者，給其人船，發遣還都；若以亡者，送喪還本郡，使兒子仕宦。會翻已終。

〔二〕《會稽典錄》曰：孫亮時，有山陰朱育，[8]少好奇字，凡所特達，依體象類，造作異字千名以上。[9]仕郡門下書佐。[10]太守濮陽興正旦宴見掾吏，[11]言次，問："太守昔聞朱潁川問士於鄭召公，[12]韓吳郡問士於劉聖博，[13]王景興問士於虞仲翔，[14]嘗見鄭、劉二答而未覩仲翔對也。欽聞國賢，思覩盛美有日矣，書佐寧識之乎？"育對曰："往過習之。昔初平末年，[15]王府君以淵妙之才，[16]超遷臨郡，思賢嘉善，樂采名俊，問功曹虞翻曰：'聞玉出崑山，[17]珠生南海，遠方異域，各生珍寶。且曾聞士人歎美貴邦，舊多英俊，徒以遠於京畿，含香未越耳。功曹雅好博古，寧識其人邪？'翻對曰：'夫會稽上應牽牛之宿，[18]下當少陽之位，[19]東漸巨海，[20]西通五湖，[21]南暢無垠，北渚浙江，[22]南山攸居，實爲州鎮，昔禹會羣臣，[23]因以命之。山有金木鳥獸之殷，水有魚鹽珠蚌之饒，海嶽精液，善生俊異，是以忠臣繼踵，[24]孝子連閭，下及賢女，靡不育焉。'王府君笑曰：'地勢然矣，士女之名可悉聞乎？'翻對曰：'不敢及遠，略言其近者耳。往者孝子句章董黯，[25]盡心色養，喪致其哀，單身林野，鳥獸歸懷，怨親之辱，白日報讎，海內聞名，昭然光著。太中大夫山陰陳囂，漁則化盜，[26]居則讓鄰，[27]感侵退藩，遂成義里，攝養車嫗，[28]行足厲俗，自揚子雲等上書薦之，[29]粲然傳世。太尉山陰鄭公，[30]清亮質直，不畏彊禦。魯相山陰鍾離意，[31]稟殊特之姿，孝家忠朝,宰縣相國,所在遺惠,故取養有君子之譽,魯國有丹書之信。及陳宮、費齊皆上契天心,[32]功德治狀,記在漢籍。有道山陰趙曄,[33]徵士上虞王充,[34]各洪才淵懿,學究道源,著書垂藻,駱驛百篇,釋經傳之宿疑,解當世之槃結,或上窮陰陽之奧秘,下擴人情之歸極。[35]交阯刺史上虞綦毋俊,[36]拔濟一郡,讓爵土之封。決曹掾上虞孟英,[37]三世死義。主簿句章梁宏,[38]功曹史餘姚駰勳,主簿句章鄭雲,[39]皆敦終始之義,引罪免(居)〔君〕。[40]門下督盜賊餘姚伍隆,[41]鄮莫候反。主簿任光,[42]章安小吏黃他,[43]身當白刃,濟君於難。揚州從事句章王脩,[44]委身授命,垂聲來世。河內太守上虞魏少英,[45]遭世屯蹇,[46]忘家憂國,列在八俊,[47]爲世英彥。尚書烏傷楊喬,[48]桓帝妻以公主,辭疾不納。近故太尉上虞朱公,[49]天姿聰亮,欽明神武,策無失謨,征無遺慮,是以天下義兵,思以爲首。上虞女子曹娥,[50]父溺江流,投水而死,立石碑紀,炳然著顯。'王府君曰:'是既然矣,潁川有巢、許之逸軌,[51]吳有太伯之三讓,[52]貴郡雖士人紛紜,於此足矣。'翻對曰:'故先言其近者耳,[53]若乃引上世之事,及抗節之士,亦有其人。昔越王翳讓位,[54]逃于巫山之穴,[55]越人薰而出之,斯非太伯之儔邪?且太伯外來之君,非其地人也。若以外來言之,則大禹亦巡於此而葬之矣。[56]鄞大里黃公,[57]絜己暴秦之世,高祖即阼,不能一致,惠帝恭讓,出則濟難。徵士餘姚嚴遵,[58]王莽數聘,抗節不行,光武中興,然後俯就,矯手不拜,[59]志陵雲日。皆著於傳籍,較然彰明,豈如巢、許,流俗遺譚,不見經傳者哉?'王府君笑曰:'善哉話言也!賢矣,非君不著。太守未之前聞也。'"濮陽府君曰:"御史所云,[60]既聞其人,亞斯已下,書佐寧識之乎?"育曰:"瞻仰景行,敢不識之?近者太守上虞陳業,絜身清行,志懷霜雪,貞亮之信,同操柳下,[61]遭漢中微,委官棄祿,遁迹黔、歙,[62]以求其志,高邈妙蹤,天下所聞,故(桓文)〔桓文林〕遺之尺牘之書,[63]比竟三高。其聰明大略,忠直謇諤,[64]則侍御史餘姚虞翻、偏將軍烏傷駱統。其淵懿純德,則太子少傅山陰闞澤,[65]學通行茂,作帝師儒。其雄姿武毅,立功當世,則後將軍賀齊,[66]勳成績著。其探極秘術,言合神明,則太史令上虞吳範。[67]其文章之士,[68]立言粲盛,則御史中丞句章任奕,[69]鄱陽太守章安虞翔,[70]各馳文檄,曄若春榮。[71]處士(鄧)〔鄭〕盧敍,[72]弟犯公憲,自殺乞代。吳寧斯敦、山陰祁庚、上虞樊正,[73]咸代父死罪。其女則松陽柳朱、永寧(瞿素)〔瞿素〕,[74]或一醮守節,[75]喪身不顧,或遭寇劫賊,死不虧行。皆近世之事,尚在耳目。"府君曰:"皆海内之英也。吾聞秦始皇二十五年,[76]以吳越地爲會稽郡,治吳。漢封諸侯王,以何年復爲郡,而分治於此?"育對曰:"劉賈爲荆王,[77]賈爲英布所殺,又以劉濞爲吳王。[78]景帝四年,[79]濞反誅,乃復爲郡,治於吳。元鼎五年,[80]除東越,因以其地爲治,[81]并屬於此,而立東部都尉,後徙章安。[82]陽朔元年,[83]又徙治鄞,或有寇害,復徙句章。到永建四年,[84]劉府君上書,浙江之北,以爲吳郡,會稽還治山陰。自永建四年歲在己巳,以至今年,積百二十九歲。"府君稱善。是歲,吳之太平三年,[85]歲在丁丑。育後仕朝,常在臺閣,[86]爲東觀令,[87]遙拜清河太守,[88]加位侍中,[89]推刺占射,[90]文藝多通。

[1]年七十卒:晋寫本"七"字蝕,"十"下有"九"字。

[2]五谿:在武陵郡。武陵郡治所臨沅縣,在今湖南常德市。《水經·沅水注》:"武陵有五溪,謂雄溪、樠溪、無溪、酉溪、辰溪其一焉。夾溪悉是蠻左所居,故謂此蠻五溪蠻也。"

[3]遼東:郡名。治所襄平縣,在今遼寧遼陽市。時爲公孫淵所據。

[4]人財:殿本、盧弼《集解》本、校點本1982年7月第2版作"人財",百衲本、校點本1959年12月第1版作"人財"。郝

經《續後漢書》苟宗道注引亦作"人財"。趙幼文《校箋》謂《册府元龜》卷二〇九引"入"字亦作"人"。今從百衲本等。

［5］愛憎：胡三省云："讒佞之人，有愛有憎而無公是非，故謂之愛憎。"（《通鑑》卷七二魏明帝太和六年注）

［6］蒼梧：郡名。治所廣信縣，在今廣西梧州市。　猛陵：縣名。治所在今廣西蒼梧縣西孟陵。

［7］趙簡子：即趙鞅。春秋末晉國卿。在晉卿內訌中擊敗了范氏、中行氏，擴大了封地，奠定了後世建立趙國的基礎。《史記》卷四三《趙世家》云："趙簡子有臣曰周舍，好直諫。周舍死，簡子每聽朝，常不悅，大夫請罪。簡子曰：'大夫無罪。吾聞千羊之皮不如一狐之腋。諸大夫朝，徒聞唯唯，不聞周舍之鄂鄂，是以憂也。'"鄂鄂，同"諤諤"，直言爭辯貌。

［8］朱育：潘眉《考證》云："朱育字嗣卿（見《唐書·藝文志》），官至侍中、東觀令（見《會稽典錄》），好奇字，著《幼學篇》，蓋《爰歷》《博學》之流也（見梁《七錄》）。"

［9］異字：《隋書·經籍志》經部末謂梁有《異字》二卷，朱育撰，亡；又謂《幼學》二卷，朱育撰，亡。　千名：千字。《周禮·春官·外史》："掌達書名於四方。"鄭玄注："或曰，古曰名今曰字。使四方知書之文字，得能讀之。"

［10］門下書佐：官名。郡府屬吏，主繕寫文書。

［11］正旦：正月初一。

［12］朱潁川：指朱寵。漢安帝時朱寵曾爲潁川太守。袁宏《後漢紀》卷一八漢順帝永建四年謂朱寵爲潁川太守時，曾在正月初一宴會群吏時，問功曹鄭凱（字召公）潁川之前賢往哲，鄭凱遂列舉許由、巢父、樊仲父、張良、胡元安等作答。

［13］韓吳郡：未詳。

［14］王景興：王朗字景興。

［15］初平：漢獻帝劉協年號（190—193）。

［16］王府君：指王朗。漢魏人尊稱太守爲府君或明府君。

[17] 崑山：指昆侖山。即今新疆、西藏間的昆侖山脈。

[18] 牽牛：星宿名。即牛宿。《漢書·地理志下》云："粵地，牽牛、婺女之分野也。"

[19] 少陽：東方的極地。《史記》卷一一七《司馬相如列傳》載《大人賦》"邪絕少陽而登太陰兮"，裴駰《集解》引《漢書音義》曰："少陽，東極；太陰，北極。"

[20] 巨海：指今東海。

[21] 五湖：《國語·越語下》"與我争三江五湖之利者"韋昭注："五湖，太湖也。"

[22] 浙江：水名。即今浙江錢塘江。

[23] 禹會羣臣：袁康《越絕書》卷八《越絕外傳記地傳》："禹始也，憂民救水，到大越，上茅山，大會計，爵有德，封有功，更名茅山曰會稽。"

[24] 繼踵：百衲本作"係踵"，殿本、盧弼《集解》本、校點本作"繼踵"。今從殿本等。

[25] 句章：縣名。治所在今浙江餘姚市東南。　董黯：侯康《補注續》云："《御覽》三百七十八及四百八十二引《會稽典錄》曰：董黯字孝治，句章人。家貧，采薪供養，得甘果，奔走以獻母。母甚肥悦。鄰人家富，有子不孝，母甚瘦。不孝子疾孝治母肥，常苦辱之，孝治不報。及母終，負土成墳，鳥獸助其悲號。喪竟，殺不孝子，置冢前以祭，詣獄自繫，會赦得免。"

[26] 漁則化盜：《太平御覽》卷九三五引謝承《後漢書》："會稽陳囂，少時於郭外水邊捕魚，人有盜取之者。囂見之，避之草中，追以魚遺之，盜慚不受。自是無復盜其魚。"

[27] 居則讓鄰：《太平御覽》卷一五七引《會稽典錄》："陳囂與民紀伯爲鄰，伯夜竊藩囂地自益。囂見之，伺伯去後，密拔藩一丈以地益伯。伯覺之，慚惶，既還所侵，又卻一丈。太守周府君高囂德義，刻石旌表其閭，號曰義里。"

[28] 攝養車嫗：《太平御覽》卷一一九引《會稽典錄》："陳

囂字子公，山陰人也。同縣車嫗年八十餘，無子，慕囂仁義，欲求寄命。囂以車嫗有財，未敢便許，乃咨於長者。長者僉曰'其宜'。囂遂迎嫗，朝夕定省，如其所親；出家財以供肴膳。嫗以壽終。囂殯殮畢，皆免其奴，令守墓。財物付與嫗內外，衣服不入殯者，以置椁中，制服三月。由是著名，流稱上國。"

[29] 揚子雲：揚雄字子雲。《太平御覽》卷四七四引《會稽典錄》："陳囂，山陰人。宗正劉向、黃門侍郎揚雄薦囂行義可厲薄俗。孝成皇帝特以公車徵。囂時已年七十，每朝請，上常待以師傅之禮。"（以上所引數條，均參侯康《補注續》）

[30] 太尉：官名。東漢時與司徒、司空並為三公，共同行使宰相職能，而位列三公之首，名位甚重，或與太傅並錄尚書事，綜理全國軍政事務。　鄭公：指鄭弘。《後漢書》卷三三《鄭弘傳》謂鄭弘於漢章帝元和初為太尉，"在位四年，奏尚書張林阿附侍中竇憲，而素行臧穢；又上洛陽令楊光，憲之賓客，在官貪殘，並不宜處位。書奏，吏與光故舊，因以告之。光報憲，憲奏弘大臣漏泄密事。帝詰讓弘，收上印綬。弘自詣廷尉，詔敕出之，因乞骸骨歸，未許。病篤，上書陳謝，並言竇憲之短。帝省章，遣醫占弘病，比至已卒"。

[31] 魯：王國名。治所魯縣，在今山東曲阜市東古城。　相：官名。王國相由朝廷委任，掌握王國的行政大權，相當於郡太守。　鍾離意：《後漢書》卷四一《鍾離意傳》謂東漢初鍾離意先為郡督郵、縣令等，為吏精明，宰縣仁惠。漢明帝時，入朝為尚書、尚書僕射，忠公無私，勤於職守，數封還詔書，直言敢諫。後出為魯相，"視事五年，以愛利為化，人多殷富"。又李賢注引《意別傳》，謂意魯相，到官，出私錢修孔子車，親入孔廟，拭孔子之几席劍履，又見孔子教授堂下牀首有懸甕，"因發之，中得素書，文曰：'後世修吾書，董仲舒。護吾車，拭吾履，發吾笥，會稽鍾離意。'"

[32] 陳宮：本書卷七《呂布傳》中多次提及陳宮；又裴注引

魚氏《典略》云："陳宫字公臺，東郡人也。"故趙一清《注補》云："此别一陳宫。"

［33］有道：漢代選舉人才科目之一。　趙曄：《後漢書》卷七九下《趙曄傳》謂趙曄會稽山陰人，舉有道，"著《吴越春秋》《詩細歷神淵》。蔡邕至會稽，讀《詩細》而歎息，以爲長於《論衡》。邕還京師，傳之，學者咸誦習焉"。

［34］上虞：縣名。治所在今浙江上虞市。　王充：《後漢書》卷四九《王充傳》謂王充會稽上虞人，"好論説，始若詭異，終有理實。以爲俗儒守文，多失其真，乃閉門潛思，絶慶弔之禮，户牖墻壁各置刀筆。著《論衡》八十五篇，二十餘萬言，釋物類同異，正時俗嫌疑"。

［35］攄：殿本、盧弼《集解》本作"據"，百衲本、校點本作"攄"。今從百衲本等。

［36］交阯：漢武帝時於全國置十三部刺史，交阯爲其一。漢獻帝時改交阯爲交州，刺史治所龍編縣，在今越南河内東天德江北岸。　綦毋俊：盧弼《集解》云："俊治《左氏春秋》，永初中舉孝廉，拜左校令士，爲交州刺史。見《萬姓統譜》。"永初，漢安帝年號（107—113）。

［37］決曹掾：官名。東漢三公府置爲屬吏，秩比三百石，主罪法事。郡國府亦置爲屬吏，秩百石。　孟英：侯康《補注續》引王充《論衡·齊世篇》曰："會稽孟章父英，郡將摛殺非辜，事至覆考，英引罪自予，卒代將死。章後復爲郡功曹，從役攻賊，兵卒北敗，爲賊所射，以身代將，卒死不去。"侯氏又引《太平御覽》卷四二一引《會稽典録》曰："孟英字公房，上虞人，爲郡掾史。王憑坐罪未應死，太守下縣殺憑，憑家詣闕稱冤，詔書下州檢考。英出定文書，悉著英名，楚毒慘至，辭色不變，言太守病不關衆事，以冬至日入占病，因竊印以封文書下縣殺憑，非太守意也。繫歷冬夏，肉皆消爛，遂不食而死。"侯氏又引《後漢書》卷七六《循吏傳》："孟嘗字伯周，會稽上虞人也。其先三世爲郡吏，並伏

節死難。"侯氏云:"孟英疑是孟嘗之先世矣。"

[38]主簿:官名。漢代中央及州郡官府皆置主簿,以典領文書,辦理事務。 梁宏:《後漢書》卷八一《陸續傳》謂陸續爲會稽郡門下掾,太守乃尹興。"是時楚王英謀反,陰疏天下善士,及楚事覺,顯宗得其錄,有尹興名。乃徵興詣廷尉獄。續與主簿梁宏、功曹史駟勳及掾史五百餘人詣洛陽詔獄就考,諸吏不堪痛楚,死者大半,唯續、宏、勳掠考五毒,肌肉消爛,終無異辭。"

[39]鄭云:《寶慶四明志》卷八云:"鄭雲、梁宏皆句章人,俱爲主簿,篤終始之義,州里稱之。一云雲字仲興,學《韓詩》《公羊春秋》,爲主簿,後以劉雋事,獄死,郡以狀聞,旌表門閭。出《會稽典錄》。"

[40]免君:百衲本作"免官",殿本、盧弼《集解》本、校點本作"免居",郝經《續後漢書》卷六五下《虞翻傳》茍宗道注引《會稽典錄》亦作"免官"。郁松年《續後漢書札記》卷三謂《三國志注》"官"作"居"。又云:"案'居','君'之形誤,謂引過歸己,以免府君也。此作'官'亦誤。"郁氏之説甚確,今從改。

[41]門下督盜賊:官名。又稱門下督。漢代郡縣官府所置之屬吏,主盜賊事。東漢末丞相府、將軍府亦置。三國沿置。

[42]鄮(mào):百衲本作"鄍",殿本、盧弼《集解》本、校點本作"鄮"。今從殿本等。鄮,縣名。治所在今浙江鄞縣東。

任光:《寶慶四明志》卷八:"任光字景升,鄮人,爲縣主簿,時海賊作孽,令朱嘉將吏人出戰,爲賊所射傷,賊突嘉前,光以身障蔽,力戰死,嘉獲免還邑,出俸厚葬之。出《會稽典錄》。"

[43]章安:縣名。治所在今浙江臨海市東南章安鎮。

[44]揚州:東漢時刺史治所歷陽縣,在今安徽和縣。 王脩:《寶慶四明志》:"王脩,句章人。順帝時爲揚州從事,軍變,殺歷陽太守伊曜,脩誓衆奔入賊營,取曜屍葬之。人服其義。出《會稽典錄》。"

[45]河內：郡名。治所懷縣，在今河南武陟縣西南。 魏少英：《後漢書》卷六七《魏朗傳》謂魏朗字少英，"少爲縣吏。兄爲鄉人所殺，朗白日操刀報讎於縣中，遂亡命到陳國"。後至京師，"詣太學受《五經》，京師長者李膺之徒爭從之。初辟司徒府，再遷彭城令。時中官子弟爲國相，多行非法，朗與更相章奏，幸臣忿疾，欲中之"。後爲尚書，又出爲河內太守。"尚書令陳蕃薦朗公忠亮直，宜在機密，復徵爲尚書。後被黨議，免歸家。"

[46]屯蹇：《周易》之《屯》卦與《蹇》卦之並稱。意謂艱難困苦，不順利。

[47]八俊：《後漢書》卷六七《黨錮列傳序》云："李膺、荀翌、杜密、王暢、劉祐、魏朗、趙典、朱寓爲'八俊'。俊者，言人之英也。"

[48]烏傷：縣名。治所在今浙江義烏市。 楊喬：《後漢書》卷三八《楊琁傳》謂楊琁"兄喬，爲尚書，容儀偉麗，數上言政事，桓帝愛其才貌，詔妻以公主，喬固辭不聽，遂閉口不食，七日而死"。

[49]朱公：指朱儁。《後漢書》卷七一《朱儁傳》謂漢靈帝熹平中，"交阯部群賊並起，牧守軟弱不能禁。又交阯賊梁龍等萬餘人，攻南海太守孔芝反叛，攻破郡縣。光和元年（178），即拜儁交阯刺史，令過本郡簡募家兵及所調，合五千人，分從兩道而入。既到州界，按甲不前，先遣使詣郡，觀賊虛實，宣揚威德，以震動其心；既而與七郡兵俱進逼之，遂斬梁龍，降者數萬人，旬月盡定"。後來黃巾軍起，朱儁與皇甫嵩等鎮壓了潁川、汝南、陳國等地的黃巾軍。

[50]曹娥：《後漢書》卷八四《列女·曹娥傳》云："孝女曹娥者，會稽上虞人也。父盱，能弦歌，爲巫祝。漢安二年（143）五月五日，於縣江泝濤婆娑迎神，溺死，不得屍骸。娥年十四，乃沿江號哭，晝夜不絕聲，旬有七日，遂投江而死。至元嘉元年（151），縣長度尚改葬娥於江南道傍，爲立碑焉。"

[51] 巢許：指巢父、許由。傳説之上古高士。皇甫謐《高士傳》云："許由字武仲。堯聞致天下而讓焉，乃退而遁於中岳潁水之陽，箕山之下隱。堯又召爲九州長，由不欲聞之，洗耳於潁水之濱。時有巢父牽犢欲飲之，見由洗耳，問其故。對曰：'堯欲召我爲九州長，惡聞其聲，是故洗耳。'巢父曰：'子若處高岸深谷，人道不通，誰能見子？子故浮游，欲聞求其名譽。污吾犢口。'牽牛上流飲之。"（《史記》卷六一《伯夷列傳》之《正義》引）

[52] 太伯：周太王之長子，季歷之兄，周文王之伯父。《史記》卷三一《吳太伯世家》之《正義》引江熙云："太伯長弟季歷生文王昌，有聖德，太伯知其必有天下，故欲傳國於季歷。以太王病，託採藥於吳越不反。太王薨而季歷立，一讓也；季歷薨而文王立，二讓也；文王薨而武王立，遂有天下，三讓也。又釋云：太王病，託採藥，生不事之以禮，一讓也；太王薨而不反，使季歷主喪，不葬之以禮，二讓也；斷髮文身，示不可用，使歷主祭祀，不祭之以禮，三讓也。"

[53] 故先言其近者耳：趙幼文《校箋》謂《册府元龜》卷八三三引"故"字在"者"字下。按，宋本《册府元龜》"故"字仍在"先"字上。

[54] 越王翳：翳爲越王句踐卒後的第四代越君。《史記》卷四一《越王句踐世家》之《索隱》引莊子云："越人三弑其君，子搜患之，逃乎丹穴不肯出，越人薰之以艾，乘以王輿。"

[55] 巫山：山名。一名梅山。在今浙江紹興市東北。

[56] 大禹：《史記》卷二《夏本紀》云："帝禹東巡狩，至於會稽而崩。"

[57] 鄞：縣名。治所在今浙江奉化市東北白杜。　黃公：指夏黃公。商山四皓之一。商山四皓，指秦末東園公、綺里季、夏黃公、甪（lù）里先生，避秦亂，隱商山，年皆八十有餘，鬚眉皓白，時稱商山四皓。漢高祖劉邦崇重四皓，召之，皆不應。後高祖欲廢太子，呂后用留侯張良計，迎四皓輔太子。高祖見四皓從太

子，即輟廢太子之議。(見《史記》卷五五《留侯世家》) 錢大昕云："案《陳留志》，夏黃公姓崔，名廣，字少通，齊人，隱居夏里修道，故號曰夏黃公。仲翔以爲會稽鄞人，仲翔去西京未遠，當得其實。"(《廿二史考異》卷一七)

[58] 嚴遵：《後漢書》卷八三《逸民·嚴光傳》謂"嚴光字子陵，一名遵，會稽餘姚人也。少有高名，與光武同遊學。及光武即位，乃變名姓，隱身不見。帝思其賢，乃令以物色訪之"。後以禮聘至，以之爲諫議大夫，不受，乃耕於富春山。

[59] 矯手：吴金華《校詁》云："《會稽續志》引作'矯首'。'手''首'同音，古代傳寫常互代。"矯首，昂首，抬頭。

[60] 御史：指虞翻。漢朝廷曾召翻爲侍御史。

[61] 柳下：指柳下惠。春秋時魯國之賢者，本名展獲，字禽，又稱展季。"柳下"是其所居，"惠"乃其妻之私謚。柳下惠品德高尚。孟子說："柳下惠不羞污君，不辭小官，進不隱賢，必以其道；遺失而不怨，厄窮而不憫，與鄉人處，由由然不忍去也，爾爲爾，我爲我，雖袒裼裸裎於我側，爾焉能浼我哉！故聞柳下惠之風者，鄙夫寬，薄夫敦。"(《孟子·萬章下》)

[62] 黟：縣名。治所在今安徽黟縣東。又今黟縣西南有黟山，俗名大鄣山。《水經·漸江水注》謂"浙江又北歷黟山"，"會稽陳業，潔身清行，遁迹此山"。 歙：縣名。治所在今安徽歙縣。

[63] 桓文林：各本皆作"桓文"。侯康《補注續》謂當作"桓文林"，桓儼字文林。《水經·漸江水注》即謂桓儼避地會稽，聞陳業履行高潔，往候不見。儼後浮海入交州，臨去遺書與業云云。李慈銘說同。校點本即從侯、李之說增"林"字。今從之。

[64] 謇諤：殿本"謇"字作"蹇"，百衲本、盧弼《集解》本、校點本作"謇"。今從百衲本等。謇諤，正直敢言。《玉篇·言部》："諤，正直之言也。"《正字通·言部》："謇，直言貌。"

[65] 太子少傅：官名。與太子太傅並稱太子二傅。東漢時秩中二千石，掌輔導太子及東宮衆務。曹魏以二傅並攝東宮事務，與

尚書東曹並掌太子、諸侯官屬之選舉。孫吳亦置。

［66］後將軍：官名。東漢時位如上卿，與前、左、右將軍掌京師兵衛與邊防屯警。魏晉亦置，權位漸低。略高於一般雜號將軍，不典禁兵，不與朝政，僅領兵征戰。孫吳亦置。

［67］太史令：官名。東漢時秩六百石，屬太常。掌天時、星曆、歲終奏新曆，國祭、喪、嫁娶奏良日及時節禁忌，有瑞應、災異則記之。孫吳沿置，並兼撰史。

［68］文章之士：殿本、盧弼《集解》本"士"字作"事"，百衲本、校點本作"士"，郝經《續後漢書》苟宗道注引亦作"士"。今從百衲本等。

［69］御史中丞：官名。東漢時爲御史臺長官，秩千石，掌監察、執法。三國沿置。　任奕：殿本、盧弼《集解》本作"任爽"，百衲本作"任弈"，校點本作"任奕"。按，"弈""奕"相通，今從校點本。盧弼《集解》引黃以周曰："《意林·任子》十卷，名奕。"

［70］鄱陽：郡名。治所鄱陽縣，在今江西鄱陽縣東北，赤烏八年（245）又遷至今波陽縣。

［71］曄：盛美。《文選》宋玉《神女賦序》："美貌橫生，曄乎如花。"李善注："曄，盛貌。"

［72］處士：未作官或不作官的士人。　鄮：各本皆作"鄧"。錢大昕云："鄧非會稽屬縣，當是'鄮'字之訛，《乾道四明圖經》亦以爲鄮人。"陳景雲亦已有此説。校點本即從陳、錢之説改"鄧"爲"鄮"。今從之。

［73］吳寧：縣名。漢獻帝初年置，在今浙江東陽市。

［74］松陽：殿本、盧弼《集解》本作"松楊"，百衲本、校點本作"松陽"，本書卷四八《孫晧傳》天紀四年裴注引《搜神記》亦作"松陽"。今從百衲本等。松陽，縣名。治所在今浙江松陽縣西北古集鎮。　永寧：縣名。治所在今浙江溫州市。　瞿素：各本皆作"瞿素"。盧弼《集解》引李慈銘説，謂《藝文類聚》人

部二引《列女傳》及人部十九引皇甫《列女後傳》皆作"翟素"。校點本即從李說改。今從之。又《太平御覽》卷五〇〇引《列女後傳》："會稽翟素者，翟氏之女，受聘未及配，適遭賊欲犯之，臨以刃曰：'不從者，今即死矣。'素曰：'我可得而殺，不可得而辱。'素婢名青，青乞代素，賊遂殺素，復欲犯青。青曰：'向欲代素者，恐被恥獲害耳。今素已死，我豈有欲哉！'賊復殺之。"

[75] 醮：指女子嫁人。如《隋書》卷六六《李諤傳》云："五品以上妻妾不得改醮。"

[76] 秦始皇二十五年：《史記》卷六《秦始皇本紀》：二十五年（前222）"王翦遂定荊江南地，降越君，置會稽郡"。

[77] 劉賈：漢高祖劉邦之從父兄。在楚漢戰爭中，圍誅項羽有功。高祖統一天下後，封賈爲荊王。賈立六年，淮南王英布反，東擊荊。賈與戰，爲布軍所殺。（見《漢書》卷三五《荊王劉賈傳》）

[78] 劉濞：漢高祖劉邦兄仲之子。淮南王英布反，濞以騎將從高祖破布軍。荊王劉賈被布所殺，無子，乃立濞爲吳王，封三郡五十三城。遂在封内大量鑄錢、煮鹽，減輕賦役，以招納其他郡國亡命之徒，極力擴張勢力。景帝初，采納御史大夫鼂錯削奪王國封地之議，劉濞即以誅鼂錯爲名，聯合楚、越等七國反叛，不久失敗，劉濞逃東越，爲東越人所殺。（見《漢書》卷三五《吳王濞傳》）

[79] 景帝四年：據《漢書》卷四《景帝紀》及《吳王濞傳》，劉濞之反叛及其失敗被誅，均在漢景帝前元三年（前154）。

[80] 元鼎：漢武帝年號（前116—前111）。按《漢書》卷六《武帝紀》及卷九五《兩粵傳》，漢武帝元鼎五年南越王相呂嘉反，漢遣軍討之，次年破滅南越。同年，東越王餘善反。元封元年（前110）漢軍入東越，東越人殺餘善降，遂遷東越民於江淮間，空虛其地。

[81] 治：盧弼《集解》云："何焯校改'治'當作'冶'。

《漢書·閩粵王傳》：'漢五年，復立無諸爲閩粵王，王閩中故地，都冶（《史記》作都東冶）。'師古曰：'地名。即侯官縣是也。冶音戈者反。'何焯曰：按《朱育傳》'漢滅東粵以爲冶'，冶之爲縣在國滅之後，又其民盡徙，故領於會稽之東部都尉。史因後日之名書之。"

[82] 章安：盧弼《集解》云："《漢書·地理志》會稽郡無章安。《續漢志》：'章安故冶，閩粵地，光武更名。'劉昭注引《晉太康記》云'本鄞縣南之迴浦鄉，章帝章和元年立，未詳'云云。此則徙章安在成帝陽朔元年之前，是前漢已有章安。異一；章安與冶爲兩地。異二。是朱育所云與兩漢《志》全不相符，宜學者多疑兩漢《志》之有誤。"

[83] 陽朔：漢成帝年號（前24—前21）。

[84] 永建：漢順帝年號（126—132）。

[85] 太平：吳會稽王孫亮年號（256—258）。

[86] 臺閣：指尚書臺。

[87] 東觀令：官名。吳置，掌校訂宮廷藏書及修史。

[88] 清河：郡名。治所清河縣，在今山東臨清市東北。

[89] 侍中：官名。曹魏時爲門下侍中寺長官。職掌門下衆事，侍從左右，顧問應對，拾遺補闕，與散騎掌侍、黃門侍郎等共平尚書奏事。孫吳亦置。

[90] 推刺占射：盧弼《集解》云："姚振宗曰：推刺占射者，善推逆刺占候及射覆之術也。"占候，古人視天象變化以附會人事，從而預言吉凶。射覆，古代的一種猜物游戲，亦往往用以占卜。

　　翻有十一子，第四子汜最知名，永安初，[1]從選曹郎爲散騎中常侍，[2]後爲監軍使者，[3]討扶嚴，[4]病卒。[一]汜弟忠，宜都太守；[二][5]聳，越騎校尉，[6]累遷廷尉，[7]湘東、河間太守；[三][8]昺，[9]廷尉、尚書，[10]

濟陰太守。〔四〕[11]

〔一〕《會稽典錄》曰：氾字世洪，生南海，[12]年十六，父卒，還鄉里。孫綝廢幼主，迎立琅邪王休。休未至，綝欲入宮，[13]圖爲不軌，召百官會議，皆惶怖失色，徒唯唯而已。氾對曰："明公爲國伊、周，[14]處將相之位，擅廢立之威，將上安宗廟，[15]下惠百姓，大小踴躍，自以伊、霍復見。[16]今迎王未至，而欲入宮，如是，群下搖蕩，衆聽疑惑，非所以永終忠孝，揚名後世也。"綝不懌，竟立休。休初即位，氾與賀邵、王蕃、薛瑩俱爲散騎中常侍。以討扶嚴功拜交州刺史、冠軍將軍、餘姚侯，[17]尋卒。

〔二〕《會稽典錄》曰：忠字世方，翻第五子。貞固幹事，好識人物，造吳郡陸機於童齔之年，[18]稱上虞魏遷於無名之初，終皆遠致，[19]爲著聞之士。交同縣王岐於孤宦之族，[20]仕進先至宜都太守，忠乃代之。晉征吳，忠與夷道監陸晏、晏弟中夏督景堅守不下，[21]城潰被害。忠子潭，[22]字思奧。

《晉陽秋》稱潭清貞有檢操，外如退弱，內堅正有膽幹。仕晉，歷位內外，終於衛將軍，[23]追贈侍中、左光祿大夫，[24]開府儀同三司。[25]

〔三〕《會稽典錄》曰：聳字世龍，翻第六子也。清虛無欲，進退以禮，在吳歷清官，[26]入晉，除河間相，王素聞聳名，厚敬禮之。聳抽引人物，務在幽隱孤陋之中。時王岐難聳，以高士所達，必合秀異，聳書與族子察曰："世之取士，曾不招未齒於丘園，[27]索良才於總猥，[28]所譽依已成，所毀依已敗，此吾所以歎息也。"聳疾俗喪祭無度，弟昺卒，祭以少牢，[29]酒飯而已，當時族黨並遵行之。

〔四〕《會稽典錄》曰：昺字世文，[30]翻第八子也。少有儻儻之志，仕吳黃門郎，[31]以捷對見異，超拜尚書、侍中。晉軍來伐，遣昺持節都督武昌已上諸軍事，[32] 昺先上還節蓋印綬，然後歸順。在濟陰，抑彊扶弱，甚著威風。

[1] 永安：吳景帝孫休年號（258—264）。

[2] 選曹郎：官名。孫吳所置尚書臺郎官，典銓選官吏事務。散騎中常侍：官名。孫吳置，多以才學之士擔任。

[3] 監軍使者：官名。臨時差遣督軍務之使職。東漢或置，孫吳亦置。

[4] 扶嚴：見本書卷四八《孫晧傳》建衡三年注。

[5] 宜都：郡名。治所夷道縣，在今湖北枝城市。

[6] 越騎校尉：官名。東漢時爲北軍五校尉之一，秩比二千石，掌京師宿衛兵。孫吳亦置。

[7] 廷尉：官名。東漢時爲列卿之一，秩中二千石，掌司法刑獄。三國沿置。

[8] 湘東：郡名。孫吳置，治所酃縣，在今湖南衡陽市東。河間：郡名。治所樂成縣，在今河北獻縣東南。錢大昕云："河間、濟陰二郡不在吳封內，蓋晉以後所授官也，於史例不當書。"（《廿二史考異》卷一七）

[9] 昺：晉寫本作"晃"。

[10] 尚書：官名。東漢有六曹尚書，即三公曹、民曹、客曹、二千石曹、吏曹、中都官曹等。秩皆六百石，皆稱尚書，不加曹號。（本《晉書‧職官志》）三國沿置，員數不等。

[11] 濟陰：郡名。治所定陶縣，在今山東定陶縣西北。

[12] 南海：郡名。治所番禺縣，在今廣東廣州市。

[13] 綝欲：趙幼文《校箋》謂《建康實錄》"綝"下有"悔"字。

[14] 伊：伊尹。助湯滅桀後，又助湯治理天下。湯卒後，又輔佐外丙、中壬、太甲。而太甲無道，伊尹放之桐宮，代行國政。後太甲悔過自責，伊尹又迎之復位。（見《史記》卷三《殷本紀》）

周：周公，周武王之弟。武王即位後，周公常輔佐之。武王滅商後，封周公爲魯公。而周公不就封，留佐武王。武王卒後，周公又輔佐成王。（見《史記》卷三三《魯周公世家》）

［15］將：殿本作"勢"，百衲本、盧弼《集解》本、校點本作"將"。今從百衲本等。

［16］霍：霍光，受漢武帝遺命輔佐昭帝。昭帝卒，無子，霍光立昌邑王劉賀繼位。而昌邑王無道，霍光又廢之而立宣帝。（見《漢書》卷六八《霍光傳》）

［17］冠軍將軍：官名。漢獻帝建安中置，曹魏、孫吳皆沿置。

［18］造：趙幼文《校箋》謂蕭常《續後漢書》作"識"。按，郝經《續後漢書》作"賞"。 吳郡：治所吳縣，在今江蘇蘇州市。 陸機：陸遜之孫，陸抗之子，爲江東大族。陸機與弟陸雲，早名重江東。晉滅吳後，機、雲赴洛陽，張華見之如舊相識曰："伐吳之役，利獲二俊。"（見《晉書》卷五四《陸機傳》）

［19］遠致：同"遠至"。謂有遠大成就。《玉篇·夊部》："致，至也。"

［20］孤宦之族：地位低微的官吏之家。

［21］夷道監：官名。孫吳於各要地置監以統兵。夷道監即統領夷道駐軍的將領。 中夏督：官名。中夏即中夏水。《水經注疏》卷三五《江水三》謂江水"又東至華容縣西，夏水出焉"，注："江水左迤爲中夏水，右則中郎浦出焉。"熊會貞疏："中夏水即夏水，《夏水注》夏水有中夏之目是也。"則中夏督乃統領夏水水軍之將領。

［22］潭：百衲本作"潭"，《晉書》本傳亦作"潭"，殿本、盧弼《集解》本、校點本作"譚"。趙幼文《校箋》謂《藝文類聚》卷六三、《太平御覽》卷五五五、《册府元龜》卷七八三引俱作"潭"。今從百衲本。下同。

［23］衛將軍：官名。東漢時位次大將軍、驃騎將軍、車騎將軍，位亞三公。開府置官屬。魏、晉沿置，位在諸名號將軍之上，

多作爲軍府名號,加授大臣、重要州郡長官,無具體職掌,二品。開府者位從公,一品。

[24] 左光祿大夫:官名。西晋時假金章紫綬,祿賜、班位、冠幘、車服、玉佩、置吏卒及諸所賜予與特進同。第二品。其以爲加官者,唯章綬、祿賜、班位而已,不別給車服吏卒。

[25] 開府儀同三司:官名。曹魏始置,爲大臣加號,意謂與三司(太尉、司徒、司空)禮制、待遇相同,許開設府署,自辟僚屬。兩晋因之。

[26] 清官:魏晋時以位高事簡之官爲清官。

[27] 未齒:未說到,未提及。 丘園:隱居之處。《易·賁卦》六五:"賁于丘園,束帛戔戔。"王肅注:"失位無應,隱處丘園。"孔穎達疏:"丘謂丘墟,園謂園圃。唯草木所生,是質素之所。"後因以"丘園"指隱居之處。

[28] 總猥:聚合貌。《漢書》卷五六《董仲舒傳》:"勿猥勿并,取之於術。"顏師古注:"猥,積也。"

[29] 少牢:單以羊祭祀稱少牢。

[30] 世文:殿本、盧弼《集解》本作"子文",百衲本、校點本作"世文"。蕭常及郝經之《續後漢書》俱作"世文"。今從百衲本等。

[31] 黃門郎:官名。即給事黃門侍郎。掌侍從皇帝左右,關通中外,與侍中俱出入宮中,近侍帷幄,省尚書奏事。

[32] 持節:漢朝官吏奉使外出時,由皇帝授予節杖,以提高其威權。魏晋以後,軍事長官出征或出鎮時,加持節,可殺無官位人;若軍事,可殺二千石以下官員。如官員或使臣外出,加持節,則表示權力和尊崇。 都督:官名。曹魏初置都督諸州軍事之職,或兼領刺史,或統領所督州之軍事,無固定品級,多帶將軍名號。孫吳亦置。此"都督武昌已上諸軍事",則統領武昌之長江以上地區的軍事。武昌縣治所在今湖北鄂州市。

陸績字公紀，吳郡吳人也。[1]父康，漢末爲廬江太守。〔一〕[2]績年六歲，於九江見袁術。[3]術出橘，績懷三枚。去[4]，拜辭墮地，術謂曰："陸郎作賓客而懷橘乎？"績跪答曰："欲歸遺母。"術大奇之。孫策在吳，張昭、張紘、秦松爲上賓，共論四海未泰，（須）〔唯〕當用武治而平之，[5]績年少末坐，遥大聲言曰："昔管夷吾相齊桓公，[6]九合諸侯，一匡天下，不用兵車。孔子曰：'遠人不服，[7]則脩文德以來之。'今論者不務道德懷取之術，而惟尚武，績雖童蒙，竊所未安也。"昭等異焉。

〔一〕謝承《後漢書》曰：康字季寧，少惇孝悌，勤脩操行，太守李肅察孝廉。[8]肅後坐事伏法，康斂尸送喪還潁川，行服，[9]禮終，舉茂才，歷三郡太守，[10]所在稱治，後拜廬江太守。

[1] 吳郡：殿本無此二字，百衲本、盧弼《集解》本、校點本有。今從百衲本等。

[2] 廬江：郡名。治所本在舒縣，在今安徽廬江縣西南。建安四年（199）劉勳移於皖縣，在今安徽潛山縣。

[3] 九江：郡名。東漢末治所壽春縣，在今安徽壽縣。

[4] 去：趙幼文《校箋》謂《初學記》卷一七、《太平御覽》卷二七引俱無"去"字。按，郝經《續後漢書》亦有"去"字。

[5] 唯：各本皆作"須"，晋寫本作"唯"。吳金華《校詁》謂作"唯"與陸績所言"今論者不務道德懷取之術而惟尚武"相合，可從。今據晋寫本改。

[6] 管夷吾：管仲名夷吾。春秋時輔佐齊桓公建立霸業。孔子說："桓公九合諸侯，不以兵車，管仲之力也。"又說："管仲相桓

公,霸諸侯,一匡天下,民到於今受其賜。"(俱見《論語·憲問》)

[7]遠人不服:孔子此句及下句,見《論語·季氏》。

[8]孝廉:漢代選拔官吏的主要科目。孝指孝子,廉指廉潔之士。原本爲二科,後混同爲一科,也不再限於孝子和廉士。東漢後期,定制爲不滿四十歲者不得察舉;被舉者先詣公府課試,以觀其能。郡國每年要向中央推舉一人至二人。

[9]行服:舉行喪禮。

[10]三郡:據《後漢書》卷三一《陸康傳》,指武陵、桂陽、樂安三郡。

績容貌雄壯,博學多識,星曆算數無不該覽。虞翻舊齒名盛,[1]龐統荆州令士,[2]年亦差長,皆與績友善。孫權統事,辟爲奏曹掾,[3]以直道見憚,出爲鬱林太守,[4]加偏將軍,[5]給兵二千人。績既有躄疾,又意(在)〔存〕儒雅,[6]非其志也。雖有軍事,著述不廢,作《渾天圖》,[7]注《易》釋《玄》,[8]皆傳於世。豫自知亡日,乃爲辭曰:"有漢志士吳郡陸績,[9]幼敦《詩》《書》,長玩《禮》《易》,受命南征,遘疾(遇)〔逼〕厄,[10]遭命不(幸)〔永〕,[11]嗚呼悲隔!"又曰:"從今已去,六十年之外,車同軌,書同文,恨不及見也。"年三十二卒。長子宏,會稽南部都尉,[12]次子叡,長水校尉。〔一〕[13]

〔一〕績於鬱林所生女,名曰鬱生,適張溫弟白。《姚信集》有表稱之曰:[14]"臣聞唐、虞之政,[15]舉善而教,旌德擢異,三王所先,[16]是以忠臣烈士,顯名國朝,淑婦貞女,表迹家閭。蓋所以闡崇化業，廣殖清風，使苟有令性，幽明俱著，苟懷懿姿，[17]士女同榮。故王蠋建寒松之節而齊王表其里，[18]義姑立殊絕之操而魯侯高其門。[19]臣竊見故鬱林太守陸績女子鬱生，[20]少履貞特之行，幼立匪石之節，[21]年始十三，適同郡張白。侍廟三月，[22]婦禮未卒，白遭釁家禍，遷死異郡。鬱生抗聲昭節，義形於色，冠蓋交橫，誓而不許，奉白姊妹嶮巇之中，[23]蹈履水火，志懷霜雪，義心固於金石，體信貫於神明，送終以禮，邦士慕則。臣聞昭德以（行）〔名〕，[24]顯行以爵，苟非名爵，則勸善不嚴，故士之有誄，[25]魯人志其勇，杞婦見書，[26]齊人哀其哭。乞蒙聖朝，斟酌前訓，上開天聰，下垂坤厚，褒鬱生以義姑之號，以屬兩髦之節，[27]則皇風穆暢，士女改視矣。"[28]

[1] 舊齒：耆舊；老一輩。　名盛：晉寫本作"成名"。

[2] 荊州：東漢末刺史治所襄陽縣，在今湖北襄陽市襄州區。

[3] 奏曹掾：官名。東漢三公府之屬吏，主奏議事，秩比三百石；郡縣亦置，秩百石。魏、吳沿置。

[4] 鬱林：郡名。治所布山縣，在今廣西桂平縣西南古城。

[5] 偏將軍：官名。雜號將軍中地位較低者。

[6] 存：各本皆作"在"，校點本據晉寫本改爲"存"。今從之。

[7] 渾天圖：圖名。一卷，已佚。唐《開元占經》卷六七中載有《渾天圖》。

[8] 注易：《隋書·經籍志》經部易類著錄陸績注《周易》十五卷。《舊唐書·經籍志》《新唐書·藝文志》則著錄爲十三卷。釋玄：《隋書·經籍志》子部儒家類著錄《揚子太玄經》十卷，陸績、宋衷注。《舊唐書·經籍志》則著錄《揚子太玄經》十二卷，揚雄撰，陸績注。《新唐書·藝文志》亦謂陸績注《揚子太玄經》十二卷。

［9］志士：各本皆作"志士"，晉寫本作"志民"。

［10］逼厄：百衲本、殿本、盧弼《集解》本作"遇厄"，校點本據晉寫本改爲"逼厄"。今從之。

［11］不永：百衲本、殿本、盧弼《集解》本作"不幸"，校點本據晉寫本改爲"不永"。今從之。

［12］會稽南部都尉：官名。都尉職如太守。孫吳置，治所建安縣，在今福建建甌市南松溪南岸。孫休永安三年（260）改爲建安郡。

［13］長水校尉：官名。東漢時秩比二千石，掌京師宿衛兵。三國沿置，職位略輕。

［14］姚信集：書名。姚信於孫權晚年親附太子和，和被廢，信等枉被流徙。孫晧初，姚信又爲太常。（見本書卷五九《孫和傳》）《隋書·經籍志》集部謂梁有《姚信集》二卷，録一卷，亡。

［15］唐虞：指唐堯、虞舜。

［16］三王：指夏禹、商湯、周文王。

［17］苟：校點本1982年第2版誤作"荀"。

［18］王蠋：戰國時齊之賢者。《史記》卷八二《田單列傳》謂齊湣王晚年，燕軍攻入齊國，聞畫邑（今山東淄博市東北臨淄鎮西北）人王蠋賢，便令軍中"環畫邑三十里無入"。又使人謂王蠋曰："齊人多高子之義，吾以子爲將，封子萬家。"蠋固辭。燕人又曰："子不聽，吾引三軍而屠畫邑。"王蠋曰："忠臣不事二君，貞女不更二夫。齊王不聽吾諫，故退而耕於野。國既破亡，吾不能存；今又劫之以兵爲君將，是助桀爲暴也。與其生而無義，固不如烹！"遂自吊死於樹枝。齊亡大夫聞之，曰："王蠋，布衣也，義不北面於燕，況在位食祿者乎！"乃相聚求湣王子立爲襄王。

［19］義姑：指西周時魯孝公稱之保母。在孝公父武公時，武公曾與長子括、少子戲朝見周宣王。宣王愛戲，遂立戲爲魯太子。至武公卒，戲立，即懿公。孝公爲懿公之小弟，時號公子稱。後括之子伯御，與魯人作亂，攻殺懿公而自立，並於宮中欲殺公子稱，

稱之保母得知後，即以己子穿公子稱之衣，臥於稱臥之處，伯御遂殺之。保母即抱稱出逃。後周天子殺伯御而立稱，是爲孝公。魯人以保母有高尚德義，稱之爲義保。（見劉向《古列女傳》卷五《節義傳·魯孝義保》）

［20］臣竊：殿本"竊"字作"切"，百衲本、盧弼《集解》本、校點本作"竊"。今從百衲本等。

［21］匪石：非石。謂不像石頭可以轉動，形容堅定不移。語出《詩·邶風·柏舟》："我心匪石，不可轉也。"

［22］侍廟：謂陪從祭祀。

［23］嶮巇：險峻崎嶇。比喻人事艱險或人心險惡。

［24］以名：各本皆作"以行"。吳金華《校詁》引郁松年《續後漢書札記》：按下"名爵"雙承，"行"當作"名"。吳金華謂郁說可從。趙幼文《校箋》亦謂當據郁松年《札記》改。今從之。

［25］誄（lěi）：古代列述死者德行，以表哀悼並以之定諡的言辭。《禮記·檀弓上》謂春秋時魯莊公與宋人戰於乘丘（魯地），縣賁父御車，卜國爲車右（勇力者爲之），結果馬驚而大敗。魯莊公墜於車下，副車乃救莊公上車。莊公説卜國微弱不勇敢。卜國與縣賁父遂赴敵而戰死。後來養馬人洗馬時發現馬股間中了流矢，魯莊公方知非二人之罪過，"公曰：'非其罪也。'遂誄之。士之有誄，自此始也"。

［26］杞婦：劉向《古列女傳》卷五《齊杞梁妻》謂齊杞梁妻，"齊杞梁殖之妻也。莊公襲莒，殖戰而死"。"杞梁之妻無子，內外皆無五屬之親，既無所歸，乃枕其夫之屍於城下而哭，內誠動人，道路過者莫不爲之揮涕，十日而城爲崩。""既葬，遂赴淄水而死。"

［27］兩髦之節：兩髦，本爲古代兒童髮式，前額頭髮分兩邊披着，長齊眉毛；額後之髮則扎成兩縔，左右各一，稱兩髦。《詩·鄘風·柏舟》："髧（dàn）彼兩髦，實維我儀。"鄭箋云：

"兩髦之人謂共伯也,實是我之匹,故我不嫁也。"又《詩序》云:"柏舟,共姜自誓也。衛世子共伯蚤死,其妻守義,父母欲奪而嫁之,誓而弗許,故作是詩以絕之。"則此"兩髦之節",謂夫死妻守義不嫁之節。

[28]改視矣:百衲本無"矣"字,殿本、盧弼《集解》本、校點本有。今從殿本等。

　　張溫字惠恕,吳郡吳人也。[1]父允,以輕財重士,名顯州郡,為孫權東曹掾,[2]卒。溫少脩節操,容貌奇偉。權聞之,以問公卿曰:"溫當今與誰為比?"大(司)農劉基曰:[3]"可與全琮為輩。"太常顧雍曰:[4]"基未詳其為人也。溫當今無輩。"權曰:"如是,張允不死也。"徵到延見,[5]文辭占對,觀者傾竦,權改容加禮。罷出,張昭執其手曰:"老夫託意,君宜明之。"拜議郎、選曹尚書,[6]徙太子太傅,[7]甚見信重。

　　時年三十二,以輔義中郎將使蜀。[8]權謂溫曰:"卿不宜遠出,恐諸葛孔明不知吾所以與曹氏通意,(以)故屈卿行。[9]若山越都除,便欲大構於(蜀)〔丕〕。[10]行人之義,[11]受命不受辭也。"溫對曰:"臣入無腹心之規,出無專對之用,懼無張老延譽之功,[12]又無子產陳事之效。[13]然諸葛亮達見計數,必知神慮屈申之宜,加受朝廷天覆之惠,推亮之心,必無疑貳。"溫至蜀,詣闕拜章曰:"昔高宗以諒闇昌殷祚於再興,[14]成王以幼沖隆周德於太平,[15]功冒溥天,聲貫罔極,[16]今陛下以聰明之姿,等契往古,總百揆於良佐,[17]參列精之炳燿,遐邇望風,莫不欣賴。吳國勤任旅力，清澄江滸，願與有道平一宇內，委心協規，有如河水，軍事（興）〔充〕煩，[18]使役乏少，是以忍鄙倍之羞，[19]使下臣溫通致情好。陛下敦崇禮義，未便恥忽。臣自（入）遠境，[20]及即近郊，頻蒙勞來，[21]恩詔輒加，以榮自懼，悚怛若驚。[22]謹奉所齎函書一封。"蜀甚貴其才。還，頃之，使入豫章部伍出兵，事業未究。

權既陰銜溫稱美蜀政，[23]又嫌其聲名太盛，[24]衆庶炫惑，恐終不爲己用，思有以中傷之，會暨豔事起，遂因此發舉。豔字子休，亦吳郡人也，溫引致之，以爲選曹郎，至尚書。豔性狷厲，[25]好爲清議，[26]見時郎署混濁淆雜，[27]多非其人，欲臧否區別，賢愚異貫。彈射百僚，[28]覈選三署，率皆貶高就下，降損數等，其守故者十未能一，其居位貪鄙，志節汙卑者，皆以爲軍吏，置營府以處之。而怨憤之聲積，浸潤之譖行矣。[29]競言豔及選曹郎徐彪，〔一〕專用私情，愛憎不由公理。[30]豔、彪皆坐自殺。溫宿與豔、彪同意，數交書疏，聞問往還，即罪溫。權幽之有司，下令曰："昔令召張溫，虛己待之，既至顯授，有過舊臣，何圖凶醜，專挾異心！昔暨豔父兄，附于惡逆，寡人無忌，故進而任之，欲觀豔何如。察其中間，形態果見。而溫與之結連死生，豔所進退，皆溫所爲頭角，[31]更相表裏，共爲腹背，非溫之黨，即就疵瑕，爲之生論。又前任溫董督三郡，指撝吏客及殘餘兵，[32]時恐有事，欲令速歸，故授榮戟，[33]獎以威柄。乃便到豫章，表討宿惡，[34]寡人信受其言，特以繞帳、帳下、解煩兵五千人付之。[35]後聞曹丕自出淮、泗，[36]故豫敕溫有急便出，而溫悉内諸將，布於深山，被命不至。賴丕自退，不然，已往豈可深計。又殷禮者，本占候召，而溫先後乞將到蜀，扇揚異國，爲之譚論。又禮之還，當親本職，而令守尚書戶曹郎，[37]如此署置，在溫而已。又溫語賈原，當薦卿作御史，[38]語蔣康，當用卿代賈原，專銜貴國恩，[39]爲己形勢。揆其姦心，無所不爲。不忍暴於市朝，今斥還本郡，[40]以給廝吏。[41]嗚呼溫也，免罪爲幸！"

〔一〕《吳録》曰：彪字仲虞，廣陵人也。

［1］吳郡吳人：殿本無後"吳"字，百衲本、盧弼《集解》本、校點本皆有。今從百衲本等。

［2］東曹掾：官名。東漢三公府及大將軍府均置東曹掾，秩比四百石，主二千石長吏之遷除及軍吏。孫權爲車騎將軍亦置。

［3］大農：各本皆作"大司農"，校點本據晉寫本改爲"大農"。今從之。

［4］太常：官名。東漢時仍爲列卿之首，秩中二千石。掌禮儀祭祀，選試博士等。三國沿置。

［5］延見：殿本《考證》云："《太平御覽》作'廷見'。"趙幼文《校箋》謂《太平御覽》卷二四四、卷四四二引俱作"延"。郝經《續後漢書》作"廷"。

［6］議郎：官名。東漢時屬光禄勳，秩六百石，主要職責是參與朝政議論。三國沿置。但魏、晉時不再參議諫諍，爲後備官員，第七品，品秩雖低，名義清高，即三品將軍、九卿亦有拜之者。

選曹尚書：官名。孫吳置，主銓選官吏，職掌與吏部尚書相類。

[7] 太子太傅：官名。東漢時秩中二千石，掌輔導太子，不領東宮官屬及庶務，諸屬官由太子少傅主之。太子對太傅執弟子禮，太傅不稱臣。孫吳亦置。

[8] 輔義中郎將：官名。孫吳置，張溫爲之，以此職使蜀漢。

[9] 故：各本"故"上有"以"字，校點本據晉寫本删。今從之。

[10] 丕：各本皆作"蜀"，校點本據晉寫本改爲"丕"。今從之。

[11] 行人：使者。

[12] 張老：春秋時晉國大夫張孟。《國語·晉語七》謂晉悼公"始合諸侯於虛杅以救宋，使張老延君譽於四方，且觀道逆者"。韋昭注："延，陳也，陳君之稱譽於四方，且觀察諸侯之有道德與逆亂者。"

[13] 子產：春秋時鄭國卿，執政期間，進行改革，發展生產，使鄭國面貌一新。鄭簡公二十五年（前541）子產出使晉國，並問晉平公病情。叔向詢問子產，卜人說晉侯之病是實沈、臺駘在作怪，而太史又不知實沈、臺駘是何神靈。子產遂將實沈、臺駘之情況詳細地作了回答。晉平公與叔向聽了子產的言談後，誇獎他是"博物君子也"。（見《左傳·昭公元年》）

[14] 高宗：指殷高宗武丁。《史記》卷三《殷本紀》謂殷自盤庚死後，弟小辛立，殷復衰。小辛卒，弟小乙立。小乙卒，子武丁立。武丁即位後，"思復興殷，而未得其佐。三年不言，政事決定於冢宰，以觀國風"。後得傅說爲佐。"武丁修政行德，天下咸歡，殷道復興"。僞古文《尚書·說命》則云："王宅憂，亮陰三祀，既免喪，其惟弗言。"孔穎達疏："言王居父憂，信任冢宰，默而不言已三年矣。"按，"亮陰"即"諒闇"。

[15] 成王：指周成王。《史記》卷四《周本紀》謂周武王去世，"成王少，周初定天下，周公恐諸侯畔周，公乃攝行政當國"。

及"成王長，周公反政成王，北面就群臣之位"。後又"興正禮樂，度制於是改，而民和睦，頌聲興"。

[16] 罔極：無窮盡。

[17] 百揆：指各種政務。

[18] 充煩：各本皆作"興煩"，校點本據晉寫本改爲"凶煩"。張元濟《校史隨筆》謂晉寫本"興"字作"兇"（同凶）。而照印件"兇"字不清，像是"克"字或"充"字。蔣天樞《論學雜著》（中州古籍出版社 1985 年出版）謂爲"充"字。今從蔣説。

[19] 鄙倍：鄙陋和錯誤。《論語·泰伯》曾子曰："出辭氣，斯遠鄙倍矣。"朱熹集注："鄙，凡陋也；倍，與'背'同，謂背理也。"

[20] 遠境："遠境"上各本皆有"入"字，校點本據晉寫本删。今從之。

[21] 勞來：慰勞。

[22] 悚怛（dá）：惶恐。

[23] 陰銜：暗自懷恨。

[24] 太盛：殿本、盧弼《集解》本、校點本作"大"，百衲本作"太"。按，二字雖通，今仍從百衲本。

[25] 狷厲：殿本《考證》云："《太平御覽》作'峭厲'。"趙幼文《校箋》謂此見《太平御覽》卷二一四引，《通典·職官五》"尚書"條引亦作"峭"。

[26] 清議：臧否人物。亦即褒貶人物。

[27] 見時：趙幼文《校箋》謂《太平御覽》卷二一四引"見"字作"當"。《通典·職官五》"尚書"條引同。　郎署：官署名。東漢專指五官、左、右三署。三署由五官、左、右中郎將統領，所統郎官，名譽上備宿衛，實爲後備官吏人材。孫吳沿置。

[28] 彈射：盧弼《集解》云："《御覽》'彈'作'指'。"趙幼文《校箋》謂此見《太平御覽》卷二一四。按，《太平御覽》實作"彈指"，是"射"字作"指"。

［29］浸潤之譖：《論語·顏淵》"浸潤之譖"，何晏集解引鄭玄曰："譖人之言，如水之浸潤，漸以成之。"後世因以"浸潤"指讒言。

［30］愛憎：百衲本、殿本、盧弼《集解》本作"憎愛"，校點本作"愛憎"。今從校點本。盧弼《集解》云："《御覽》作'愛憎'。"趙幼文《校箋》謂《太平御覽》卷四一四（當作二一四）引作"愛憎"，《通典·職官五》、郝經《續後漢書》同。

［31］頭角：開頭，開端。

［32］吏：指給州郡縣官府服各種雜役的人。吏之家稱吏家，除吏本人服役外，吏的家屬還要給政府納税。吏還是終身的和世襲的。　客：指屯田客。屯田客是受國家嚴格控制、耕種國家土地的農民。他們不屬地方政府統管，而由屯田官管理，具有軍事性質。曹魏、孫吳的屯田客都較多。

［33］棨戟：有繒衣或油漆的木戟。爲古代官員所用的儀仗，出行時作爲前導，後亦列於門庭。

［34］宿惡：此指山越。

［35］繞帳：孫吳之禁軍有繞帳兵，由繞帳督統領，負責宿衛侍從。　帳下：帳下兵亦爲孫吳所置的宿衛兵。　解煩兵：孫權置以侍衛及征戰、直屬最高統治者的精鋭軍隊。

［36］曹丕自出淮泗：淮、泗，指流經今江蘇北部的淮水與泗水。曹丕之自出淮、泗，即本書卷四七《吳主傳》黄武三年所說的"魏文帝出廣陵"。

［37］尚書户曹郎：官名。孫吳所置尚書郎之一，隸於户曹尚書。户曹掌國家財政、會計、倉庫、户籍、田宅等。

［38］御史：官名。魏晋時，侍御史、治書侍御史、督軍糧御史、殿中侍御史、監國御史等皆可簡稱御史。

［39］衒賈（gǔ）：炫耀出賣。

［40］本郡：殿本"郡"字作"部"，百衲本、盧弼《集解》本、校點本作"郡"。今從百衲本等。

[41]廝吏：作卑賤雜役之吏。

將軍駱統表理溫曰："伏惟殿下，天生明德，神啓聖心，招髦秀於四方，置俊乂於宮朝。[1]多士既受普篤之恩，張溫又蒙最隆之施。而溫自招罪譴，孤負榮遇，念其如此，誠可悲疚。然臣周旋之閒，爲國觀聽，深知其狀，故密陳其理。溫實心無他情，事無逆迹，但年紀尚少，鎮重尚淺，而戴赫烈之寵，體卓偉之才，亢臧否之譚，效褒貶之議。於是務勢者妒其寵，爭名者嫉其才，玄默者非其譚，瑕釁者諱其議，此臣下所當詳辨，明朝所當究察也。[2]昔賈誼，[3]至忠之臣也，漢文，大明之君也，然而絳、灌一言，賈誼遠退。何者？疾之者深，譖之者巧也。然而誤聞於天下，失彰於後世，故孔子曰'爲君難，爲臣不易'也。[4]溫雖智非從橫，武非虓虎，[5]然其弘雅之素，英秀之德，文章之采，論議之辯，[6]卓躒冠群，[7]煒曄曜世，[8]世人未有及之者也。故論溫才即可惜，言罪則可恕。若忍威烈以赦盛德，[9]宥賢才以敦大業，固明朝之休光，四方之麗觀也。國家之於豔黷，不內之忌族，[10]猶等之平民，是故先見用於朱治，[11]次見舉於衆人，中見任於明朝，亦見交於溫也。[12]君臣之義，義之最重，朋友之交，交之最輕者也。國家不嫌與豔爲最重之義，[13]是以溫亦不嫌與豔爲最輕之交也。時世寵之於上，溫竊親之於下也。夫宿惡之民，放逸山險，則爲勁寇，將置平土，則爲健兵，故溫念在欲取宿惡，以除勁寇之害，而增健兵之銳也。但自錯落，功不副言。

然計其送兵,以比許晏,數之多少,溫不減之,用之彊贏,溫不下之,至於遲速,溫不後之,故得及秋冬之月,赴有警之期,不敢忘恩而遺力也。溫之到蜀,共譽殷禮,雖臣無境外之交,亦有可原也。境外之交,謂無君命而私相從,非國事而陰相聞者也;若以命行,既脩君好,因敍己情,亦使臣之道也。故孔子使鄰國,則有私覿之禮;[14]季子聘諸夏,[15]亦有燕譚之義也。古人有言,欲知其君,觀其所使,見其下之明明,知其上之赫赫。溫若譽禮,能使彼歡之,誠所以昭我臣之多良,明使之得其人,顯國美於異境,揚君命於他邦。是以晉趙文子之盟于宋也,[16]稱隨會於屈建;楚王孫圉之使于晉也,[17]譽左史於趙鞅。亦向他國之輔,而歎本邦之臣,經傳美之以光國,而不譏之以外交也。王靖內不憂時,[18]外不趨事,溫彈之不私,推之不假,於是與靖遂爲大怨,此其盡節之明驗也。靖兵衆之勢,幹任之用,皆勝於賈原、蔣康,溫尚不容私以安於靖,豈敢賣恩以協原、康邪?又原在職不勤,當事不堪,溫數對以醜色,彈以急聲;若其誠欲賣恩作亂,則亦不必貪原也。凡此數者,校之於事既不合,參之於衆亦不驗。臣竊念人君雖有聖哲之姿,非常之智,然以一人之身,御兆民之衆,從層宮之內,[19]瞰四國之外,照群下之情,求萬機之理,猶未易周也,固當聽察群下之言,以廣聰明之烈。今者人非溫既殷勤,[20]臣是溫又契闊,[21]辭則俱巧,意則俱至,各自言欲爲國,誰其言欲爲私,倉卒之間,猶難即別。然以殿下之聰叡，察講論之曲直，若潛神留思，纖粗研核，情何嫌而不宣，事何昧而不昭哉？溫非親臣，臣非愛溫者也。昔之君子，皆抑私忿，以增君明。彼獨行之於前，臣恥廢之於後，故遂發宿懷於今日，納愚言於聖聽，[22] 實盡心於明朝，非有念於溫身也。"權終不納。

後六年，溫病卒。二弟祗、白，亦有才名，與溫俱廢。〔一〕

〔一〕《會稽典錄》曰：餘姚虞俊歎曰："張惠恕才多智少，華而不實，怨之所聚，有覆家之禍，吾見其兆矣。"諸葛亮聞俊憂溫，意未之信，及溫放黜，亮乃歎俊之有先見。亮初聞溫敗，未知其故，思之數日，曰："吾已得之矣，其人於清濁太明，善惡太分。"

臣松之以為莊周云"名者公器也，[23] 不可以多取"，張溫之廢，豈其取名之多乎！多之為弊，古賢既知之矣。是以遠見之士，退藏於密，不使名浮於德，不以華傷其實，既不能被褐韜寶，[24] 挫廉逃譽，[25] 使才映一世，聲蓋人上，沖用之道，[26] 庸可暫替！溫則反之，能無敗乎？權既疾溫名盛，而駱統方驟言其美，至云"卓躒冠群，煒曄曜世，世人未有及之者也"。斯何異燎之方盛，又搞膏以熾之哉！

《文士傳》曰：溫姊妹三人皆有節行，為溫事，已嫁者皆見錄奪。其中妹先適顧承，官以許嫁丁氏，成婚有日，遂飲藥而死。吳朝嘉歎，鄉人圖畫，為之贊頌云。

[1] 置：校點本 1982 年 7 月第 2 版作"署"，百衲本、殿本、盧弼《集解》本、校點本 1959 年 12 月第 1 版均作"置"。今仍從百衲本等。

〔2〕明朝：指君主，即指孫權。

〔3〕賈誼：西漢洛陽人。十八歲時，以能誦讀詩書、善文章著稱於郡。漢文帝初，廷尉吳公薦誼，文帝召以爲博士，時年二十餘，在朝中最年少。每詔令議下，諸老先生不能言，賈誼盡爲之對。不久，超遷爲太中大夫。文帝正欲以誼爲公卿，絳侯周勃及灌嬰等卻毁誼曰："洛陽之人，年少初學，專欲擅權，紛亂諸事。"文帝遂以誼爲長沙王太傅，遠離朝廷。（見《史記》卷八四《賈生列傳》）

〔4〕爲君難爲臣不易：見《論語·子路》，爲孔子引述時人之説。

〔5〕虓（xiāo）虎：咆哮的虎。比喻猛將。

〔6〕辯：殿本、盧弼《集解》本、校點本作"辨"，百衲本作"辯"。今從百衲本。趙幼文《校箋》謂《群書治要》卷二七、《册府元龜》卷八七四引作"辯"，郝經《續後漢書》同。

〔7〕卓躒（luò）：超絶出衆。

〔8〕煒曄：美盛貌。

〔9〕赦盛德：趙幼文《校箋》謂郝經《續後漢書》"赦"字作"赫"，赫即明也，作"赫"是也。按，"赦盛德"與下句"宥賢才"義同相應，"赦"字不誤。

〔10〕忌族：敗類。趙一清《注補》引姜宸英云："忌族，即《尚書》杞族。"《尚書·堯典》"方命圮族"，蔡沈《集傳》："圮，敗；族，類也。"

〔11〕見用於朱治：盧弼《集解》云："朱治爲吳郡太守，豔蓋先爲郡吏也。"

〔12〕温：百衲本作"義"，殿本、盧弼《集解》本、校點本作"温"。郝經《續後漢書》亦作"温"。今從殿本等。

〔13〕與：盧弼《集解》本作"與"，百衲本、殿本、校點本作"於"，趙幼文《校箋》謂《群書治要》卷二七作"與"。今從盧弼《集解》本。

［14］私覿（dí）：以私人身份相見。《論語·鄉黨》謂孔子出使到外國，在舉行典禮後，"私覿，愉愉如也"。

［15］季子：即春秋時吳國公子季札，爲吳王諸樊之弟，封於延陵，故又稱延陵季子。季子曾出使中原各國，受到各國執政的盛情款待，相互講了不少對時勢之己見。（見《左傳·襄公二十九年》）

［16］趙文子：即春秋時曾爲晉國卿的趙武，又稱趙孟。《左傳·襄公二十七年》謂趙文子與楚國的屈建、蔡國的公孫歸生、衛國的石惡、陳國的孔奐、鄭國的良霄及許國大夫、曹國大夫等會盟。在結盟過程中，子木（即屈建）向趙文子問晉國范武子（即隨會）的情況，趙文子即盛贊隨會。

［17］王孫圉：春秋時楚國大夫。《國語·楚語下》謂王孫圉出使晉國，晉定公設宴款待，趙簡子（即趙鞅）作儐相，問王孫圉楚國的珍寶白珩。王孫圉說楚國未將白珩視爲珍寶，楚國所寶貴的，有觀射父和左史倚相，等等。左史倚相能述說古代典籍，並能向國君提供成敗得失的教訓，使國君不忘先王之功業，等等。

［18］王靖：孫權時曾爲鄱陽太守，因謀叛投魏而被誅。見本書卷六〇《周魴傳》。

［19］層宮：百衲本"層"字作"增"，殿本、盧弼《集解》、校點本作"層"，《群書治要》作"增"，郝經《續後漢書》作"層"。今從殿本等。

［20］殷勤：頻繁。如《後漢書》卷六六《陳蕃傳》："天之於漢，悢悢無已，故殷勤亦變，以悟陛下。"

［21］契闊：辛苦，費力。《後漢書》卷八〇上《傅毅傳》："契闊夙夜，庶不懈忒。"李賢注："契闊謂辛苦也。"

［22］聖聽：殿本、盧弼《集解》本、作"聖德"，百衲本、校點本作"聖聽"。《群書治要》亦作"聖聽"。今從百衲本等。

［23］公器：共用之器。《莊子·天運》："名，公器也，不可多取。"郭象注："夫名者，天下之所共用。矯飾過實，多取者也。

多取而天下亂也。"

[24] 被褐韞寶：身穿粗布衣，卻懷藏着寶物。比喻人有才德，卻藏而不露。《老子》有"被褐懷玉"之説。

[25] 挫廉：百衲本"挫"字作"杜"，殿本、盧弼《集解》本、校點本作"挫"，郝經《續後漢書》苟宗道注引亦作"挫"。今從殿本等。

[26] 沖用之道：謙和、中和之道。語出《老子》："道沖，而用之久不盈。"後世即以"沖用"指謙和，中和。

　　駱統字公緒，會稽烏傷人也。父俊，官至陳相，[1]為袁術所害。[2][一]統母改適，為華歆小妻，[3]統時八歲，遂與親客歸會稽。其母送之，拜辭上車，面而不顧，[4]其母泣涕於後。御者曰："夫人猶在也。"統曰："不欲增母思，故不顧耳。"事適母甚謹。[5]時饑荒，鄉里及遠方客多有困乏，[6]統為之飲食衰少。[7]其姊仁愛有行，寡歸無子，[8]見統甚哀之，數問其故。統曰："士大夫糟糠不足，我何心獨飽！"姊曰："誠如是，何不告我，而自苦若此？"乃自以私粟與統，又以告母，母亦賢之，遂使分施，由是顯名。

〔一〕謝承《後漢書》曰：俊字孝遠，有文武才幹，少為郡吏，察孝廉，補尚書郎，[9]擢拜陳相。值袁術僭號，兄弟忿爭，天下鼎沸，群賊並起。陳與比界，[10]奸慝四布，俊厲威武，保疆境，賊不敢犯。養濟百姓，災害不生，歲獲豐稔。後術軍衆飢困，就俊求糧。俊疾惡術，初不應答。[11]術怒，密使人殺俊。

[1] 陳：王國名。治所陳縣，在今河南淮陽縣。

〔2〕袁術：百衲本無"術"字，殿本、盧弼《集解》本、校點本皆有。今從殿本等。

〔3〕小妻：漢魏時稱妾爲小妻。

〔4〕面：背，背向。《正字通‧面部》："面，背也。"《漢書》卷三一《項籍傳》謂項羽失敗後，"顧見漢騎司馬呂馬童，曰：'若非吾故人乎？'馬童面之"。顏師古注："面謂背之，不面向也。"

〔5〕適：通"嫡"。

〔6〕遠方客：趙幼文《校箋》謂蕭常《續後漢書》"客"下有"至者"二字。

〔7〕衰少：減少。

〔8〕寡歸：殿本、盧弼《集解》本作"寡居"，百衲本、校點本作"寡歸"。趙幼文《校箋》謂《太平御覽》卷二四一、卷四七六引俱作"寡歸"。今從百衲本等。

〔9〕尚書郎：官名。東漢之制，取孝廉之有才能者入尚書臺，初入臺稱守尚書郎中，滿一年稱尚書郎，統稱尚書郎，秩四百石，凡置三十六員，分隸六曹尚書分曹治事，主要掌文書起草。三國沿置，而分曹有異。

〔10〕比界：百衲本、盧弼《集解》本作"北界"，殿本、校點本作"比界"。今從殿本等。趙幼文《校箋》謂《太平御覽》卷二四八引《會稽典錄》作"與陳接境"。接境猶比界。

〔11〕初不：完全不。

孫權以將軍領會稽太守，統年二十，試爲烏程相，民户過萬，咸歎其惠理。權嘉之，召爲功曹，行騎都尉，妻以從兄輔女。統志在補察，苟所聞見，夕不待旦。常勸權以尊賢接士，勤求損益，饗賜之日，可人人別進，問其燥溼，[1]加以密意，誘諭使言，察其志趣，令皆感恩戴義，懷欲報之心。權納用焉。出爲建忠中郎將，[2]領武射吏三千人。及淩統死，復領其兵。[3]

是時徵役繁數，重以疫癘，民戶損耗，統上疏曰："臣聞君國者，以據疆土爲彊富，制威福爲尊貴，曜德義爲榮顯，永世胤爲豐祚。然財須民生，彊賴民力，威恃民勢，福由民殖，德俟民茂，義以民行，六者既備，然後應天受祚，保族宜邦。《書》曰：'衆非后無能胥以寧，[4]后非衆無以辟四方。'推是言之，則民以君安，君以民濟，不易之道也。今彊敵未殄，海內未乂，三軍有無已之役，[5]江境有不釋之備，徵賦調數，由來積紀，加以殃疫死喪之災，郡縣荒虛，田疇蕪曠，聽聞屬城，民戶浸寡，又多殘老，少有丁夫，聞此之日，心若焚燎。思尋所由，小民無知，既有安土重遷之性，且又前後出爲兵者，生則困苦無有溫飽，死則委棄骸骨不反，是以尤用戀本畏遠，同之於死。每有徵發，羸謹居家重累者先見輸送。小有財貨，傾居行賂，[6]不顧窮盡。輕剽者則迸入險阻，黨就群惡。百姓虛竭，嗷然愁擾，[7]愁擾則不營業，不營業則致窮困，致窮困則不樂生，故口腹急，則姦心動而攜叛多也。又聞民間，非居處小能自供，[8]生產兒子，多不起養，屯田貧兵，[9]亦多棄子。天則生之，而父母殺之，既懼干逆和氣，感動陰陽。且惟殿下開基建國，乃無窮之業也，彊鄰大敵非造次所滅，疆場常守非期月之成，[10]而兵民減耗，後生不育，非所以歷遠年，致成功也。夫國之有民，猶水之有舟，停則以安，擾則以危，愚而不可欺，弱而不可勝，是以聖王重焉，禍福由之，故與民消息，[11]觀時制政。方今長吏親民之職，[12]惟以辦具爲能，[13]取過目前之急，[14]少復以恩惠爲治，副稱殿下天覆之仁，勤恤之德者。官民政俗，日以彫弊，漸以陵遲，勢不可久。夫治疾及其未篤，除患貴其未深，願殿下少以萬機餘間，留神思省，補復荒虛，深圖遠計，育殘餘之民，阜人財之用，參曜三光，[15]等崇天地。臣統之大願，足以死而不朽矣。"權感統言，深加意焉。

以隨陸遜破蜀軍於宜都，遷偏將軍。黃武初，[16]曹仁攻濡須，[17]使別將常雕等襲中洲，[18]統與嚴圭共拒破之，封新陽亭侯，[19]後爲濡須督。[20]數陳便宜，前後書數十上，所言皆善，文多故不悉載。尤以占募在民間長惡敗俗，[21]生離叛之心，急宜絕置，權與相反覆，終遂行之。年三十六，黃武七年卒。

[1]問其燥溼：胡三省云："人之居處，避溼就燥，問其燥溼者，問其居處何如也。"（《通鑑》卷六三漢獻帝建安五年注）

[2]建忠中郎將：百衲本、殿本皆無"中"字，錢大昭《辨疑》云："'建忠'下疑脫'中'字。"潘眉《考證》亦云："'建忠'下脫'中'字。"盧弼《集解》本、校點本有"中"字。今從盧弼《集解》本等。建忠中郎將，孫權置，領兵。

[3]復領：百衲本"復"字作"後"，殿本、盧弼《集解》本、校點本作"復"。今從殿本等。

[4]"衆非后"二句：此句及下句見《禮記·表記》引《太甲》。鄭玄注云："太甲，湯孫也，《書》以名篇。胥，相也。民非

君不能以相安。"僞古文《尚書》將此二句編於《太甲中》,而字句改爲:"民非后罔克胥匡以生,后非民罔以辟四方。"

〔5〕有:百衲本作"以",殿本、盧弼《集解》本、校點本作"有"。今從殿本等。

〔6〕居:積儲。《尚書·益稷》"懋遷有無化居",孔傳:"居,謂所宜居積者。"

〔7〕噭然:哀號貌。

〔8〕小能:趙幼文《校箋》謂《册府元龜》卷四〇七引"小"字作"不"。

〔9〕貧兵:趙幼文《校箋》謂《册府元龜》引"兵"字作"夫"。

〔10〕疆埸:殿本"埸"字作"場",百衲本、盧弼《集解》本、校點本作"場"。今從百衲本等。

〔11〕消息:休養生息。

〔12〕長吏:指縣令、長。

〔13〕辦具:百衲本"辦"字作"辨",殿本、盧弼《集解》本、校點本作"辦"。今從殿本等。

〔14〕過:度過。

〔15〕三光:指日、月、星。

〔16〕黃武:吳大帝孫權年號(222—229)。

〔17〕濡須:地名。在今安徽無爲縣東北古濡須水畔。

〔18〕中洲:江中島名。在今湖北枝江市南長江中。

〔19〕亭侯:爵名。漢制列侯大者食縣邑,小者食鄉、亭。東漢後期遂以食鄉、亭者稱爲鄉侯、亭侯。

〔20〕濡須督:官名。濡須駐軍的軍事長官。

〔21〕占募:招募。

陸瑁字子璋,丞相遜弟也。少好學篤義。陳國陳融、陳留濮陽逸、沛郡蔣纂、廣陵袁迪等,[1]皆單貧有志,就瑁游處,〔一〕瑁割少分甘,[2]與同豐約。及同郡徐原,[3]爰居會稽,素不相識,臨死遺書,[4]託以孤弱,瑁爲起立墳墓,[5]收導其子。[6]又瑁從父績早亡,二男一女,[7]皆數歲以還,瑁迎攝養,至長乃別。州郡辟舉,皆不就。

〔一〕迪孫曄,字思光,作《獻帝春秋》,云迪與張紘等俱過江,迪父綏爲太傅掾,[8]張超之討董卓,以綏領廣陵事。

[1]陳留:郡名。治所陳留縣,在今河南開封市東南。 沛郡:治所本在相縣,在今安徽濉溪縣西北;曹魏時移治所於沛縣,在今江蘇沛縣。 廣陵:郡名。治所本在廣陵縣,在今江蘇揚州市西北蜀岡上;曹魏時移治所於淮陰縣,在今江蘇淮陰市西南甘羅城。

[2]割少分甘:謂甘美之物雖少,也要割而分之。

[3]徐原:趙幼文《校箋》謂《太平御覽》卷四二〇引"原"字作"願",本書卷六〇《吕岱傳》作"徐原"。

[4]遺書:趙幼文《校箋》謂《白孔六帖》卷二六、《太平御覽》卷四二〇引"遺"下有"瑁"字。

[5]起立墳墓:盧弼《集解》本作"起墳立墓",百衲本、殿本、校點本作"起立墳墓"。今從百衲本等。

[6]收導:趙幼文《校箋》謂《白孔六帖》卷二六、《册府元龜》卷八〇二引"收"字作"教"。

[7]二男:殿本、盧弼《集解》本作"一男",百衲本、校點本作"二男"。今從百衲本等。

[8]太傅掾:官名。太傅府之僚屬。東漢太傅爲上公,居百官之首,位尊而無常職,若兼錄尚書事,則行使宰相職權。

時尚書暨豔盛明臧否，差斷三署，[1]頗揚人闇昧之失，以顯其謫。瑁與書曰："夫聖人嘉善矜愚，[2]忘過記功，以成美化。加今王業始建，將一大統，此乃漢高棄瑕錄用之時也，[3]若令善惡異流，貴汝潁月旦之評，[4]誠可以厲俗明教，然恐未易行也。宜遠模仲尼之汎愛，[5]中則郭泰之弘濟，[6]近有益於大道也。"豔不能行，卒以致敗。

嘉禾元年，[7]公車徵瑁，[8]拜議郎、選曹尚書。孫權忿公孫淵之巧詐反覆[9]，欲親征之，瑁上疏諫曰："臣聞聖王之御遠夷，羈縻而已，不常保有，故古者制地，謂之荒服，[10]言慌惚無常，[11]不可保也。今淵東夷小醜，[12]屏在海隅，雖託人面，與禽獸無異。國家所爲不愛貨寶遠以加之者，[13]非嘉其德義也，誠欲誘納愚算，[14]以規其馬耳。淵之驕黠，恃遠負命，此乃荒貊常態，[15]豈足深怪？昔漢諸帝亦嘗銳意以事外夷，馳使散貨，充滿西域，[16]雖時有恭從，然其使人見害，財貨并沒，[17]不可勝數。今陛下不忍悁悁之忿，[18]欲越巨海，身踐其土，群臣愚議，竊謂不安。何者？北寇與國，[19]壤地連接，苟有閒隙，應機而至。夫所以越海求馬，曲意於淵者，爲赴目前之急，除腹心之疾也，而更棄本追末，捐近治遠，[20]忿以改規，激以動衆，斯乃猾虜所願聞，[21]非大吳之至計也。又兵家之術，以功役相疲，勞逸相待，得失之閒，所覺輒多。[22]且沓渚去淵，[23]道里尚遠，今到其岸，兵勢三分，使彊者進取，次當守船，又次運糧，行人雖多，難得悉用；加以單步負糧，經遠深入，賊地多馬，邀截無常。若淵狙詐，與北未絕，動衆之日，脣齒相濟，[24]若實子然無所憑賴，其畏怖遠迸，或難卒滅。使天誅稽於朔野，山虜承間而起，[25]恐非萬安之長慮也。"權未許。

瑁重上疏曰："夫兵革者，固前代所以誅暴亂，威四夷也，然其役皆在姦雄已除，[26]天下無事，從容廟堂之上，以餘議議之耳。至于中夏鼎沸，九域槃互之時，[27]率須深根固本，愛力惜費，務自將養，[28]以待鄰敵之闕，未有正於此時，[29]舍近治遠，以疲軍旅者也。昔尉佗叛逆，[30]僭號稱帝，于時天下乂安，百姓殷阜，帶甲之數，糧食之積，可謂多矣，然漢文猶以遠征不易，重興師旅，告喻而已。今凶桀未殄，疆埸猶警，[31]雖蚩尤、鬼方之亂，[32]故當以緩急差之，[33]未宜以淵為先。願陛下抑威任計，[34]暫寧六師，[35]潛神嘿規，以為後圖，天下幸甚。"權再覽瑁書，嘉其詞理端切，遂不行。

初，瑁同郡聞人敏見待國邑，優於宗脩，[36]惟瑁以為不然，後果如其言。[37]

赤烏二年，[38]瑁卒。子喜亦涉文籍，好人倫，孫晧時為選曹尚書。〔一〕

〔一〕《吳錄》曰：喜字文仲，[39]瑁第二子也，入晉為散騎常侍，[40]瑁孫曄，字士光，至車騎將軍、儀同三司。[41]曄弟玩，[42]字士瑤。《晉陽秋》稱玩器量淹雅，位至司空，[43]追贈太尉。[44]

[1] 差斷：不恰當地制斷。　三署：五官、左、右三署。

[2] 嘉善矜愚：胡三省云："《論語》子游曰：君子嘉善而矜不能。"（《通鑑》卷七〇魏文帝黄初五年注）

[3] 漢高：即漢高祖劉邦。關於劉邦棄瑕録用人才的事例不少。如陳平投奔劉邦後，周勃、灌嬰等即讒毁平盗嫂受金，"反覆亂臣"，而劉邦還是重用了陳平。（見《史記》卷五六《陳丞相世家》）

[4] 汝潁：汝水與潁水。指汝南郡，郡治平輿縣，在今河南平輿縣北。古代平輿縣就在汝水、潁水之間。　月旦之評：東漢末汝南郡的劉劭與從兄劉靖好評論人物。《後漢書》卷六八《劉劭傳》云："劭與靖俱有高名，好共覈論鄉黨人物，每月輒更其品題，故汝南俗有'月旦評'焉。"

[5] 仲尼之汎愛：《論語·學而》子曰："弟子入則孝，出則悌，謹而信，泛愛衆，而親仁。"

[6] 郭泰之弘濟：郭泰字林宗，東漢末太原界休（今山西介休縣東南）人。《後漢書》卷六八《郭太傳》謂林宗官府召辟"並不應。性明知人，好獎訓士類。身長八尺，容貌魁偉，褒衣博帶，周遊郡國"，"林宗雖善人倫，而不爲危言覈論，故宦官擅政而不能傷也。及黨事起，知名之士多被其害，唯林宗及汝南袁閎得免焉。遂閉門教授，弟子以千數"。

[7] 嘉禾：吳大帝孫權年號（232—238）。

[8] 公車：官署名。漢朝及三國均置，爲公車司馬之省稱，以令主之，屬衛尉。掌管皇宫司馬門警衛，並接待臣民之上書及徵召。

[9] 巧詐：趙幼文《校箋》謂《册府元龜》卷五三九"巧"字作"狙"，是也。下文"若淵狙詐"，可證。

[10] 荒服：古代王畿以外之地，每五百里爲一區劃，共爲五等區劃，稱爲五服。荒服爲最遠之一服。

[11] 慌惚：百衲本"慌"字作"恍"，殿本、盧弼《集解》

本、校點本作"慌",郝經《續後漢書》亦作"慌"。按,二字可通,今從殿本等。

[12]東夷:公孫淵所據之遼東,爲古東夷地,非謂淵爲東夷人。

[13]所爲不愛貨寶遠以加之者:趙幼文《校箋》謂《册府元龜》卷五三九引"爲"字作"謂","以"下有"爵命"二字。

[14]愚算:殿本、盧弼《集解》本、校點本作"愚弄",百衲本作"愚算"。趙幼文《校箋》謂《册府元龜》卷五三九亦作"愚算"。今從百衲本。

[15]荒貊:貊爲古代北方的少數部族。此荒貊,泛指少數部族。

[16]西域:地區名。指玉門關(今甘肅敦煌市西北)以西,葱嶺以東之廣大地區。

[17]并没:百衲本無"没"字,殿本、盧弼《集解》本、校點本有,郝經《續後漢書》亦有。今從殿本等。

[18]悁(yuān)悁:忿怒貌。

[19]北寇:指在北方的曹魏。

[20]捐近治遠:百衲本"近"字作"古",殿本、盧弼《集解》本、校點本作"近",郝經《續後漢書》亦作"近"。今從殿本等。

[21]猾虜:亦指曹魏。

[22]覺(jiào):通"較"。比較,相差。

[23]沓渚:地名。本書卷八《公孫度附淵傳》裴注引《魏略》載淵表作"沓津"。是沓氏縣(東沓縣)境的海渚,爲當時齊郡渡海至沓氏的登陸處或沓氏的出海口,在今遼寧大連市旅順老鐵山附近。(本《〈中國歷史地圖集〉釋文匯編(東北卷)》)

[24]唇齒相濟:謂恐吴伐公孫淵,魏救淵而襲吴。

[25]山虜:指山越。

[26]姦雄:百衲本"雄"字作"事",殿本、盧弼《集解》

本、校點本作"雄",郝經《續後漢書》亦作"雄"。今從殿本等。

[27] 槃互:百衲本、殿本作"槃牙",盧弼《集解》本作"槃㸦",校點本作"槃互"。按,"㸦"爲古"互"字,"牙"當爲"㸦"之訛。今從校點本。《通鑑》亦作"盤互",胡三省云:"盤互,謂各盤據而互爲敵也。"(《通鑑》卷七二魏明帝青龍元年注)

[28] 將養:殿本、盧弼《集解》本、校點本作"休養",百衲本作"將養"。趙幼文《校箋》謂《册府元龜》卷五三九亦作"將養",《建康實錄》同。今從百衲本。《廣雅·釋詁一》:"將,養也。"王念孫《疏證》:"今俗語猶云將養,或云將息矣。"

[29] 未有正於此時:趙幼文《校箋》謂《建康實錄》作"未有遠征於此時"。

[30] 尉佗:即趙佗,本中原人,秦時爲南海龍川令。至秦二世時,南海尉任囂病死,囑趙佗代尉職,故稱尉佗。秦破滅,趙佗自立爲南越武王。漢高祖劉邦定天下後,亦遣使立佗爲南越王。至呂后時,趙佗自稱南越武帝,發兵攻長沙邊邑,呂后遣將軍擊之,而士卒大疫,未逾嶺而回。漢文帝即位初,不以武力討之,僅遣使陸賈往責備,趙佗畏懼而去其帝號。(見《史記》卷一一三《南越列傳》)

[31] 疆場:殿本"場"字作"塲",百衲本、盧弼《集解》本、校點本作"場"。今從百衲本等。 警:百衲本作"驚",殿本、盧弼《集解》本、校點本作"警",郝經《續後漢書》亦作"警"。今從殿本等。

[32] 蚩尤:傳說中東方九黎族之首領。《史記》卷一《五帝本紀》謂黃帝時,"蚩尤作亂,不用帝命。於是黃帝乃征師諸侯,與蚩尤戰於涿鹿之野,遂禽殺蚩尤"。 鬼方:上古族名。爲殷周西北境之强敵。《易·既濟卦》九三:"高宗伐鬼方,三年克之。"高宗,指殷高宗武丁。

[33] 故當:殿本"故"字作"政",百衲本、盧弼《集解》本、校點本作"故",郝經《續後漢書》亦作"故"。今從百

[34] 任計：百衲本、校點本作"任計"，殿本、盧弼《集解》本作"住計"。趙幼文《校箋》謂《册府元龜》卷五三九引作"任計"。按，《通鑑》卷七二《魏紀四》青龍元年引亦作"任計"，今從百衲本等。

[35] 六師：指國家軍隊。周制，天子有六軍，諸侯國有三軍或二軍或一軍。

[36] 優：盧弼《集解》本作"憂"，百衲本、殿本、校點本作"優"。今從百衲本等。

[37] 後果如其言：梁章鉅《旁證》云："此事他無所見，此又不具本末，似可删。"

[38] 赤烏：吴大帝孫權年號（238—251）。

[39] 文仲：《晋書》卷五四《陸雲附喜傳》作"恭仲"。

[40] 散騎常侍：官名。秩比二千石，第三品，爲門下重職，侍從皇帝左右，諫諍得失，應對顧問，與侍中等共平尚書奏事，有異議得駁奏。

[41] 車騎將軍：官名。魏晋時位次驃騎將軍，在諸名號將軍上，多作爲軍府名號加授大臣、重要州郡長官，無具體職掌。第二品，開府者位從公，一品。　儀同三司：謂官非三公，而授予儀制同於三公的待遇。

[42] 曄弟玩：陸曄、陸玩，《晋書》卷七七皆有傳。

[43] 司空：官名。晋代仍與太尉、司徒並爲三公，第一品。爲名譽宰相，無實際職掌，多爲大臣加官。

[44] 太尉：官名。晋代仍居三公之首，第一品。爲名譽宰相，無實際職掌，多爲大臣加官。

　　吾粲字孔休，吴郡烏程人也。〔一〕孫河爲縣長，粲爲小吏，河深奇之。河後爲將軍，得自選長吏，表粲爲曲阿丞，[1]遷爲長史，[2]治有名迹。雖起孤微，與同郡陸遜、卜静等比肩齊聲矣。孫權爲車騎將軍，[3]召爲主簿，[4]出爲山陰令，還爲參軍校尉。[5]

〔一〕《吴録》曰：粲生數歲，孤城嫗見之，[6]謂其母曰："是兒有卿相之骨。"

[1] 曲阿：縣名。治所在今江蘇丹陽市。　丞：官名。縣丞爲縣令長之副佐，職掌文書及倉、獄事。

[2] 長史：官名。此爲將軍府長史，爲軍府幕僚之長，總理幕府事。

[3] 車騎將軍：官名。東漢時位比三公，常以貴戚充任。出掌征伐，入參朝政，漢靈帝時作加官或作贈官。

[4] 主簿：官名。此爲車騎將軍府之主簿，職責是典領文書，辦理事務。

[5] 參軍校尉：官名。孫權置，職責是參議軍事。

[6] 孤城嫗：殿本《考證》盧明楷曰："案《趙達傳》注云'孤城鄭嫗能相人'，此云'孤城嫗'，即其人也，疑脱一'鄭'字。但'孤城'或當作'菰城'，烏程縣舊固名爲菰城也。"

黄武元年，與吕範、賀齊等俱以舟師拒魏將曹休於洞口。[1]值天大風，諸船綆紲斷絶，[2]漂没著岸，[3]爲魏軍所獲，或覆没沈溺，其大船尚存者，水中生人皆攀緣號呼，他吏士恐船傾没，皆以戈矛撞擊不受。粲與黄淵獨令船人以承取之，[4]左右以爲船重必敗，粲曰："船敗，當俱死耳！人窮，奈何棄之？"粲、淵所活者百餘人。

還，遷會稽太守，召處士謝譚爲功曹，譚以疾不詣，粲教曰："夫應龍以屈伸爲神，鳳皇以嘉鳴爲貴，[5]何必隱形於天外，潛鱗於重淵者哉？"粲募合人衆，拜昭義中郎將，[6]與呂岱討平山越，入爲屯騎校尉、少府，[7]遷太子太傅。遭二宮之變，[8]抗言執正，明嫡庶之分，欲使魯王霸出駐夏口，[9]遣楊竺不得令在都邑。又數以消息語陸遜，遜時駐武昌，[10]連表諫爭。由此爲霸、竺等所譖害，下獄誅。

[1] 洞口：地名。在今安徽和縣東南長江邊。

[2] 綆緤（xiè）：繩索。

[3] 漂没著岸：趙幼文《校箋》謂蕭常《續後漢書》作"漂著北岸"，《册府元龜》卷四一七引作"漂没渚岸。"

[4] 以承取之：趙幼文《校箋》謂蕭常《續後漢書》無"以"字。

[5] 嘉鳴：趙幼文《校箋》謂蕭常《續後漢書》"嘉"字作"時"。

[6] 昭義中郎將：官名。建安中孫權所置，領兵。吳沿之。

[7] 屯騎校尉：官名。東漢時爲北軍五校尉之一，秩比二千石，掌宿衛兵。三國沿置。 少府：官名。漢列卿之一，秩中二千石。東漢時掌宮中御衣、寶貨、珍膳等。三國沿置。

[8] 二宮：指太子和與魯王霸。詳情見本書卷五九《孫和傳》。

[9] 夏口：地名。在今湖北武漢市原漢水入長江處。

[10] 武昌：縣名。治所在今湖北鄂州市。

朱據字子範，吳郡吳人也，有姿貌膂力，[1]又能論難。黃武初，徵拜五官郎中，[2]補侍御史。是時選曹尚書暨豔，疾貪汙在位，欲沙汰之。據以爲天下未定，宜以功覆過，棄瑕取用，舉清厲濁，足以沮勸，若一時貶黜，懼有後咎。豔不聽，卒敗。

權咨嗟將率，發憤歎息，追思呂蒙、張溫，以爲據才兼文武，可以繼之，由是拜建義校尉，[3]領兵屯湖熟。[4]黃龍元年，[5]權遷都建業，徵據尚公主，[6]拜左將軍，[7]封雲陽侯。[8]謙虛接士，輕財好施，祿賜雖豐而常不足用。嘉禾中，始鑄大錢，一當五百。後據部曲應受三萬緡，[9]工王遂詐而受之，典校呂壹疑據實取，[10]考問主者，死於杖下，據哀其無辜，厚棺斂之。壹又表據吏爲據隱，故厚其殯。權數責問據，據無以自明，藉草待罪。[11]數月，典軍吏劉助覺，[12]言王遂所取，權大感寤，曰："朱據見枉，況吏民乎？"乃窮治壹罪，賞助百萬。

赤烏九年，遷驃騎將軍。[13]遭二宮搆爭，據擁護太子，言則懇至，義形于色，守之以死，〔一〕遂左遷新都郡丞。[14]未到，中書令孫弘譖潤據，[15]因權寢疾，弘爲詔書追賜死，時年五十七。孫亮時，二子熊、損各復領兵，爲全公主所譖，皆死。永安中，追錄前功，以熊子宣襲爵雲陽侯，尚公主。[16]孫晧時，宣至驃騎將軍。

〔一〕殷基《通語》載據爭曰："臣聞太子國之本根，雅性仁孝，天下歸心，今卒責之，將有一朝之慮。[17]昔晉獻用驪姬而申生不存，[18]漢武信江充而戾太子冤死。[19]臣竊懼太子不堪其憂，雖立思子之宮，無所復及矣。"

[1] 膂力：趙幼文《校箋》謂《太平御覽》卷四七六引"力"下有"絕人"二字，《建康實錄》亦同。蕭常《續後漢書》"絕人"作"過人"。

[2] 五官郎中：官名。東漢時隸屬五官中郎將，秩比三百石。宿衞宮殿門户，出充車騎。實爲後備官員，以備選用。孫吳沿置。趙幼文《校箋》謂《太平御覽》卷三七九引作"五官中郎將"。

[3] 由：校點本作"自"，百衲本、殿本、盧弼《集解》本皆作"由"。今從百衲本等。　建義校尉：官名。孫權置，領兵。

[4] 湖熟：百衲本、校點本作"湖孰"，殿本、盧弼《集解》本作"湖熟"。按，二者同，今從殿本等。湖熟，縣名。治所在今江蘇江寧縣東南湖熟鎮。趙幼文《校箋》則謂《太平御覽》卷二四二引作"姑熟"。

[5] 黃龍：吳大帝孫權年號（229—231）。

[6] 公主：即孫權女兒魯育。

[7] 左將軍：官名。東漢時位如上卿，與前、後、右將軍掌京師兵衞和邊防屯警。魏、晉亦置，第三品。權位漸低，略高於一般雜號將軍，不典禁兵，不與朝政，僅領兵征戰。孫吳亦置。

[8] 雲陽：縣名。吳嘉禾三年（234）以曲阿縣改名。治所仍在今江蘇丹陽市。

[9] 部曲：部隊。　緡：古時通常以一千錢爲一緡。

[10] 典校：官名。孫權黃武中置，屬中書省，由中書郎充任，故亦稱中書典校、典校郎，負責審理諸官府及州郡文書，並監察羣臣過失，後還發展至控制大臣案件的刑訊及處理。

[11] 藉草：坐於草薦上。謂謝罪待刑。

[12] 典軍吏：官名。主管營兵的官吏。　覺：趙幼文《校箋》謂蕭常《續後漢書》"覺"下有"之"字。

[13] 驃騎將軍：官名。東漢時位比三公，地位尊崇。魏、晉沿置，居諸名號將軍之首，僅作爲軍府名號，加授大臣、重要州郡

長官，無具體職掌，第二品。開府者位從公，第一品。孫吳亦置。

[14] 新都郡：治所始新縣，在今浙江淳安縣西北。

[15] 中書令：官名。孫吳仿西漢之制，置爲中書長官，主草擬詔令。

[16] 尚公主：百衲本無"公"字，殿本、盧弼《集解》本、校點本有。今從殿本等。

[17] 慮：趙幼文《校箋》謂《建康實錄》作"患"。

[18] 晉獻：即春秋時晉國國君獻公。獻公寵愛驪姬，驪姬設計陷害太子申生，申生不能辯解，故自縊而死。詳見《左傳·僖公四年》。

[19] 漢武：即漢武帝。漢武帝晚年迷信多疑。因巫蠱事而誅殺丞相公孫賀父子等，並使親信江充嚴治其事，被誣枉死者前後已數萬人。江充又與太子劉據有矛盾，懼武帝去世，被太子誅殺，遂乘治巫蠱事，往太子宮中掘得桐木人。太子懼，矯節收殺江充，並與丞相兵戰長安中，太子兵敗，出逃自縊而死。後來，漢武帝得知巫蠱事不實，太子據蒙冤無辜，遂作思子宮及歸來望思之臺於太子出逃自縊地。（見《漢書》卷四五《江充傳》與卷六三《戾太子據傳》）

評曰："虞翻古之狂直，[1]固難免乎末世，然權不能容，非曠宇也。[2]陸績之於揚《玄》，[3]是仲尼之左丘明，[4]老聃之嚴周矣；[5]以瑚璉之器，[6]而作守南越，不亦賊夫人歟！張溫才藻俊茂，而智防未備，用致艱患。駱統抗明大義，辭切理至，值權方閉不開。陸瑁篤義規諫，君子有稱焉。吾粲、朱據遭罹屯蹇，以正喪身，悲夫！

[1] 狂直：疏狂率直。

〔2〕曠宇：大器度。《莊子·庚桑楚》："宇泰定者，發乎天光。"陸德明釋文："王云：宇，器宇也。"

〔3〕揚玄：即揚雄之《太玄經》。

〔4〕左丘明：《漢書·藝文志》謂左丘明爲春秋魯國太史，孔子删定《春秋》，左丘明爲之傳，即《左傳》。

〔5〕老聃：即老子。《史記》卷六三《老子韓非列傳》謂老子姓李，名耳，字聃，周守藏室之史。著書上下篇，五千餘言。　嚴周：即莊周。東漢人避漢明帝劉莊諱改。《史記·老子韓非列傳》謂莊子"作《漁父》《盜跖》《胠篋》，以詆訾孔子之徒，以明老子之術"。

〔6〕瑚璉：瑚、璉皆古代宗廟祭祀所用盛黍稷的禮器，用以比喻治國安邦之才。《論語·公冶長》子貢問曰："賜也何如？"子曰："女，器也。"曰："何器也？"曰："瑚璉也。"